"十四五"国家重点出版物规划项目

国家通用手语系列

中国残疾人联合会 组编

信息技术常用词通用手语

中国聋人协会
国家手语和盲文研究中心 编

前　言

信息科技是现代科学技术领域的重要部分，以人工智能为代表的新一轮科技革命，正在深刻改变着人们的生产、生活和学习方式，推动人类社会进入智能时代。信息科技（信息技术）类课程也是各级特殊教育学校开设的重要课程。教育部颁布的《义务教育信息科技课程标准（2022年版）》指出，信息科技课程要培养的核心素养，主要包括信息意识、计算思维、数字化学习与创新、信息社会责任四个方面。

2005年1月，《计算机专业手语》出版，2017年进行了修订，更名为《计算机常用词通用手语》。信息技术的快速发展、各级特殊教育学校相关课程教学要求和内容的更新，需要补充反映新要求、新技术、新产品的词目及手语动作；同时，《国家通用手语词典》及其他"国家通用手语系列"工具书相继出版，凡同一词目，若图文存在不同之处，需要统一；加之目前对聋人手语表达特点的研究在不断深化中，需要对原书一些词目的手语动作进行修改，使其进一步完善，体现信息技术学科的特点。

在中国残疾人联合会的支持下，自2023年起，中国聋人协会与国家手语和盲文研究中心共同组织了对《计算机常用词通用手语》一书的修订工作，这是对计算机手语的第二次修订，整个修订工作历时3年。修订后的新书更名为《信息技术常用词通用手语》。全书共收入词目1251个（含列在括号中的同义词、近义词）。其中，❶❷为词目相同、词义不同的词；①②为词目和词义相同，但手语动作有差异的词；同时，收入一些常见软件及软件公司名称词目，供使用者参考其手语表达。

参加修订工作的人员有：中国聋人协会副主席、中国聋人协会手语研究与推广委员会主任徐聪，国家手语和盲文研究中心顾定倩、王晨华、于缘缘、高辉、乌永胜、恒森、仇冰，天津理工大学聋人工学院李凯、杨学、杨华春，扬州市特殊教育学校吴耀宇，北京联合大学特殊教育学院李妍，北京启喑实验学校孙联群、李晓民，北京市聋人协会主席成海，北京手语信息采集点核心组员周旋。

本书的文字说明和统稿由顾定倩负责，绘图由孙联群负责。

本书得到中国残疾人联合会教育就业部副主任崔瑞芳，教育处干部林帅华、郑莉，华夏出版社有限公司副总编辑刘娲的关心和支持；得到天津理工大学聋人工学院、北京联合大学特殊教育学院、扬州市特殊教育学校、北京启喑实验学校、北京市聋人协会等单位的大力支持。华夏出版社国家通用手语数字推广中心徐聪、王一博、刘畅为本书的编辑、出版付出了辛勤的努力。在此，谨向所有关心、支持信息技术常用词通用手语研究的单位和人士表示衷心的感谢！

信息技术的发展无止境，手语的发展也无止境，信息技术常用词通用手语的修订工作将永远在路上。限于我们的专业水平和能力，本书难免有不完善之处，希望广大读者提出意见，以便今后进一步完善。

《信息技术常用词通用手语》编写组

2025 年 8 月

原《计算机常用词通用手语》前言

2005年1月《计算机专业手语》出版以后,对聋人学习、运用计算机知识,规范聋校信息技术课程和聋人高等院校计算机及应用、视觉传达设计等课程中的专业术语手语动作,顺利开展教学,发挥了积极作用。时光荏苒,12年间计算机和信息科学的新技术、新产品不断涌现,聋校和聋人高等院校这方面的教学内容也在不断更新,原书已不适应形势发展的需要。同时,从2011年起,我国通用手语方案研究正式启动。随着对聋人手语表达特点研究的不断深入和通用手语词汇方案的形成,需要使计算机手语与通用手语方案相衔接,保持相同词目手语动作的一致性,并对原计算机手语中不符合手语形象性、空间性、简约性等特点的手势进行修改。

在中国残疾人联合会的支持下,自2014年起,中国聋人协会与国家手语和盲文研究中心共同组织了对原《计算机专业手语》一书的全面修订,整个修订工作历时3年。在修订过程中,编写组广泛汲取聋人表达计算机术语的手语语料,听取了国家通用手语词汇研究课题组成员和从事聋人计算机教学教师的意见,通过反复讨论、比较,选取形象、简洁的手语,作为计算机相关课程教学与日常交流所使用的通用性、规范性手语。

修订后的新书更名为《计算机常用词通用手语》。全书正文部分共收入词目1128个(含列在括号中的52个同义词、近义词和以①②标出的12个名称相同而手语动作不同的词),附录部分收入外文缩略语词目71个。与原《计算机专业手语》相对照,词目未变而手语动作完全改变或部分改变的有483个,可见修订力度很大,这也是原《计算机专业手语》使用者应该特别注意的。

参加修订编写工作的人员有:中国聋人协会副主席、中国聋人协会手语研究和推广委员会主任邱丽君,中国聋人协会手语研究和推广委员会副主任、天津市聋人协会主席陈华铭,北京市聋人协会委员成海,国家手语和盲文研究中心顾定倩、王晨华、于缘缘、恒淼,北京联合大学特殊教育学院李晗静,天津理工大学聋人工学院杨华春,郑州工程技术学院(原中州大学)特殊教育学院刘明,武汉音乐学院张鹏,北京启喑实验学校李晓民、赵锦艳,北京市健翔学校(原北京市第三聋人学校)张钢,天津聋人学校王健,南京市聋人学校孙继红,华夏出版社徐聪。

全书文字说明和统稿由顾定倩负责,绘图由北京启喑实验学校孙联群负责。

修订编写工作始终得到中国残疾人联合会主席团副主席吕世明、副理事长程凯，中国残疾人联合会教育就业部副主任李东梅、教育处处长韩咏梅、教育处副主任科员林帅华，中国聋人协会主席杨洋，华夏出版社社长黄金山、副总编辑曾令真的关心；得到北京市聋人协会、天津市聋人协会、北京联合大学特殊教育学院、天津理工大学聋人工学院、郑州工程技术学院特殊教育学院、武汉音乐学院、北京启喑实验学校、北京市健翔学校、天津聋人学校、南京市聋人学校等单位的大力支持。北京联合大学特殊教育学院教师胡可，研究生刘辉、田林伟为修订提供了相关资料。华夏出版社特殊教育编辑部刘娲、徐聪、王一博为此书的编辑加工付出了辛勤的努力。在此，谨向所有关心、支持此书出版的单位和人士表示衷心的感谢！

计算机科学的发展无止境，手语的发展也无止境，计算机常用词通用手语的修订工作将永远在路上。限于我们的专业水平和能力，本书难免有不完善之处，希望广大读者提出意见以便今后进一步完善。

《计算机常用词通用手语》编写组

2017 年 10 月

原《计算机专业手语》前言

计算机是 20 世纪人类最伟大的发明之一,以计算机科学为特征的信息化高新技术给人类社会的生产和生活带来了崭新的变化。计算机及网络技术的发展和应用对包括听力残疾在内的各类残疾人有着更为特殊的意义和作用。借助计算机增加了听力残疾者的感知经验,扩大了学习领域,提高了学习速度和质量。特别是网络,使听力残疾者进行远距离无障碍交流的梦想成为现实。因此,广大听力残疾者,尤其是听力残疾学生热切希望学习和掌握计算机技术。

鉴于计算机专业新词多、外来词多、多个单词组合后产生的复合词多,中国残联教育就业部和中国聋人协会为满足聋人学习计算机专业的需要,委托天津理工大学聋人工学院组织编写《计算机专业手语》工具书,作为《中国手语》系列丛书之一,以进一步丰富和完善《中国手语》。

整个研究编写工作历经五年半时间,大致分为编写初稿和修改审定两个阶段。编写初稿阶段(1999 年 6 月 -2003 年 9 月),编写组向全国相关聋人教育机构的在校聋生、聋人教师,专门从事聋人计算机教学的专业教师,以及手语研究工作者广泛征求计算机专业术语的词目和手势动作的设计意见,并在此基础上编撰出《计算机专业手语》的初稿。修改审定阶段(2003 年 9 月 -2004 年 12 月),由中国残联教育就业部组织了三次审稿会议,最终定稿交付出版。

本书在选词方面考虑到不同程度学习者的需要,以使用频率和在专业教学中的重要程度作为选词的依据,确定将计算机常用术语作为主要内容,以便于初学者特别是义务教育阶段聋校学生学习;适当补充初学者或一般操作中不常用的专业术语,以兼顾职业技术学校和高等院校聋人计算机教学的需要。

本书在词目手势动作选择和设计方面,依据中国手语手势动作的设计原则及其规范。编写体例与绘画风格与《中国手语》(修订版)保持一致。

本书词目部分分为正文和附录两个部分,正文部分以计算机中文术语作为主词;附录部分以计算机英文术语及英文缩略语作为主词。计算机中文术语及其对应的英文术语或英文缩略语以《英汉计算机名词辞典》等工具书为依据。

全书共有词目 1009 个;其中正文部分 903 个,附录部分 106 个。

本书由天津理工大学聋人工学院院长鲍国东教授主持编写。目录、拼音索引、正文A-M部分和附录201-217页，由聋人工学院计算机教研室主任李凯副教授执笔；笔画索引、英文索引、正文N-Z部分和附录196-200页，由聋人工学院副院长韩梅副教授执笔。北京第四聋人学校教师孙联群负责全书的绘图。

北京师范大学教育学院副院长顾定倩对全书进行了统稿，并主持了全部审定工作。先后参加本书讨论、校对、审定工作的同志还有：长春聋校初传学、裴莹、杨宁春、刘悦、高琪、徐伟，吉林聋校周剑峰，上海聋人青年技校王建名，武汉第一聋校俞伯全，武汉第二聋校刘屏，天津聋校李丽，南京聋校刘苏川，江苏铜山聋校张象，北京第一聋校宋晓华、丁婕，北京第二聋校周泉，北京第三聋校于缘缘、杜秋娴，北京第四聋校谭永定，北京联合大学特殊教育学院张鹏、吴立平，华夏出版社徐聪，北京市残联手语研究会成海、冯永彤、王昕、杨东等。

天津聋人工学院计算机科学与技术专业2001、2002、2003级聋人学生陈博宇、郭琳、华文明、张江宁、刘驰、侯振浩、龚娅、曹佳、袁憬、刘永明、刘泉、吴耀宇、邵伟、高宇、王磊、刁飞、王枫、杜祎、于虎、洪伟也参与了书稿的整理工作。

在整个编写过程中得到中国残联教育就业部和中国聋协领导唐淑芬、杨文娟、杨洋、李东梅同志的指导，黄伟同志一直具体组织此项工作，为这本书付出许多心血。

教育部特教办公室周德茂主任和语言文字应用管理司魏丹处长也对本书寄予了关心和指导。本书的出版得到华夏出版社的大力支持，周国芳、刘娲同志为本书做了精心的编辑工作。现在，经过全国各地上百名同志的参与研究和努力，这本《计算机专业手语》终于出版了，我们感到无比高兴，并向所有为此书出版做出贡献的各界人士表示深深的谢意。

由于计算机技术是一项新兴技术，随着这项技术的迅猛发展还会不断出现新的词汇。同时限于我们的工作水平且经验不足，书中难免有不妥之处，我们将在征求广大读者和专家意见的基础上进行补充和完善。

《计算机专业手语》编写组

2004年12月

目 录

汉语手指字母方案 …………………………………………………………………… 1
手势动作图解符号说明 ……………………………………………………………… 11
手位和朝向图示说明 ………………………………………………………………… 13

一、一般词汇

安全　安装　按钮（开关）　百分号　版本 …………………………………… 1
保存（存储）　备份　比例　闭合（关闭）　编辑　变更 …………………… 2
采集　测量　插入　查询　查证（验证①）　常规 …………………………… 3
抄送　程序（步骤、顺序）　程序员　重合　重启　重试 …………………… 4
重装　处理　创建　垂直　存取　措施 ………………………………………… 5
搭建　打开　打印①　打印②　打字　大写 …………………………………… 6
盗版　登录　等级　电源　电子版　电子邮件 ………………………………… 7
电子邮箱　订阅　定义　定制　读入　二维码 ………………………………… 8
发送　发帖　繁体字　反向　返回（回归）　访问（询问） ………………… 9
分类（分组）　分配　符号　辅助　附加　附件 ……………………………… 10
复制　格式　个性化　跟帖　更新　工具 ……………………………………… 11
工艺　公共　公式　共享　固定　关机 ………………………………………… 12
管理　规格　滚动　核心　互联网　互联网+ ………………………………… 13
还原（恢复、复原）　回收站（垃圾箱）　回帖　计量单位　计数　计算器 … 14
计算思维　加工　监控（监视）　兼容性　检查　检索 ……………………… 15
检验　剪切（裁切）　剪贴板　简体字　键❶　角度 ………………………… 16
截取（剪取）　解压缩　精确　局部　开始　可视化 ………………………… 17
课件①　口令　快捷方式　扩展　垃圾邮件　离开（挂机） ………………… 18
浏览　浏览器　录入（键入）　录音　论坛　逻辑 …………………………… 19
密码　命令　命名　模型　目录　排版 ………………………………………… 20
排列　配置　批号①　批号②　批量　偏移 …………………………………… 21
拼音　平台　屏幕保护（屏保）　破解　启动　起点 ………………………… 22
清除　区域　取消（撤销）　全屏　确认　群 ………………………………… 23
软件　沙盒游戏　删除　上传　上限　上线① ………………………………… 24
上线②　设备　设定　设置　升级　省略 ……………………………………… 25
视觉效果　视屏（屏幕）　视频　收藏夹　书签　属性 ……………………… 26
数据　数码　数字素养　水平　搜索　搜索引擎 ……………………………… 27

缩写　提取　提示❶　提示❷　条码阅读器　条形码 ·············· 28
调整　停止　图片　图形　退出　外观 ···························· 29
维护　文档　文件①　文件②　文件夹①　文件夹② ············ 30
误差　下限　下线①（离线①）　下线②（离线②）　下载　显示 ····· 31
消除　小写　效率　效应（效果）　卸载　新建 ·················· 32
信息　信息社会责任　信息意识　性能　修剪　虚拟现实① ······ 33
虚拟现实②（VR）　旋钮　选择　压缩　演变　演示 ············ 34
验证②　遥控（遥控器）　移动　引擎　英文　影片 ·············· 35
影音　应用　用户　游戏　约定　运行 ···························· 36
运行环境　在线　增加（增添）　增强现实①　增强现实②（AR）　粘贴 ····· 37
账号　整体　正向　执行　直播　指定 ···························· 38
指向　智能卡　终止　主题　转移　装置 ·························· 39
状态　追加　自定义　自动　字母　字幕 ·························· 40
总计　组装　最大化　最小化 ·· 41

二、计算机系统

输入　输出　台式计算机　笔记本电脑　平板电脑 ············· 42
计算机（电脑）　计算机集群　冯·诺依曼机　量子计算机　主机　机箱（机身） ····· 43
机架　机柜　机房　I/O 设备（输入/输出设备）　显示器①　显示器② ····· 44
监视器　触摸屏　像素　分辨率　传感器　键盘 ·················· 45
键位　鼠标　光电鼠标　打印机（激光打印机）　针式打印机　喷墨打印机 ····· 46
墨盒　喷枪　色带　色粉　纸带　走纸键 ·························· 47
帧（逐帧）　帧频　绘图仪　扫描仪　适配器　硬盘 ············· 48
移动硬盘　固态硬盘　机械硬盘　U 盘①（优盘①）　U 盘②（优盘②）　扇区 ····· 49
磁盘　磁道　磁心体　磁头　柱面　寻道 ·························· 50
卷标　卷名　碎片　消磁　镜像　分区 ····························· 51
格式化　引导　驱动程序　驱动器　写保护　转速 ················ 52
光盘　只读光盘　刻录　弹出❶　录音笔　麦克风 ·············· 53
声卡　镜头　即插即用　热插拔　接口标准　接插线 ············· 54
接插板（接线板）　耗材　音量　音频（声频）　载体　介质 ······ 55
数制　进制　进位数　定点　浮点　阶码 ·························· 56
精度　编码　反码　补码　数值范围　溢出 ························ 57
上溢　下溢　借位　先行进位　循环进位　相对误差 ············· 58
奇偶校验　字符集　字频　字型（字样）　字型点阵　汉化 ······ 59
汉字库　词库　简码表　录入法（输入法）　重码　内码 ········ 60
内置字体　千兆位　数字媒体　解码　运算（计算）　运算符 ···· 61
或门　或运算　与非门　异门　与运算　异或运算 ················ 62
布尔运算　真值表　译码　引脚　引线　触发 ···················· 63
触发器　脉冲　脉冲串　频带　频率①　频率② ·················· 64
频移　二极管　双极性　波形　示波器　发生器 ·················· 65

失真　衰减　重置　清零　等效　定时 …… 66
模数转换　元件　阻抗　指示灯①　指示灯②　短路 …… 67
故障　静电　模拟　模式　汇编　汇编程序 …… 68
汇编语言　基地址　变址　间接地址　绝对地址　空操作 …… 69
空指令　扩展寻址　寄存器　累加器　全加器　段① …… 70
段名　应用程序　硬件　电子管　仿真器　晶片 …… 71
晶体管　单片机　芯片　集成　超导　多媒体 …… 72
架构　复位　复位启动　开机（冷启动①）　冷启动②　热启动① …… 73
热启动②　自启动（自举）　加载　并行　串行　存储区 …… 74
存储体　存储器　内存　容量　位　字 …… 75
字长　字节　双字　双字节　首字节　字块 …… 76
组　组号　单元　重定位　编址　内部地址 …… 77
实地址　相对地址　寻址　伪操作　伪指令　指令 …… 78
子程序　标记　存储分配　数据区　块　公用块 …… 79
内模式　外模式　地址流　缓存　缓存区　虚拟 …… 80
辅助存储器　高速缓存　只读　阵列　映射　映像 …… 81
临界区　扩展槽　固件　刷新　顺序访问　突发方式 …… 82
转存　转接器　周期　时序　钟（时钟）　持续时间 …… 83
控制器　主板　主频　外频　总线　单向 …… 84
双向　优先级　中断　断点　屏蔽　通道 …… 85
可靠计算　可靠性　可扩充性　可移植性　失效率　操作系统 …… 86
安卓系统　鸿蒙系统　苹果系统　根目录　控制面板　资源分配 …… 87
补丁　漏洞　致命错误　路径　路径名　文件头 …… 88
前台　前台运行　后台　后台运行　调度　调入 …… 89
分布式　嵌入式　分时　实时　互斥　交互 …… 90
交互式　解锁　进程　就绪状态　请求　日志 …… 91
容错　时间片　时间轴　实用程序　死锁　死锁避免 …… 92
系统死锁　锁定　系统校验　消息传递　注销　脱机 …… 93
停机　连续运算　前缀　后缀 …… 94

三、软件开发

1. 常用软件

当前指示符　光标　箭头　桌面（界面）　截屏 …… 95
开始按钮　击键（按键、键❷）　单击　双击　左键　右键（右击） …… 96
切换　半角　全角　五笔　指法　任务栏 …… 97
热键　功能键　空格　空格键　退格　后退键 …… 98
空行　回车（换行）　回车键　软回车　硬回车　缩放 …… 99
文本　文本框　文字处理　状态栏　坐标　平面直角坐标系 …… 100
向导　办公自动化　标题栏　菜单（下拉菜单、弹出❷）　菜单栏　另存为 …… 101
导出　导入　预览　选项　选项卡　工具栏 …… 102

图标　字体　字号　加粗　斜体　下划线⋯⋯⋯⋯⋯⋯⋯⋯⋯⋯⋯⋯⋯⋯ 103
线型　下标　上标　阴影　段落　缩进⋯⋯⋯⋯⋯⋯⋯⋯⋯⋯⋯⋯⋯⋯ 104
对齐　左对齐　居中①　居中②　右对齐　底纹⋯⋯⋯⋯⋯⋯⋯⋯⋯⋯ 105
环绕方式　间距　行距　字间距　分隔符　分栏⋯⋯⋯⋯⋯⋯⋯⋯⋯⋯ 106
列间距　置换（替换）　首页（起始页）　页边距　页眉　页脚⋯⋯⋯ 107
连接符　标注　表格　视窗　窗口　活动窗口⋯⋯⋯⋯⋯⋯⋯⋯⋯⋯ 108
窗体　对话框　滚动条　工作表　工作簿　制表⋯⋯⋯⋯⋯⋯⋯⋯⋯ 109
单元格　筛选　填充　冻结　绘图（画图）　绘图区⋯⋯⋯⋯⋯⋯⋯ 110
图表　直方图　柱状图　幻灯片（课件②、PPT）　放映　版式⋯⋯ 111
模板　母版　工具箱　选定　选区　拖动⋯⋯⋯⋯⋯⋯⋯⋯⋯⋯⋯⋯ 112
平移　魔术棒　捕捉　修复　仿制　擦除⋯⋯⋯⋯⋯⋯⋯⋯⋯⋯⋯⋯ 113
渐变　过渡　描边　轮廓线　扭曲　旋转❶⋯⋯⋯⋯⋯⋯⋯⋯⋯⋯⋯ 114
旋转❷　自旋　拉伸　翻转　预设（预置）　位图⋯⋯⋯⋯⋯⋯⋯⋯ 115
对比度　灰度值　亮度　色度　画布　图层⋯⋯⋯⋯⋯⋯⋯⋯⋯⋯⋯ 116
透明度　蒙版　遮罩　过滤器　拼接　滤镜⋯⋯⋯⋯⋯⋯⋯⋯⋯⋯⋯ 117
锐化　平滑　润色　位移　面板　查看器⋯⋯⋯⋯⋯⋯⋯⋯⋯⋯⋯⋯ 118
调色板　前景色　背景色　修饰　点光源　光晕⋯⋯⋯⋯⋯⋯⋯⋯⋯ 119
光栅　漫反射　网站　网页　主页　页面⋯⋯⋯⋯⋯⋯⋯⋯⋯⋯⋯⋯ 120
动态　静态　前端　布局　框架　定位⋯⋯⋯⋯⋯⋯⋯⋯⋯⋯⋯⋯⋯ 121
参考点　浮动　导航　导航工具　链接　超链接⋯⋯⋯⋯⋯⋯⋯⋯⋯ 122
超媒体　超文本　表单　单选按钮　复选　复选框⋯⋯⋯⋯⋯⋯⋯⋯ 123
插件　零件（部件）　实体模型　横截面（截面）　纵截面　图元⋯ 124
样条曲线　隐线消除　三维阵列　动画　动画制作　流媒体⋯⋯⋯⋯ 125
播放器　关键帧　轨迹　剪辑　多视图　消隐⋯⋯⋯⋯⋯⋯⋯⋯⋯⋯ 126
维度　原型　二维　三维①　三维②（3D）　三维成像①⋯⋯⋯⋯ 127
三维成像②　3D打印（三维打印）　场景　投影　全息　特效⋯⋯ 128
特写①　特写②　渲染　粒子系统⋯⋯⋯⋯⋯⋯⋯⋯⋯⋯⋯⋯⋯⋯ 129

2. 程序设计

程序设计⋯⋯⋯⋯⋯⋯⋯⋯⋯⋯⋯⋯⋯⋯⋯⋯⋯⋯⋯⋯⋯⋯⋯⋯⋯⋯ 129
程序行　编程　源程序　源代码　开源　代码⋯⋯⋯⋯⋯⋯⋯⋯⋯⋯ 130
注释　清单　脚本　脚本语言　工作空间　后端⋯⋯⋯⋯⋯⋯⋯⋯⋯ 131
控件　库　例程　封装❶　组件（构件）　语句⋯⋯⋯⋯⋯⋯⋯⋯⋯ 132
关键词　关键字　保留字　变量　常量　标识符⋯⋯⋯⋯⋯⋯⋯⋯⋯ 133
声明　说明　隐式说明　类型　数据类型　整型⋯⋯⋯⋯⋯⋯⋯⋯⋯ 134
实型　字符　字符型　转义　公有的　私有的⋯⋯⋯⋯⋯⋯⋯⋯⋯⋯ 135
作用域　全局变量　外部名　对象　继承　重载⋯⋯⋯⋯⋯⋯⋯⋯⋯ 136
重构　多义性　数据值　初始化　初始值　默认值（缺省值）⋯⋯⋯ 137
赋值　复合　格式符　表达式　判别式　分支⋯⋯⋯⋯⋯⋯⋯⋯⋯⋯ 138
判定　嵌套　循环　步长　减量　增量⋯⋯⋯⋯⋯⋯⋯⋯⋯⋯⋯⋯⋯ 139

死循环　内循环　外循环　构造　数组　函数……………………………… 140
自变量（变元）　参数　参数化　实在参数　形式参数　实例…………… 141
调用　值调用　指针　宏　正则表达式　匹配……………………………… 142
引用　随机　随机性　跟踪　追踪　警告…………………………………… 143
报错　矩阵　系数　交集　差集　并集……………………………………… 144
阶乘　公差　最小项　单调函数　消去法　梯度法………………………… 145
编译　语法　语义　词法分析　句法分析　批处理………………………… 146
可行性　可用性　需求分析　建模　数学模型　结构……………………… 147
结构图　数据流　数据流图　自顶向下　自底向上　模块………………… 148
模块化　分解　内聚性　耦合　紧密耦合　松散耦合……………………… 149
基本类　基线　角色　聚集　泛化　事件①………………………………… 150
事件②　事务处理　检测（测试）　白盒测试　黑盒测试　用例………… 151
反例　等价　覆盖　静态分析　调试　试运行……………………………… 152
评价（评估）　适应性　研发　一致性　易读性　友好性………………… 153

3. 算法与数据结构
数据结构　数理逻辑　算法　算法语言　确定性…………………………… 154
序列　集合　子集　真子集　枚举　枚举类型……………………………… 155
结点（节点）　结点度　链表　堆栈　队列　二叉树……………………… 156
递归　迭代　字符串　子串　中缀式　图论………………………………… 157
回路　加权　遍历（过程）　优化　流程图　排序………………………… 158
升序　降序　冒泡　二分法（折半法）　散列函数　贪心算法…………… 159
倍增　逼近　拆分……………………………………………………………… 160

4. 数据库
数据库　数据库语言…………………………………………………………… 160
数据模型　实体　视图　数据透视图　数据保护　数据源………………… 161
数据转换　数据组织　协同　完整性　约束（限制）　范式……………… 162
冗余　无损连接　行　记录　列　列表……………………………………… 163
段②　字段　关联词　索引　报表…………………………………………… 164

四、计算机网络
本地　远程　远程控制　传送（传输）　流量……………………………… 165
连网　专线　终端　呼叫　人工呼叫　主叫………………………………… 166
应答　网上邻居　包　有线电视　通信网络　融合………………………… 167
因特网　公用网　校园网　主干网　以太网　通信子网…………………… 168
个人区域网　局域网　城域网　广域网　物联网　吞吐量………………… 169
拓扑　瓶颈问题　协议　通信协议　分层　封装❷………………………… 170
解封装　信道　信源　端点　端节点　通信口……………………………… 171
通信量　全双工　同步　异步的　检波　载波……………………………… 172
幅度　基带　宽带　数模转换器　解调器　调制解调器①………………… 173
调制解调器②（猫）　拨号　速率　调制速率　波特　波特率…………… 174

双绞线　电缆　光缆　中继　集线器　差错率 175
误码率　纠错　链路　通信线路（通信链路）　自适应　数据交换 176
帧中继　信头　主控　主站　环形　环网 177
交换机　堆叠　级联　网桥　广播　冲突 178
隔离　环路　布线　互连性　异构性　首部 179
探询　负载　阻塞　超时　延迟　路由 180
无线路由器　Wi-Fi（无线通信技术）　度量值　重定向　多播（组播）　可信度 181
端口　网络端口　绑定　工作站　服务器　代理 182
代理服务器　客户端　对称性　不对称性　网址　域名 183
域名系统　解析　注册　电子商务　即时通信　云盘 184
云计算　网络规划　网络空间秩序　网络管理员　网监　可控性 185
权限　认证　激活　授权　许可　爬取 186
黑客　窃听　拒绝服务　身份鉴定　数字签名　电子签名 187
反向链接　防火墙　网关　加密　解密　密钥 188
潜伏期　病毒　反病毒程序　特洛伊木马①　特洛伊木马②　蠕虫病毒 189
宏病毒　恶意程序　勒索软件　僵尸机　网络钓鱼①　网络诈骗（网络钓鱼②） 190
保护隐私　信息安全　自主可控技术 191

五、人工智能

人工智能①　人工智能②（AI）　人工智能伦理　具身智能　智能体 192
机器人　人形机器人　图灵测试　机器学习　强化学习　数字化学习 193
神经网络　神经机器翻译　数据采集　数据挖掘　大数据　语料库 194
大模型　多模态　海量　深度学习　算力　卷积 195
池化层　复杂度　损失函数　残差网络　目标检测　目标跟踪 196
基准　微调　计算机视觉　元宇宙　裸眼3D　脑机接口 197
机器视觉　图像增强　图像分析　语音分析　语音识别　模式识别 198
人脸识别①　人脸识别②　指纹识别　指纹开机　自然语言处理　知识图谱 199

六、其他

阿里巴巴　百度　华为　京东　高德 200
快手　联想　美团　拼多多　深度求索（DeepSeek）　搜狐 201
腾讯（QQ）　微信　网易　小米　新浪（微博、博客）　讯飞 202
字节跳动　抖音　北斗导航　中国移动　中国联通　中国电信 203

汉语拼音索引 205
笔画索引 214

语言文字规范　GF 0021—2019

汉语手指字母方案

（中华人民共和国教育部、国家语言文字工作委员会、中国残疾人联合会
2019年7月15日发布，2019年11月1日实施）

前　　言

本规范按照GB/T1.1—2009给出的规则起草。

本规范遵循下列原则起草：

稳定性原则。汉语手指字母在我国聋人教育和通用手语中已使用半个多世纪，影响深远。其简单、清楚、象形、通俗的设计原则和手指字母图示风格具有中国特色，被使用者熟识和接受。本规范保持原方案的设计原则、内容框架和图示风格。

实践性原则。本规范所作的所有修订均来自汉语手指字母使用过程中发现的问题。

时代性原则。本规范吸收现代语言学和手语语言学理论的最新成果。

规范性原则。本规范力求全面、准确地图示和说明每个手指字母的指式、位置、朝向及附加动作，图文体例、风格与GF0020—2018《国家通用手语常用词表》保持一致。

本规范代替1963年12月29日中华人民共和国内务部、中华人民共和国教育部、中国文字改革委员会公布施行的《汉语手指字母方案》，与原《汉语手指字母方案》相比，主要变化如下：

——根据语言文字规范编写规则，采用新的编排体例；

——调整了术语"汉语手指字母"的定义；

——调整了字母"CH"的指式；

——调整了字母"A、B、C、D、H、I、L、Q、U"指式的呈现角度；

——增加了术语"远节指""近节指""中节指""书空"的定义；

——增加了表示每个汉语手指字母指式的位置说明；

——增加了《汉语拼音方案》规定的两个加符字母"Ê、Ü"指式的图示和"Ü"指式的使用说明。

本规范由中国残疾人联合会教育就业部提出。

本规范由国家语言文字工作委员会语言文字规范标准审定委员会审定。

本规范起草单位：北京师范大学、国家手语和盲文研究中心。

本规范起草人：顾定倩、魏丹、王晨华、高辉、于缘缘、恒淼、仇冰、乌永胜。

汉语手指字母方案

1 范围

本规范规定了代表汉语拼音字母的指式和表示规则。适用于全国范围内的公务活动、各级各类教育、电视和网络媒体、图书出版、公共服务、信息处理中的汉语手指字母的使用以及手语水平等级考试。

2 规范性引用文件

下列注日期的引用文件均适用于本规范。

《汉语拼音方案》（1958 年 2 月 11 日第一届全国人民代表大会第五次会议批准）

GF0020—2018《国家通用手语常用词表》（2018 年 3 月 9 日中华人民共和国教育部、国家语言文字工作委员会、中国残疾人联合会发布，2018 年 7 月 1 日实施）

3 术语和定义

下列术语和定义适用于本规范。

3.1

汉语拼音方案 scheme for the Chinese phonetic alphabet

给汉字注音和拼写普通话语音的方案。1958 年 2 月 11 日第一届全国人民代表大会第五次会议批准。采用拉丁字母，并用附加符号表示声调，是帮助学习汉字和推广普通话的工具。

3.2

手形 handshape

表达汉语手指字母时手指的屈、伸、开、合的形状。

3.3

位置 location

表达汉语手指字母时手的空间位置。

3.4

朝向 orientation

表达汉语手指字母时手指所指的方向和掌心（手背、虎口）所对的方向。

3.5

动作 movement

表达加符字母 Ê、Ü 时手的晃动动作。

3.6

指式 finger shape

含有位置、朝向和附加动作的代表拼音字母的手形。

3.7

汉语手指字母 Chinese manual alphabet

用指式代表汉语拼音字母，按照《汉语拼音方案》拼成普通话；也可构成手语词或充当手语词的语素，是手语的组成部分。

3.8

远节指 distal phalanx

带有指甲的手指节。

3.9

近节指 proximal phalanx

靠近手掌的手指节。

3.10

中节指 middle phalanx

远节指与近节指之间的手指节。

3.11

书空 tracing the character in the air

用手指在空中比画汉语拼音声调符号或隔音符号。

4 汉语手指字母指式

4.1

单字母指式

《汉语拼音方案》所规定的二十六个字母，用下列指式表示：

Aa	右手伸拇指，指尖朝上，食、中、无名、小指弯曲，指尖抵于掌心，手背向右。
Bb	右手拇指向掌心弯曲，食、中、无名、小指并拢直立，掌心向前偏左。
Cc	右手拇指向上弯曲，食、中、无名、小指并拢向下弯曲，指尖相对成 C 形，虎口朝内。

D d		右手握拳，拇指搭在中指中节指上，虎口朝后上方。
E e		右手拇、食指搭成圆形，中、无名、小指横伸，稍分开，指尖朝左，手背向外。
F f		右手食、中指横伸，稍分开，指尖朝左，拇、无名、小指弯曲，拇指搭在无名指远节指上，手背向外。
G g		右手食指横伸，指尖朝左，中、无名、小指弯曲，指尖抵于掌心，拇指搭在中指中节指上，手背向外。
H h		右手食、中指并拢直立，拇、无名、小指弯曲，拇指搭在无名指远节指上，掌心向前偏左。
I i		右手食指直立，中、无名、小指弯曲，指尖抵于掌心，拇指搭在中指中节指上，掌心向前偏左。
J j		右手食指弯曲，中节指指背向上，中、无名、小指弯曲，指尖抵于掌心，拇指搭在中指中节指上，虎口朝内。

K k		右手食指直立,中指横伸,拇指搭在中指中节指上,无名、小指弯曲,指尖抵于掌心,虎口朝内。
L l		右手拇、食指张开,食指指尖朝上,中、无名、小指弯曲,指尖抵于掌心,掌心向前偏左。
M m		右手拇、小指弯曲,拇指搭在小指中节指上,食、中、无名指并拢弯曲搭在拇指上,指尖朝前下方,掌心向前偏左。
N n		右手拇、无名、小指弯曲,拇指搭在无名指中节指上,食、中指并拢弯曲搭在拇指上,指尖朝前下方,掌心向前偏左。
O o		右手拇指向上弯曲,食、中、无名、小指并拢向下弯曲,拇、食、中指指尖相抵成O形,虎口朝内。
P p		右手拇、食指搭成圆形,中、无名、小指并拢伸直,指尖朝下,虎口朝前偏左。
Q q		右手拇指在下,食、中指并拢在上,拇、食、中指指尖相捏,指尖朝前偏左,无名、小指弯曲,指尖抵于掌心。

R r		右手拇、食指张开，食指指尖朝左，拇指指尖朝上，中、无名、小指弯曲，指尖抵于掌心，手背向外。
S s		右手拇指贴近手掌，食、中、无名、小指并拢微曲与手掌成 90 度角，掌心向前偏左。
T t		右手拇、中、无名指指尖相抵，食、小指直立，掌心向前偏左。
U u		右手拇指贴近手掌，食、中、无名、小指并拢直立，掌心向前偏左。
V v		右手食、中指直立分开成 V 形，拇、无名、小指弯曲，拇指搭在无名指远节指上，掌心向前偏左。
W w		右手食、中、无名指直立分开成 W 形，拇、小指弯曲，拇指搭在小指远节指上，掌心向前偏左。
X x		右手食、中指直立，中指搭在食指上，拇、无名、小指弯曲，拇指搭在无名指远节指上，掌心向前偏左。

Y y	右手伸拇、小指,指尖朝上,食、中、无名指弯曲,掌心向前偏左。
Z z	右手食、小指横伸,指尖朝左,拇、中、无名指弯曲,拇指搭在中、无名指远节指上,手背向外。

4.2

双字母指式

《汉语拼音方案》所规定的四组双字母(ZH、CH、SH、NG),用下列指式表示:

ZH zh	右手食、中、小指横伸,食、中指并拢,指尖朝左,拇、无名指弯曲,拇指搭在无名指远节指上,手背向外。
CH ch	右手拇指在下,食、中、无名、小指并拢在上,指尖朝左成扁"⊐"形,虎口朝内。
SH sh	右手拇指贴近手掌,食、中指并拢微曲与手掌成90度角,无名、小指弯曲,指尖抵于掌心,掌心向前偏左。
NG ng	右手小指横伸,指尖朝左,拇、食、中、无名指弯曲,拇指搭在食、中、无名指上,手背向外。

4.3 加符字母指式

《汉语拼音方案》所规定的两个加符字母（Ê、Ü）用原字母（E、U）指式附加如下动作表示：

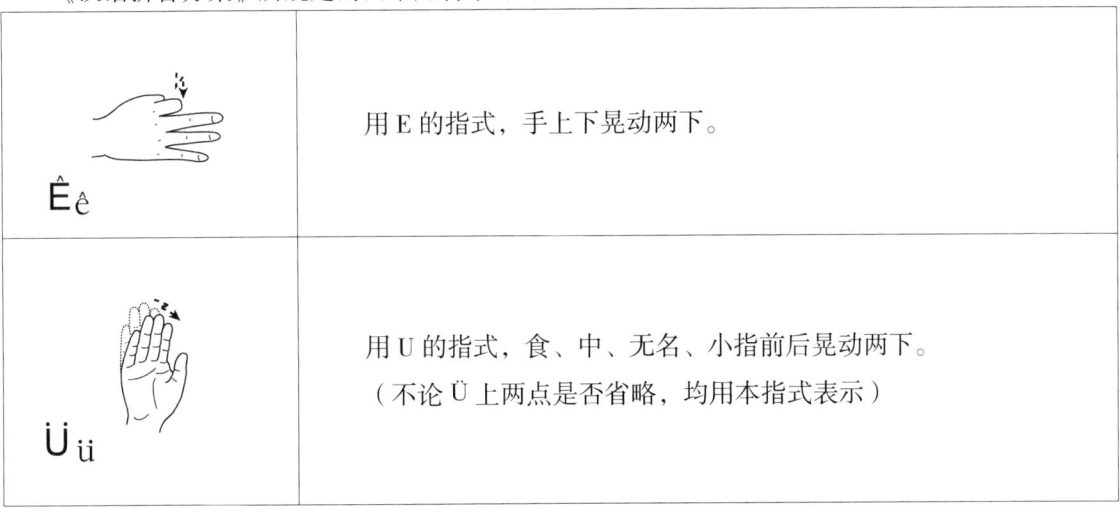

Ê ê	用 E 的指式，手上下晃动两下。
Ü ü	用 U 的指式，食、中、无名、小指前后晃动两下。 （不论 ü 上两点是否省略，均用本指式表示）

4.4 声调符号和隔音符号表示方式

阴平（—）、阳平（ / ）、上声（ ∨ ）、去声（ ＼ ）四种声调符号，用书空方式表示。隔音符号"'"也用书空方式表示。

5 使用规则

5.1 使用手

汉语手指字母、声调符号和隔音符号一般用右手表示；如用左手表示，方向作相应的改变。

5.2 手的位置

表示汉语手指字母时，手自然抬起，不超过肩宽。

表示手指字母"A、B、C、D、H、I、J、K、L、M、N、O、Q、S、T、U、V、W、X、Y、SH"时，手的位置在同侧胸前；表示手指字母"E、F、G、R、Z、ZH、CH、NG"时，手的位置在胸前正中；表示手指字母"P"时，手的位置在同侧腹部前。

5.3 图示角度

本规范的汉语手指字母图为平视图，以观看者的角度呈现。

手势动作图解符号说明

	表示沿箭头方向做直线、弧线移动，或圆形、螺旋形转动。
	表示沿箭头方向做曲线或折线移动。
	表示向同一方向重复移动。
	表示双手或双指同时向相反方向交替或交错移动。
	表示上下或左右、前后来回移动。
	表示沿箭头方向反复转动。
	表示沿箭头方向一顿，或到此终止。
	表示沿箭头方向一顿一顿移动。
	表示手指交替点动、手掌抖动或手臂颤动。
	表示双手先相碰再分开。
	表示拇指与其他手指互捻。
	表示手指沿箭头方向边移动边捏合。
	表示手指沿箭头方向收拢，但不捏合。
	表示双手沿箭头方向同时向相反方向拧动，并向两侧拉开。
	表示握拳的手按顺序依次伸出手指。

手位和朝向图示说明

	手侧立,手指指尖朝前,掌心向左或向右。
	手横立,手指指尖朝左或朝右,掌心向前或向后。
	手直立,手指指尖朝上,掌心向前或向后、向左、向右。
	手斜立,手指指尖朝左前方或右前方,掌心向左前方或右前方、左后方、右后方。
	手垂立,手指指尖朝下,掌心向前或向后、向左、向右。

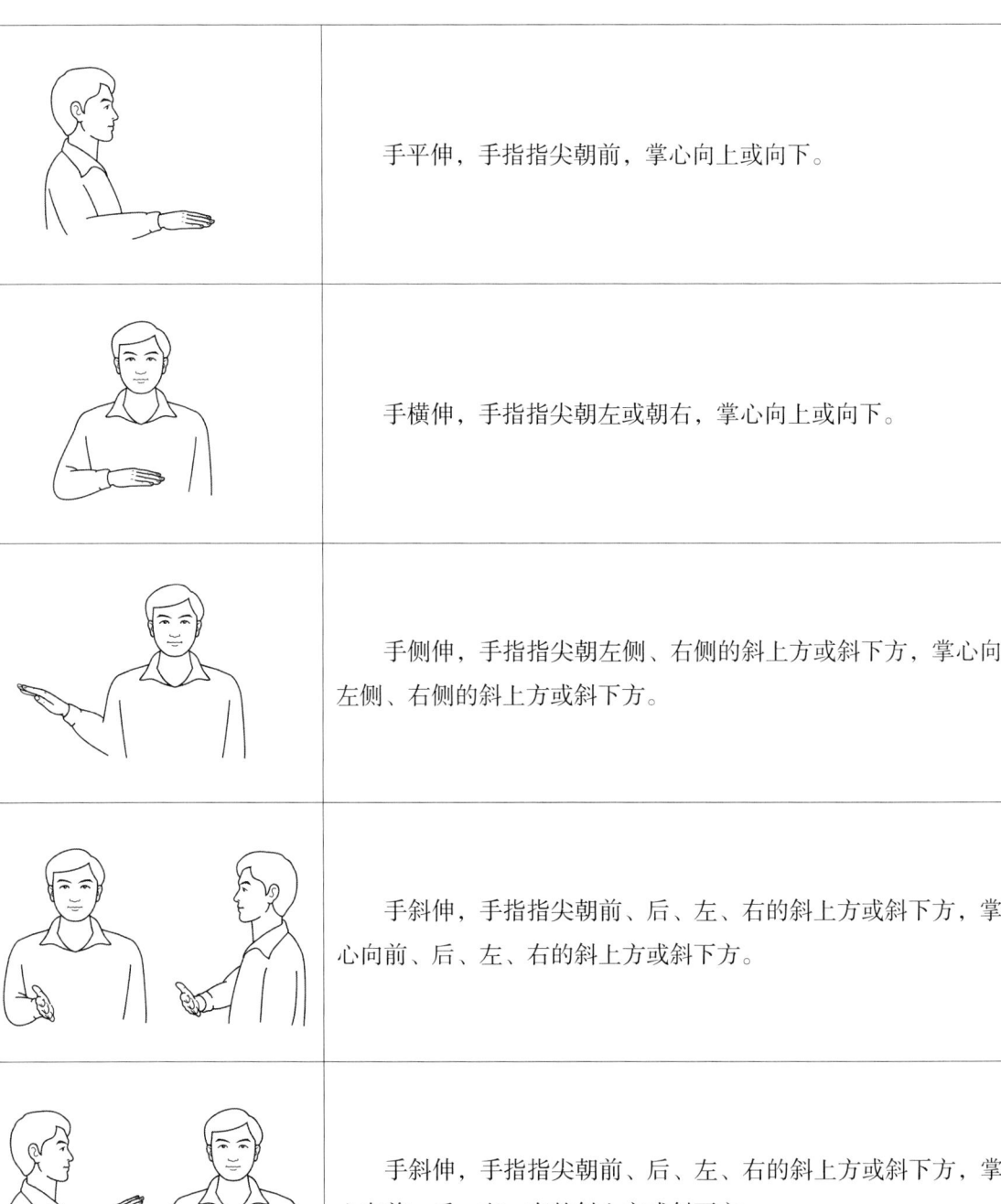

	手平伸，手指指尖朝前，掌心向上或向下。
	手横伸，手指指尖朝左或朝右，掌心向上或向下。
	手侧伸，手指指尖朝左侧、右侧的斜上方或斜下方，掌心向左侧、右侧的斜上方或斜下方。
	手斜伸，手指指尖朝前、后、左、右的斜上方或斜下方，掌心向前、后、左、右的斜上方或斜下方。
	手斜伸，手指指尖朝前、后、左、右的斜上方或斜下方，掌心向前、后、左、右的斜上方或斜下方。

一、一般词汇

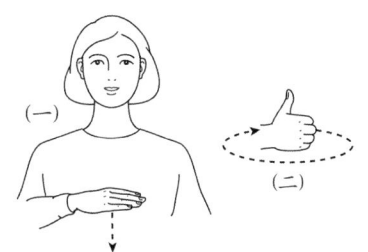

安全 ānquán
（一）一手横伸，掌心向下，自胸部向下一按。
（二）一手伸拇指，顺时针平行转动一圈。

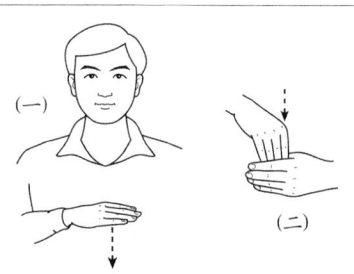

安装 ānzhuāng
（一）一手横伸，掌心向下，自胸部向下一按。
（二）左手五指成"匚"形，虎口朝上；右手五指撮合，从上向下移入左手。

按钮（开关） ànniǔ（kāiguān）
左手拇、食指捏成圆形，虎口朝右；右手伸拇指，朝左手虎口处按一下。
（可根据实际表示按按钮的动作）

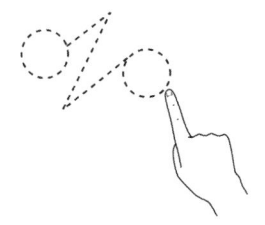

百分号 bǎifēnhào
一手伸食指，指尖朝前，书空"%"。

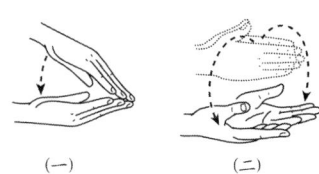

版本 bǎnběn
（一）左手平伸，掌心向上，在下；右手斜伸，手背向前上方，指尖抵于左手指尖，然后向下一按。
（二）双手侧立，掌心相贴，然后向两侧打开。

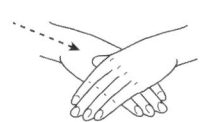

保存（存储） bǎocún（cúnchǔ）
　　左手横伸；右手平伸，手背向上，从后向前移入左手掌心下。

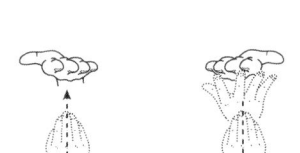

备份 bèifèn
　　双手平伸，掌心向上，右手五指张开，贴于左手背，然后边撮合边向右移动，再变为手平伸。

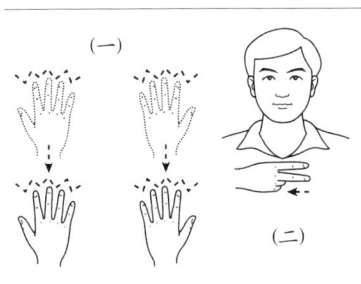

比例 bǐlì
　　（一）双手直立，掌心向内，五指张开，先在上方交替点动几下，然后下移，再交替点动几下。
　　（二）右手食、中指横伸分开，仿等号形状，从左向右微移一下。

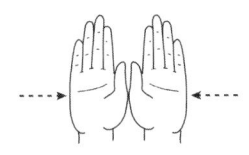

闭合（关闭） bìhé（guānbì）
　　双手直立，掌心向外，从两侧向中间移动并互碰。

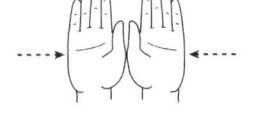

编辑 biānjí
　　双手斜立，五指交叉相搭，交替扭动两下。

变更 biàngēng
　　一手食、中指直立分开，由掌心向外翻转为掌心向内。

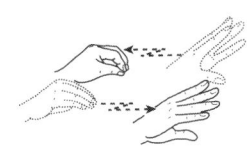

采集 cǎijí

双手五指张开,掌心向外,在不同位置边交替做开合的动作边向内移动。

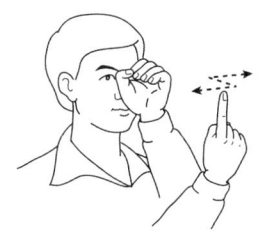

测量 cèliáng

左手虚握,虎口朝内,贴于眼部;右手食指直立,在左手前左右移动,模仿测量的动作。

(可根据实际表示测量的动作)

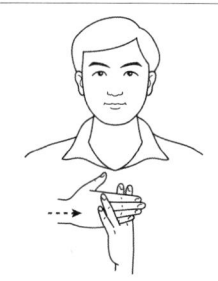

插入 chārù

左手直立,掌心向右;右手横立,掌心向内,插入左手中、无名指指缝间。

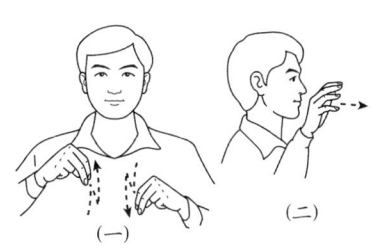

查询 cháxún

(一)双手拇、食、中指相捏,指尖朝下,上下交替动两下。

(二)一手五指微曲,掌心向外,从嘴前向外微移一下。

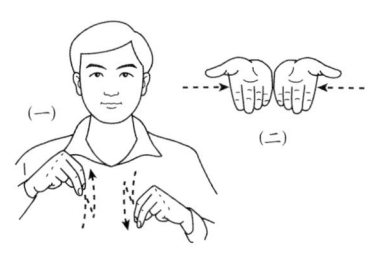

查证(验证①) cházhèng(yànzhèng①)

(一)双手拇、食、中指相捏,指尖朝下,上下交替动两下。

(二)双手平伸,掌心向上,从两侧向中间移动并互碰。

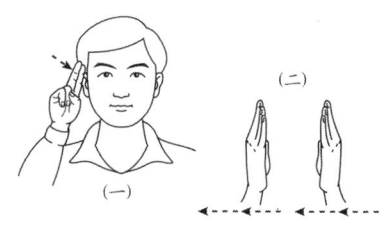

常规 chángguī

(一)一手食、中指直立并拢,掌心向外,向太阳穴碰一下。

(二)双手直立,掌心左右相对,向一侧一顿一顿移动几下。

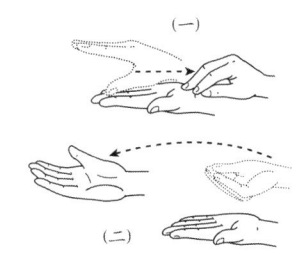

抄送 chāosòng

（一）左手平伸；右手食、中、无名、小指并拢，拇指在下，从左手指尖向左手腕移动一下，同时五指撮合。

（二）左手平伸；右手五指撮合，掌心向上，边向外移动边变为手平伸。

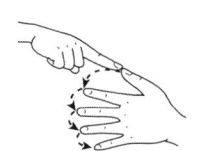

程序（步骤、顺序） chéngxù (bùzhòu、shùnxù)

左手横立，掌心向内，五指张开；右手伸食指，从左手拇指依次向下点至小指。

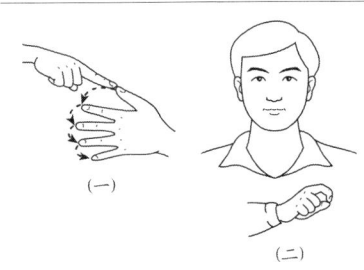

程序员 chéngxùyuán

（一）左手横立，掌心向内，五指张开；右手伸食指，从左手拇指依次向下点至小指。

（二）右手拇、食指捏成圆形，虎口朝内，贴于左胸部。

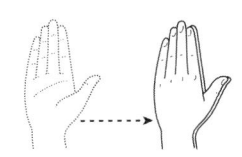

重合 chónghé

双手直立，左手掌心向内，不动，右手掌心向外，向左移动，与左手重合。

（可根据实际表示重合的状态）

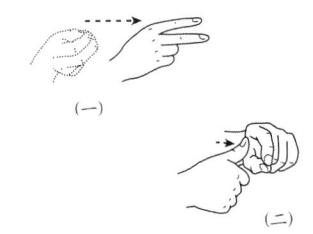

重启 chóngqǐ

（一）右手拇、食、中指相捏，手背向外，边向左移动边伸出食、中指。

（二）左手拇、食指捏成圆形，虎口朝右；右手伸拇指，朝左手虎口处按一下。

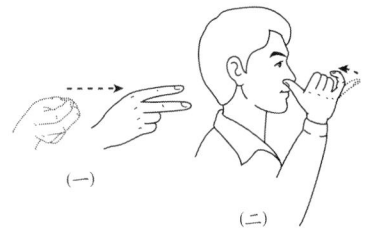

重试 chóngshì

（一）右手拇、食、中指相捏，手背向外，边向左移动边伸出食、中指。

（二）一手伸拇、小指，指尖朝上，拇指置于鼻翼一侧，小指弯动一下。

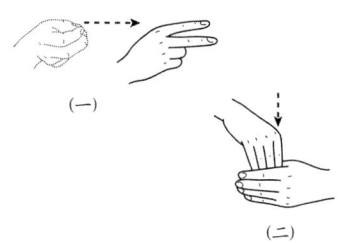

重装 chóngzhuāng

（一）右手拇、食、中指相捏，手背向外，边向左移动边伸出食、中指。

（二）左手五指成"匚"形，虎口朝上；右手五指撮合，从上向下移入左手。

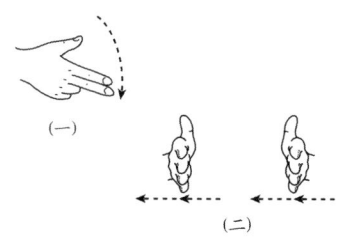

处理 chǔlǐ

（一）一手伸拇、食、中指，食、中指并拢，向下一挥。

（二）双手侧立，掌心相对，向一侧一顿一顿移动几下。

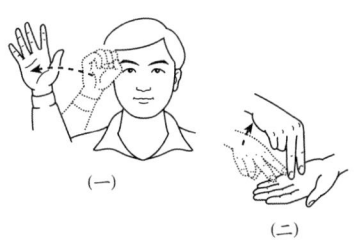

创建 chuàngjiàn

（一）一手握拳，虎口贴于太阳穴，然后边向前移动边张开五指。

（二）左手横伸；右手食、中指分开，先平放于左手掌心上，然后竖立起来。

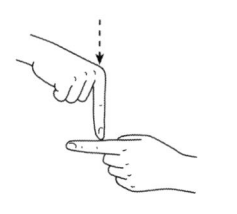

垂直 chuízhí

左手食指横伸，手背向外；右手伸食指，指尖朝下，垂直落于左手食指中端，如垂直状。

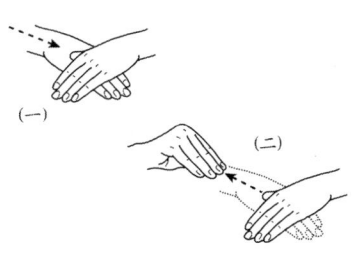

存取 cúnqǔ

（一）左手横伸；右手平伸，手背向上，从后向前移入左手掌心下。

（二）左手横伸；右手平伸，手背向上，边从左手掌心下向后移出边撮合五指。

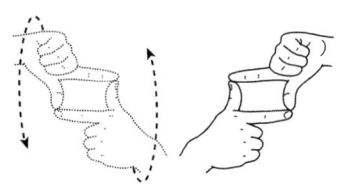

措施 cuòshī

双手伸拇、食指，先一正一反，再一反一正，交替搭成方形。

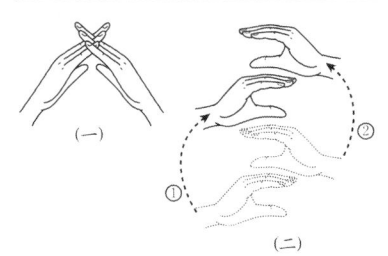

搭建 dājiàn

（一）双手五指张开，指尖朝上，斜向交叉相搭。
（二）双手五指成"⊏⊐"形，虎口朝内，交替上叠，模仿垒砖的动作。

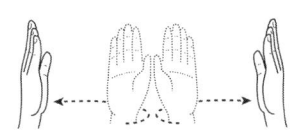

打开 dǎkāi

双手并排直立，掌心向外，然后向内转动90度，掌心相对。

打印① dǎyìn ①

左手平伸；右手打手指字母"Y"的指式，手背向上，置于左手掌心上，然后向前移动，表示激光打印。

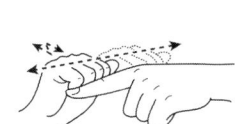

打印② dǎyìn ②

左手食指横伸，手背向上；右手握拳，手背向内，左右来回敲击几下左手食指，表示针式打印。

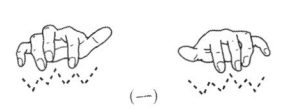

打字 dǎzì

（一）双手五指弯曲，指尖朝下，交替点动几下，如敲击计算机键盘状。
（二）一手打手指字母"Z"的指式。

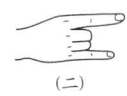

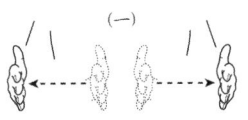

大写 dàxiě

（一）双手侧立，掌心相对，同时向两侧移动，幅度要大些。
（二）左手横伸；右手如执笔状，在左手掌心上做写字的动作。

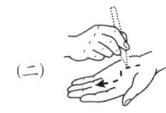

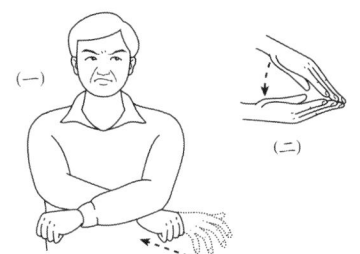

盗版 dàobǎn
（一）左臂横伸，左手握拳，手背向上；右手五指张开，掌心向下，边从左臂下向右移动边握拳，眼睛朝左斜视，表示暗中偷窃。
（二）左手平伸，掌心向上，在下；右手斜伸，手背向前上方，指尖抵于左手指尖，然后向下一按。

登录 dēnglù
左手拇、食指成"匚"形，虎口朝内；右手伸中、无名、小指，指尖朝前，手背向上，在左手"匚"形内点一下。

等级 děngjí
左手直立，掌心向右；右手平伸，掌心向下，在左手掌心上向上一顿一顿移动几下。

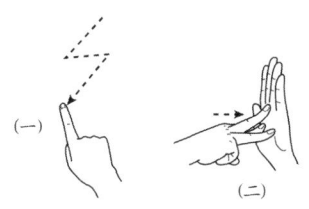

电源 diànyuán
（一）一手食指书空"丩"形。
（二）左手直立，掌心向右；右手食、中、无名指分开成三角形，移至左手掌心，仿三相插头。

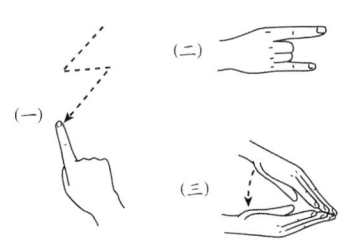

电子版 diànzǐbǎn
（一）一手食指书空"丩"形。
（二）一手打手指字母"Z"的指式。
（三）左手平伸，掌心向上，在下；右手斜伸，手背向前上方，指尖抵于左手指尖，然后向下一按。

电子邮件 diànzǐ yóujiàn
左手五指成"匚"形，虎口朝内；右手食指横伸，从左手虎口中部向前划动两下。

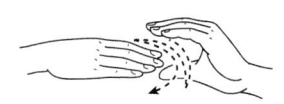

电子邮箱 diànzǐ yóuxiāng
左手五指成"匚"形，虎口朝内；右手横伸，掌心向下，从左手虎口中部向前划动两下。

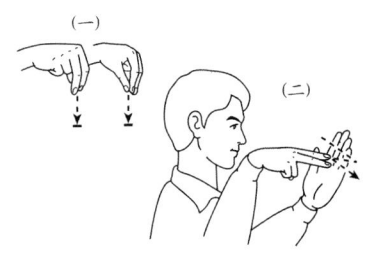

订阅 dìngyuè
（一）双手拇、食、中指相捏，指尖朝下，一前一后，同时向下一顿。
（二）左手斜伸，掌心向内，置于面前；右手食、中指分开，指尖对着左手掌心，手背向上，从左向右、从上向下移动。

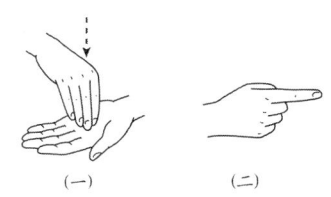

定义 dìngyì
（一）左手横伸；右手五指撮合，指尖朝下，按向左手掌心。
（二）一手食指横伸，手背向外。"一"与"义"音近，借代。

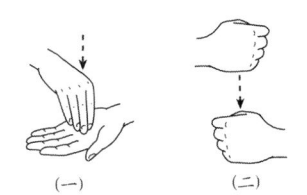

定制 dìngzhì
（一）左手横伸；右手五指撮合，指尖朝下，按向左手掌心。
（二）双手握拳，一上一下，右拳向下砸一下左拳。

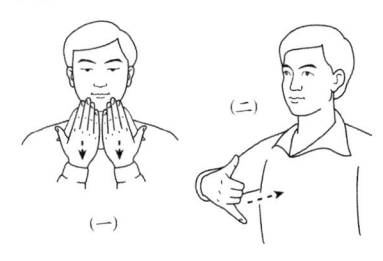

读入 dúrù
（一）双手斜伸，掌心向内，置于身前，然后向下微动一下，眼睛注视双手，如读书状。
（二）一手伸拇、小指，指尖朝内，从外向内移动。

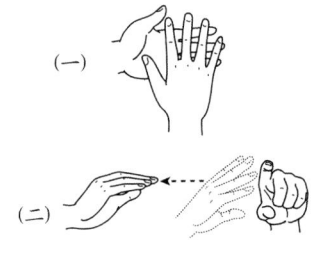

二维码 èrwéimǎ
（一）双手五指张开，横竖相搭。
（二）左手拇、食指成"匚"形，虎口朝内；右手五指张开，指尖对着左手，边向后移动边撮合。

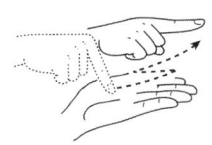

发送 fāsòng
左手平伸；右手伸食指，指尖朝下，从左手掌心上向外划出两下。

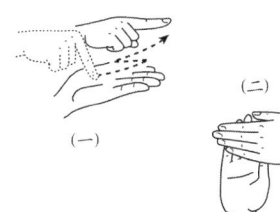

发帖 fātiě
（一）左手平伸；右手伸食指，指尖朝下，从左手掌心上向外划出两下。
（二）左手横立，掌心向内；右手直立，掌心贴于左手掌心。

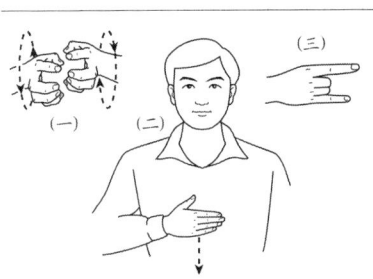

繁体字 fántǐzì
（一）双手五指弯曲，指尖左右相对，前后交替转动几下。
（二）一手掌心贴于胸部，向下移动一下。
（三）一手打手指字母"Z"的指式。

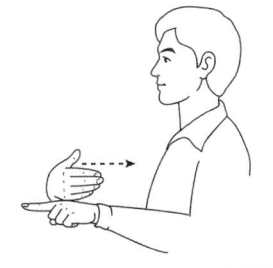

反向 fǎnxiàng
左手伸食指，指尖朝前，手背向上；右手侧立，指尖朝内，在左手食指旁向内移动一下。

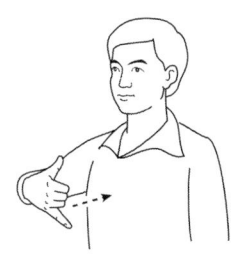

返回（回归） fǎnhuí (huíguī)
一手伸拇、小指，指尖朝内，从外向内移动。

访问（询问） fǎngwèn (xúnwèn)
一手五指微曲，掌心向外，从嘴前向外微移两下。

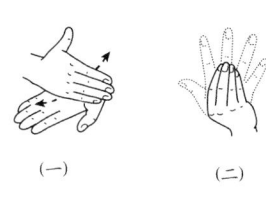

分类（分组） fēnlèi (fēnzǔ)

（一）左手横伸；右手侧立，置于左手掌心上，并左右拨动一下。

（二）一手五指张开，指尖朝上，然后撮合。

分配 fēnpèi

左手平伸；右手横立，掌心向内，置于左手掌心上，然后向前方不同方向拨动几下。

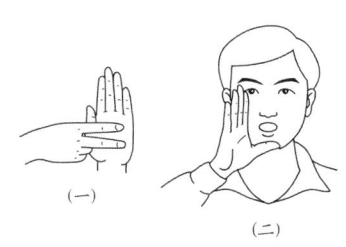

符号 fúhào

（一）左手直立，掌心向外；右手打手指字母"F"的指式，贴于左手掌心上。

（二）一手五指成"亅"形，虎口贴于嘴边，口张开。

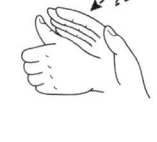

辅助 fǔzhù

左手伸拇指；右手五指并拢，轻拍两下左手拇指背。

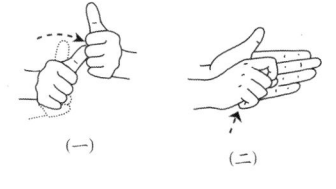

附加 fùjiā

（一）双手伸拇指，左手在上不动，右手向左转动，拇指靠向左手掌心。

（二）左手侧立；右手拇、食指捏成圆形，虎口朝左，贴向左手掌心。

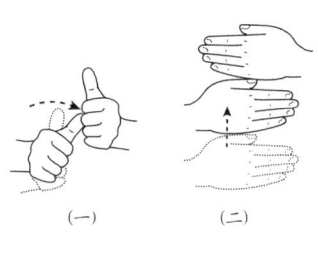

附件 fùjiàn

（一）双手伸拇指，左手在上不动，右手向左转动，拇指靠向左手掌心。

（二）双手横立，掌心向内，五指并拢，左手在上不动，右手从下向上移至左手小指下缘。

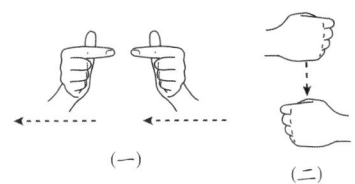

复制 fùzhì

（一）双手拇、食指搭成"十"字形，同时向一侧移动一下。

（二）双手握拳，一上一下，右拳向下砸一下左拳。

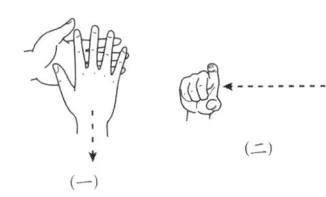

格式 géshì

（一）双手五指张开，一横一竖搭成方格形，然后左手不动，右手向下移动。

（二）一手拇、食指张开，指尖朝前，向一侧移动一下。

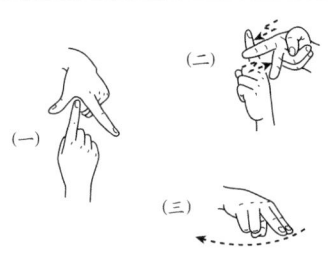

个性化 gèxìnghuà

（一）左手伸拇、食指，虎口朝外，与右手食指搭成"个"字形。

（二）左手食指直立；右手食、中指横伸，指背交替弹左手食指背。

（三）一手打手指字母"H"的指式，指尖朝前斜下方，平行划动一下。

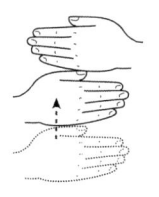

跟帖 gēntiě

双手横立，掌心向内，五指并拢，左手在上不动，右手从下向上移至左手小指下缘。

（可根据实际表示跟帖的数量）

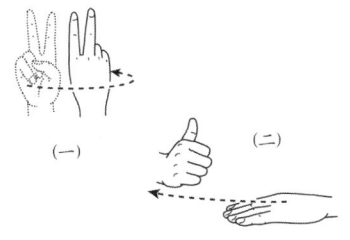

更新 gēngxīn

（一）一手食、中指直立分开，由掌心向外翻转为掌心向内。

（二）左手横伸；右手伸拇指，在左手背上从左向右划出。

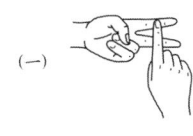
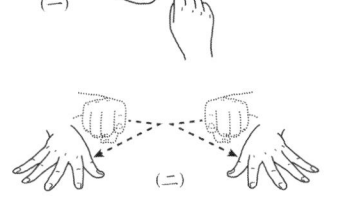

工具 gōngjù

（一）左手食、中指与右手食指搭成"工"字形。

（二）双手食指指尖朝前，手背向上，先互碰一下，再分开并张开五指。

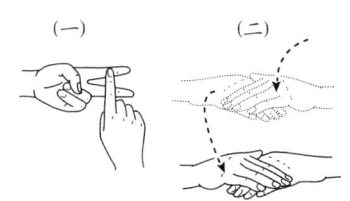

工艺 gōngyì

（一）左手食、中指与右手食指搭成"工"字形。
（二）双手横伸，掌心向下，互拍手背。

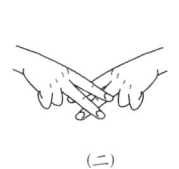

公共 gōnggòng

（一）双手拇、食指搭成"公"字形，虎口朝外。
（二）双手食、中指搭成"共"字形，手背向上。

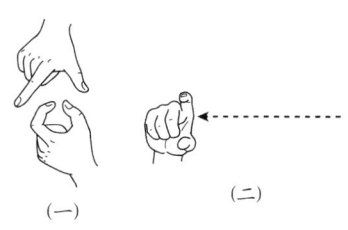

公式 gōngshì

（一）双手拇、食指搭成"公"字形，虎口朝外。
（二）一手拇、食指张开，指尖朝前，向一侧移动一下。

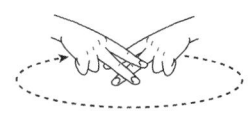

共享 gòngxiǎng

双手食、中指搭成"共"字形，手背向上，平行转动一圈。

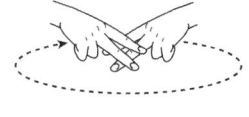

固定 gùdìng

左手横伸；右手五指弯曲，指尖朝下，抵于左手掌心，向下一按。

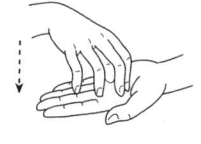

关机 guānjī

（一）双手直立，掌心向外，从两侧向中间移动并互碰。
（二）双手五指弯曲，食、中、无名、小指关节交错相触，向下转动一下。

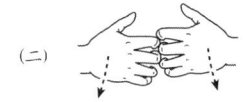

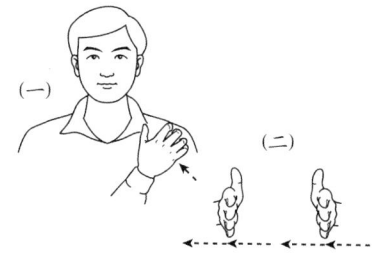

管理　guǎnlǐ
（一）右手五指微曲，指尖朝内，按向左肩。
（二）双手侧立，掌心相对，向一侧一顿一顿移动几下。

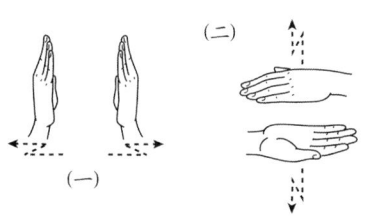

规格　guīgé
（一）双手直立，掌心左右相对，分别向两侧来回移动两下，表示物体的宽窄。
（二）双手横伸，掌心上下相对，分别向上下方向来回移动两下，表示物体的高低。
（可根据实际表示物体的规格）

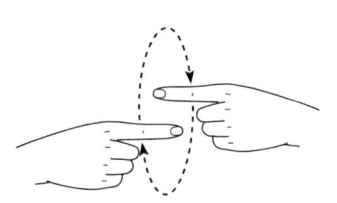

滚动　gǔndòng
双手食指横伸，一前一后交替向前转动。
（可根据实际表示滚动的样子）

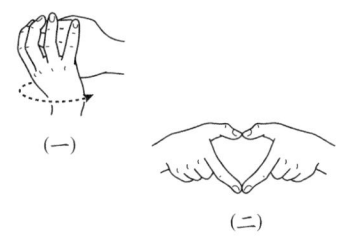

核心　héxīn
（一）左手握拳；右手五指微曲，手背向外，从右向左绕左拳转动半圈。
（二）双手拇、食指张开仿"♡"形，手背向外，置于胸部。

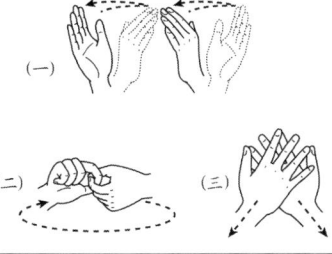

互联网　hùliánwǎng
（一）双手直立，掌心左右相对，左右晃动一下。
（二）双手拇、食指套环，顺时针平行转动一圈。
（三）双手五指张开，手背向外，交叉相搭，向两侧斜下方移动。

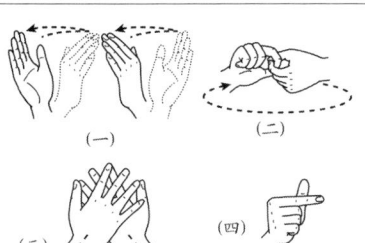

互联网+　hùliánwǎng jiā
（一）双手直立，掌心左右相对，左右晃动一下。
（二）双手拇、食指套环，顺时针平行转动一圈。
（三）双手五指张开，手背向外，交叉相搭，向两侧斜下方移动。
（四）一手拇、食指搭成"+"形，仿加号形状。

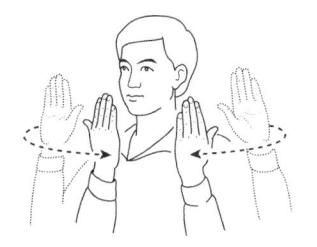

还原（恢复、复原） huányuán (huīfù、fùyuán)
　　双手直立，掌心向外，然后边向前做弧形移动边翻转为掌心向内。

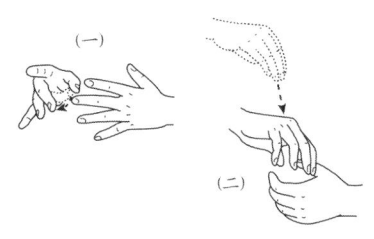

回收站（垃圾箱） huíshōuzhàn (lājīxiāng)
　　（一）左手横立，掌心向内，五指张开；右手拇、中指相捏，中指弹一下左手中指。
　　（二）左手五指成半圆形，虎口朝上；右手五指撮合，指尖朝下，向左手虎口做扔东西的动作。

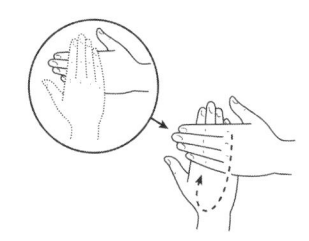

回帖 huítiě
　　左手横立，掌心向内；右手直立，掌心向内，从左手外移至左手内，手背贴于左手掌心。

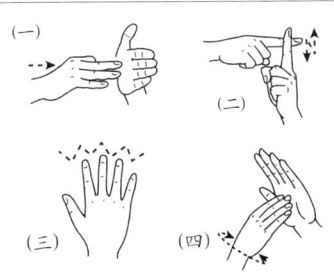

计量单位 jìliàng dānwèi
　　（一）左手侧立；右手伸中、无名、小指，指尖朝左，手背向上，点一下左手掌心。
　　（二）左手食指直立；右手食指横贴在左手食指上，然后上下微动几下。
　　（三）一手直立，掌心向内，五指张开，交替点动几下。
　　（四）双手斜伸，右手指尖抵于左手掌心，并转动两下。

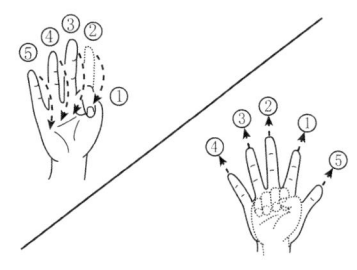

计数 jìshù
　　一手直立，掌心向外（或向内），从拇指起依次弯动手指（或一手握拳，依次伸出食、中、无名、小、拇指），如计数状。

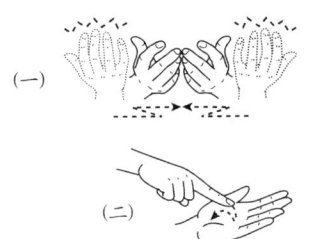

计算器 jìsuànqì
　　（一）双手五指微曲，掌心向上，边交替点动边互碰两下。
　　（二）左手平伸；右手食指在左手掌心上随意点几下，如按计算器数字键状。

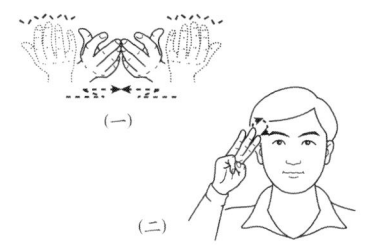

计算思维 jìsuàn sīwéi

（一）双手五指微曲，掌心向上，边交替点动边互碰两下。
（二）一手打手指字母"W"的指式，在太阳穴前后转动两圈，面露思考的表情。

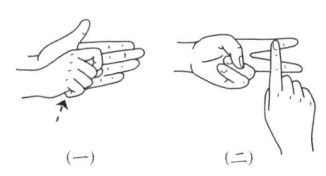

加工 jiāgōng

（一）左手侧立；右手拇、食指捏成圆形，虎口朝左，贴向左手掌心。
（二）左手食、中指与右手食指搭成"工"字形。

监控（监视） jiānkòng (jiānshì)

左手伸拇指，在前；右手伸拇、食、小指，在后上方，指尖对着左手拇指。

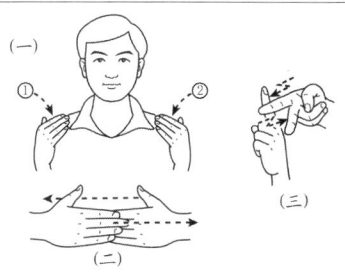

兼容性 jiānróngxìng

（一）双手交替拍一下同侧肩膀。
（二）双手横立，掌心向内，指尖相对，从两侧向中间交错移动至双手相叠。
（三）左手食指直立；右手食、中指横伸，指背交替弹左手食指背。

检查 jiǎnchá

双手拇、食、中指相捏，指尖朝下，上下交替动两下。

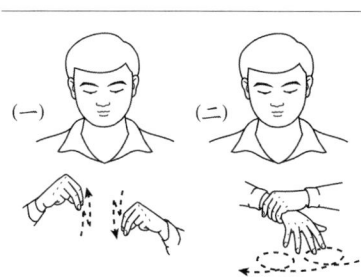

检索 jiǎnsuǒ

（一）双手拇、食、中指相捏，指尖朝下，上下交替动两下。
（二）左手握住右手腕；右手五指张开，指尖朝下，边转动边向一侧移动，目光随之移动。

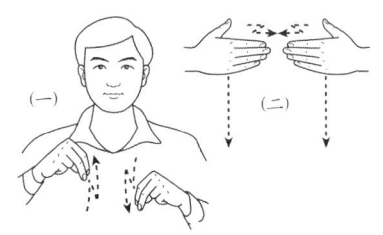

检验 jiǎnyàn

（一）双手拇、食、中指相捏，指尖朝下，上下交替动两下。

（二）双手横立，掌心向内，边从上向下移动边互碰。

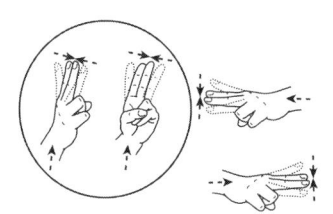

剪切（裁切） jiǎnqiē（cáiqiē）

双手食、中指直立分开，掌心左右相对，边夹动边向上移动，然后手背向上，一上一下，边夹动边向对侧移动。

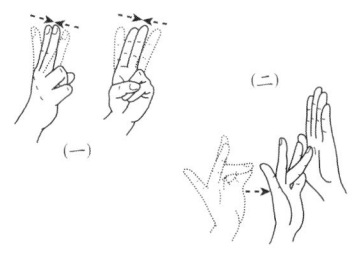

剪贴板 jiǎntiēbǎn

（一）双手食、中指直立分开，掌心左右相对，夹动一下。

（二）左手直立，掌心向外；右手拇、中指相捏，指尖朝内，然后张开，中指贴一下左手掌心。

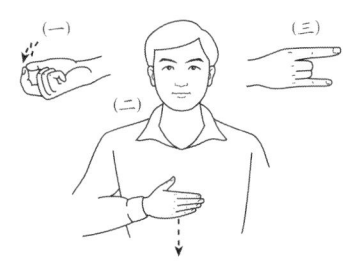

简体字 jiǎntǐzì

（一）一手拇、食指相捏，指尖朝上，向下晃动两下。

（二）一手掌心贴于胸部，向下移动一下。

（三）一手打手指字母"Z"的指式。

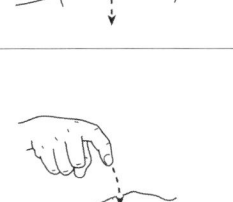

键❶ jiàn ❶

左手拇、食指捏成"口"形，虎口朝上；右手食指弯曲，指尖朝左手虎口处点一下，只用于表示"键"的名词意义。

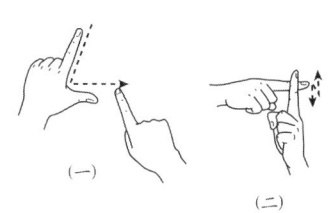

角度 jiǎodù

（一）左手拇、食指成"∠"形，手背向内；右手食指沿左手虎口划一下。

（二）左手食指直立；右手食指横贴在左手食指上，然后上下微动几下。

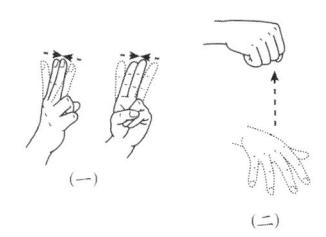

截取（剪取） jiéqǔ (jiǎnqǔ)
（一）双手食、中指直立分开，掌心左右相对，夹动一下。
（二）一手五指张开，指尖朝下，边向上移动边握拳。
（可根据实际表示截取的动作）

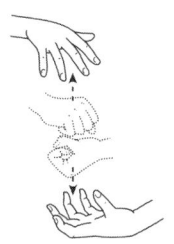

解压缩 jiěyāsuō
双手握拳，拳心上下相贴，然后边分别向上下方向移动边张开五指。

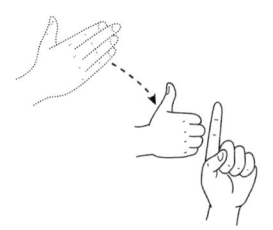

精确 jīngquè
左手食指直立；右手食、中、无名、小指并拢，指尖朝前上方，边向左手食指移动边缩回，拇指伸出。

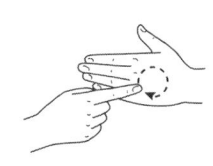

局部 júbù
左手横立；右手伸食指，指尖朝内，在左手背上划一小圈，表示整体当中的一部分。

开始 kāishǐ
双手斜伸，掌心向上，同时向两侧斜上方移动。

可视化 kěshìhuà
（一）一手直立，掌心向外，然后食、中、无名、小指弯动一下。
（二）一手食、中指分开，指尖朝前，手背向上，从眼部向前一指。
（三）一手打手指字母"H"的指式，指尖朝前斜下方，平行划动一下。

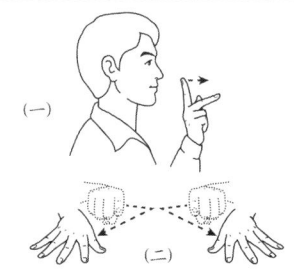

课件① kèjiàn ①

（一）一手打手指字母"K"的指式，中指尖朝前，向前微动一下。
（二）双手食指指尖朝前，手背向上，先互碰一下，再分开并张开五指。

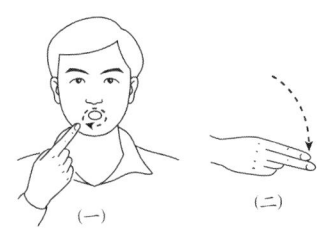

口令 kǒulìng

（一）一手伸食指，沿嘴部转动一圈，口张开。
（二）一手食、中指并拢，向下一挥。

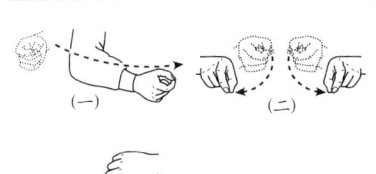

快捷方式 kuàijié fāngshì

（一）一手拇、食指捏成圆形，向一侧快速划动。
（二）双手拇、食指相捏，虎口朝上，然后向下转腕，虎口相对。
（三）双手拇、食指搭成"▢"形。
（四）一手拇、食指张开，指尖朝前，向一侧移动一下。

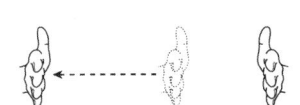

扩展 kuòzhǎn

双手侧立，左手不动，右手向右移动一下。
（可根据实际表示扩展的情况）

垃圾邮件 lājī yóujiàn

（一）左手五指微曲，指尖朝上；右手伸小指，在左手掌心上划两下。
（二）左手五指成"⊏"形，虎口朝内；右手食指横伸，从左手虎口中部向前划动两下。

离开（挂机） líkāi (guàjī)

左手拇、食指张开，虎口朝内；右手食指弯曲，挂在左手拇指上。
（可根据实际表示挂机的动作）

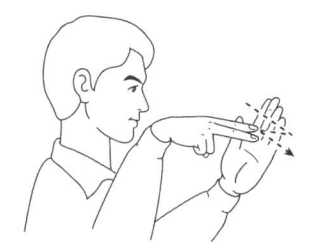

浏览 liúlǎn

左手斜伸,掌心向内,置于面前;右手食、中指分开,指尖对着左手掌心,手背向上,从左向右、从上向下做快速移动。

(可根据实际表示浏览的动作)

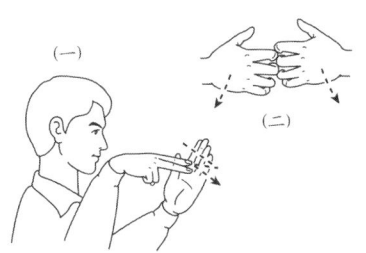

浏览器 liúlǎnqì

(一)左手斜伸,掌心向内,置于面前;右手食、中指分开,指尖对着左手掌心,手背向上,从左向右、从上向下做快速移动。

(二)双手五指弯曲,食、中、无名、小指关节交错相触,向下转动一下。

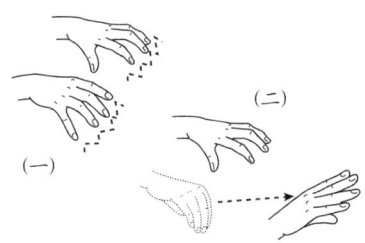

录入(键入) lùrù (jiànrù)

(一)双手五指弯曲,指尖朝下,交替点动几下,如敲击计算机键盘状。

(二)左手五指弯曲,指尖朝下;右手五指撮合,指尖先朝下,然后边向前移动边张开,表示将内容键入到计算机中。

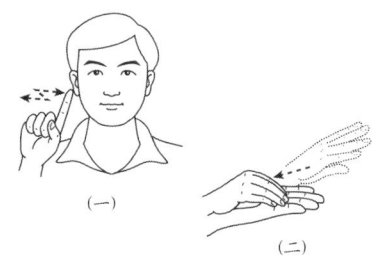

录音 lùyīn

(一)一手食指直立,掌心向外,在耳边左右晃动两下。

(二)左手平伸;右手五指张开,边向左手掌心移动边撮合。

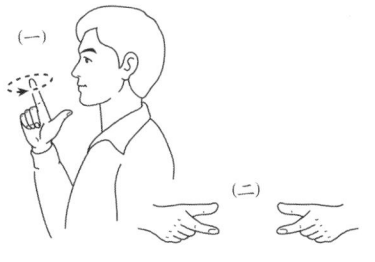

论坛 lùntán

(一)一手打手指字母"L"的指式,逆时针平行转动一下。

(二)双手拇、食指成大圆形,虎口朝上。

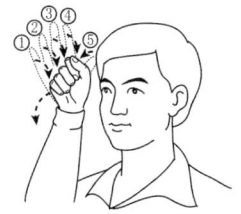

逻辑 luó·jí

右手直立,掌心向左,五指张开,置于头一侧,然后边向前转腕边依次弯回小、无名、中、食、拇指。

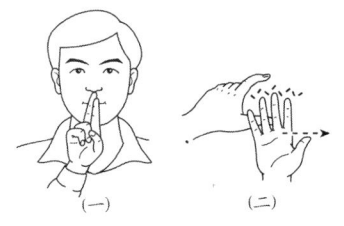

密码 mìmǎ

（一）一手食、中指直立相叠，手背向斜后方，贴于嘴部，嘴闭拢。

（二）左手拇、食指成"匚"形，虎口朝内；右手直立，手背向外，五指张开，在左手"匚"形内边连续点动边从左向右移动，表示一串数码。

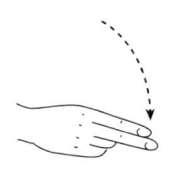

命令 mìnglìng

一手食、中指并拢，向下一挥。

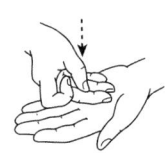

命名 mìngmíng

左手横伸；右手中、无名、小指并拢，拇指按于中指，指背向下，贴向左手掌心。

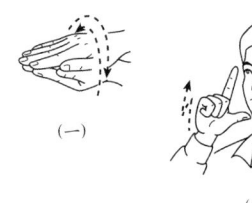

模型 móxíng

（一）双手平伸，掌心相合，手背拱起，左右翻转两下。

（二）双手拇、食指成"⌊ ⌋"形，置于脸颊两侧，上下交替动两下。

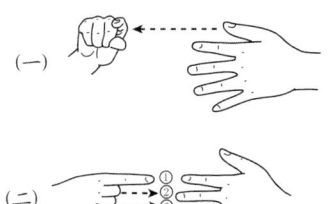

目录 mùlù

（一）左手横立，手背向外，五指张开；右手拇、食指张开，指尖朝前，在左手拇指旁向右划动一下。

（二）左手横立，手背向外，五指张开；右手握拳，手背向外，虎口朝上，在左手旁依次伸出食、中、无名、小指。

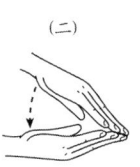

排版 páibǎn

（一）双手直立，五指张开，一前一后排成一列。

（二）左手平伸，掌心向上，在下；右手斜伸，手背向前上方，指尖抵于左手指尖，然后向下一按。

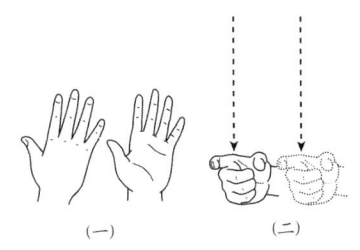

排列 páiliè

（一）双手直立，五指张开，一前一后排成一列。
（二）一手拇、食指张开，指尖朝前，虎口朝上，从上向下、从左向右移动两下。

配置 pèizhì

双手五指撮合，手背向外，指尖互碰两下。

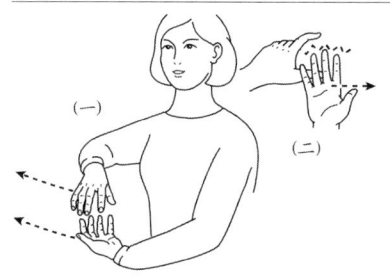

批号① pīhào ①

（一）左手横伸；右手伸食指，指尖朝下，在左手掌心上划"∨"形。
（二）一手五指成"⌐"形，虎口贴于嘴边，口张开。
（此手语表示主管部门的批准文号）

批号② pīhào ②

（一）双手横伸，掌心相对，五指微曲，同时向外移动。
（二）左手拇、食指成"⊏"形，虎口朝内；右手直立，手背向外，五指张开，在左手"⊏"形内边连续点动边从左向右移动，表示一串数码。
（此手语表示成批生产的产品的编号）

批量 pīliàng

（一）双手横伸，掌心相对，五指微曲，同时向外移动。
（二）一手直立，掌心向内，五指张开，交替点动几下。

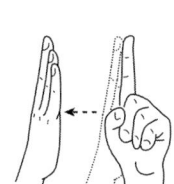

偏移 piānyí

左手食指直立；右手直立，掌心向左，置于左手食指后，然后向右移动一下。

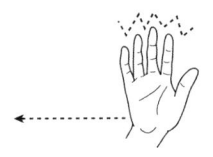

拼音　pīnyīn
　　一手直立，掌心向外，五指微曲，边交替点动边向一侧移动。

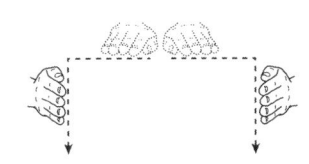

平台　píngtái
　　双手平伸，掌心向下，先从中间向两侧平移，再折而下移成"冂"形。

 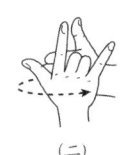

屏幕保护（屏保）　píngmù bǎohù（píngbǎo）
　　（一）左手伸拇、食指，食指尖朝右，手背向外；右手横立，手背向外，五指张开，在左手食指上方上下晃动几下。
　　（二）左手伸拇指；右手拇、食、小指直立，绕左手转动半圈。

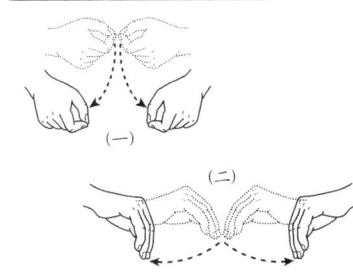

破解　pòjiě
　　（一）双手拇、食指相捏，虎口朝上，然后向下掰动一下。
　　（二）双手手背拱起，指背相对，分别向两侧扒动一下。

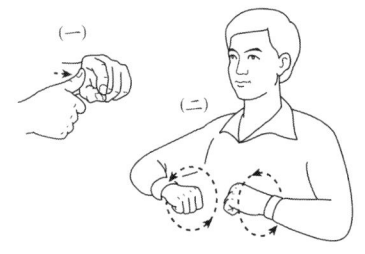

启动　qǐdòng
　　（一）左手拇、食指捏成圆形，虎口朝右；右手伸拇指，朝左手虎口处按一下。
　　（二）双手握拳屈肘，前后交替转动两下。

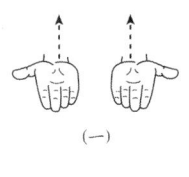 

起点　qǐdiǎn
　　（一）双手平伸，掌心向上一抬。
　　（二）左手横伸；右手伸食指，指尖朝下，在左手掌心上点一下。

清除 qīngchú
　　左手横伸；右手侧立，置于左手掌心上，然后用力向左手指尖方向划动。

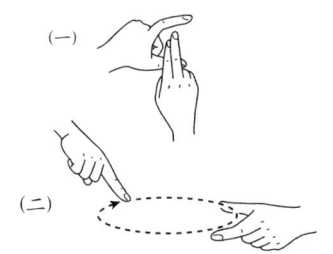

区域 qūyù
　　（一）左手拇、食指成"匚"形，虎口朝内；右手食、中指相叠，手背向内，置于左手"匚"形中，仿"区"字形。
　　（二）左手拇、食指成半圆形，虎口朝上；右手伸食指，指尖朝下，沿左手虎口划一圈。

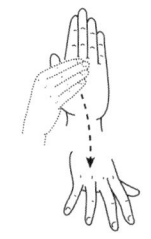

取消（撤销） qǔxiāo（chèxiāo）
　　左手直立，掌心向右；右手五指在左手掌心上抓一下，然后向下一甩。

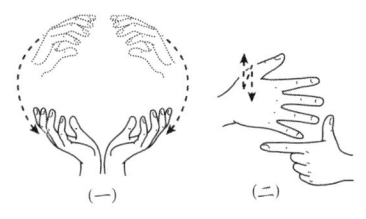

全屏 quánpíng
　　（一）双手五指微曲，指尖左右相对，然后向下做弧形移动，手腕靠拢。
　　（二）左手伸拇、食指，食指尖朝右，手背向外；右手横立，手背向外，五指张开，在左手食指上方上下晃动几下。

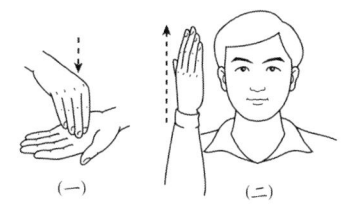

确认 quèrèn
　　（一）左手横伸；右手五指撮合，指尖朝下，按向左手掌心。
　　（二）右手直立，掌心向左，向上一伸。

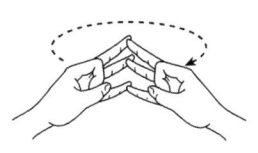

群 qún
　　双手中、无名、小指指尖斜向相抵，虎口朝上，顺时针转动一圈。

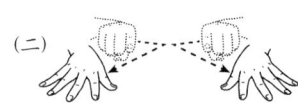
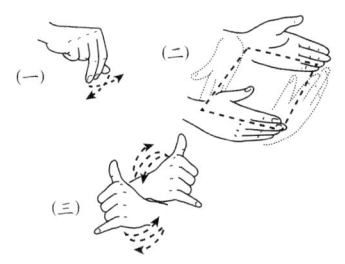

软件 ruǎnjiàn

（一）右手拇、食指捏住左手食指尖，随意晃动几下，左手食指随之弯曲。

（二）双手食指指尖朝前，手背向上，先互碰一下，再分开并张开五指。

沙盒游戏 shāhé yóuxì

（一）一手拇、食、中指相捏，指尖朝下，互捻几下。

（二）双手先横立再侧立，仿盒子的形状。

（三）双手伸拇、小指，手腕交叉相搭，晃动几下。

删除 shānchú

左手横立，掌心向内，五指张开；右手拇、中指相捏，中指弹一下左手中指。

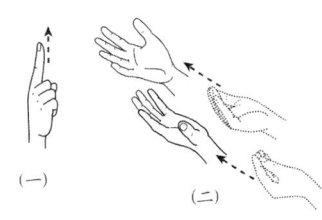

上传 shàngchuán

（一）一手食指直立，向上一指。

（二）双手五指撮合，指尖朝上，一前一后，一高一低，边向前上方移动边张开。

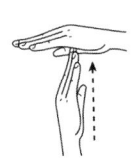

上限 shàngxiàn

左手横伸；右手直立，掌心向左，五指并拢，从下向上移动，指尖抵于左手掌心。

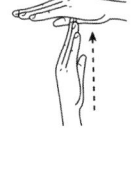
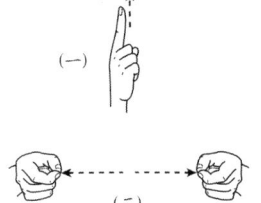

上线① shàngxiàn ①

（一）一手食指直立，向上一指。

（二）双手拇、食指相捏，虎口朝上，从中间向两侧拉开。

上线② shàngxiàn ②
左手横伸；右手伸拇、小指，手背向右，从后下方向上移至左手背上。

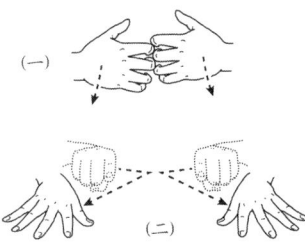

设备 shèbèi
（一）双手五指弯曲，食、中、无名、小指关节交错相触，向下转动一下。
（二）双手食指指尖朝前，手背向上，先互碰一下，再分开并张开五指。

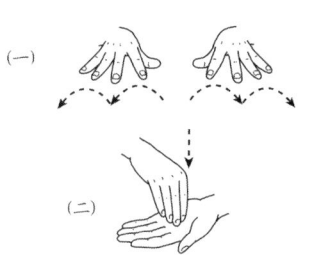

设定 shèdìng
（一）双手五指张开，掌心向下，从中间向两侧按动两下。
（二）左手横伸；右手五指撮合，指尖朝下，按向左手掌心。

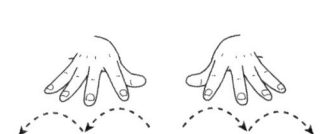

设置 shèzhì
双手五指张开，掌心向下，从中间向两侧按动两下。

升级 shēngjí
（一）左手直立，掌心向外；右手食指直立，贴于左手掌心，向上移动。
（二）左手直立，掌心向右；右手平伸，掌心向下，在左手掌心上向上一顿一顿移动几下。

省略 shěnglüè
右手伸食指，指尖朝前，从左向右连点六个点。

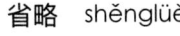
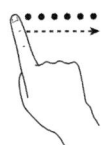

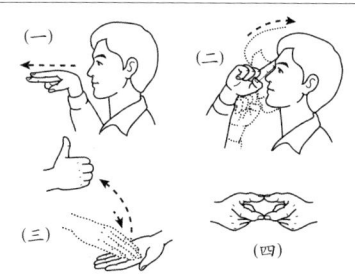

视觉效果 shìjué xiàoguǒ

（一）一手食、中指分开，指尖朝前，手背向上，从眼部向前一指。
（二）一手食指抵于太阳穴，头同时微抬。
（三）左手横伸，掌心向上；右手先拍一下左手掌，再伸出拇指。
（四）双手拇、食指搭成圆形，虎口朝上。

视屏（屏幕） shìpíng (píngmù)

左手伸拇、食指，食指尖朝右，手背向外；右手横立，手背向外，五指张开，在左手食指上方上下晃动几下。

视频 shìpín

双手伸拇、食、中指，食、中指并拢，指尖前后相对。

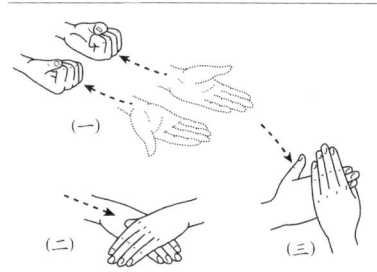

收藏夹 shōucángjiā

（一）双手平伸，掌心向上，边向内移动边握拳。
（二）左手横伸；右手平伸，手背向上，从后向前移入左手掌心下。
（三）左手五指成"∪"形，虎口朝左；右手横立，掌心向内，插入左手虎口。

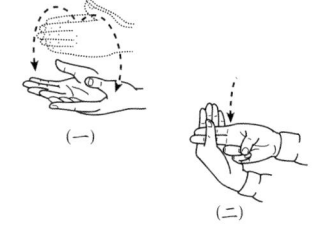

书签 shūqiān

（一）双手侧立，掌心相贴，然后向两侧打开。
（二）左手五指成"⊏"形，指尖朝上，虎口朝外；右手食、中指并拢，指尖朝前，手背向右，向下移入左手虎口。

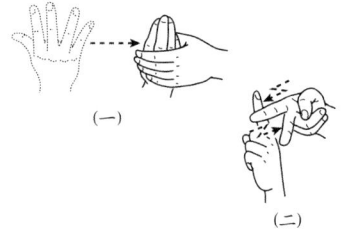

属性 shǔxìng

（一）左手五指成半圆形，虎口朝上；右手五指张开，指尖朝上，边移向左手虎口内边撮合。
（二）左手食指直立；右手食、中指横伸，指背交替弹左手食指背。

数据 shùjù
（一）一手直立，掌心向内，五指张开，交替点动几下。
（二）左手握拳，手背向上；右手握住左手腕。

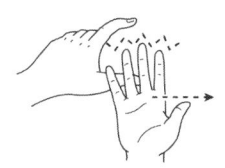

数码 shùmǎ
左手拇、食指成"匚"形，虎口朝内；右手直立，手背向外，五指张开，在左手"匚"形内边连续点动边从左向右移动，表示一串数码。
（可根据实际表示数码的形式）

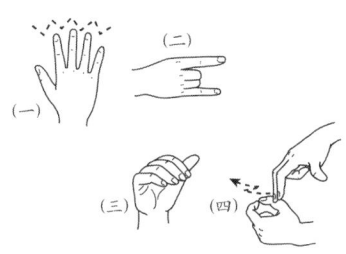

数字素养 shùzì sùyǎng
（一）一手直立，掌心向内，五指张开，交替点动几下。
（二）一手打手指字母"Z"的指式。
（三）一手打手指字母"S"的指式。
（四）左手拇、食指捏成圆形，虎口朝上；右手伸拇、食、中指，食、中指并拢弯曲，指尖朝下，在左手虎口处向外拨动两下。

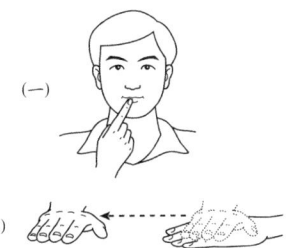

水平 shuǐpíng
（一）一手伸食指，指尖贴于下嘴唇。
（二）左手横伸；右手平伸，掌心向下，从左手背上向右移动一下。

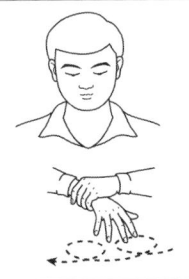

搜索 sōusuǒ
左手握住右手腕；右手五指张开，指尖朝下，边转动边向一侧移动，目光随之移动。

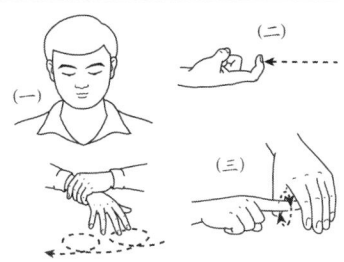

搜索引擎 sōusuǒ yǐnqíng
（一）左手握住右手腕；右手五指张开，指尖朝下，边转动边向一侧移动，目光随之移动。
（二）一手食指弯曲，手背向下，从外向内移动。
（三）左手五指成半圆形，指尖朝下；右手食指横伸，在左手虎口内前后转动几下。

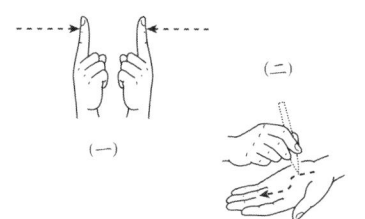

缩写 suōxiě

（一）双手食指直立，指面左右相对，从两侧向中间移动。
（二）左手横伸；右手如执笔状，在左手掌心上做写字的动作。

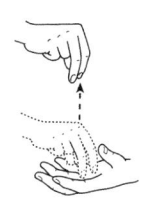

提取 tíqǔ

左手横伸，五指微曲；右手伸拇、食、中指，指尖朝下，边从左手掌心上向上移动边相捏。

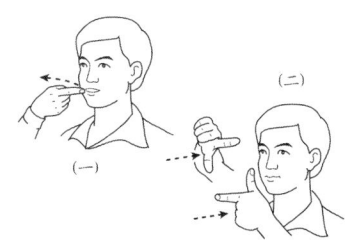

提示❶ tíshì ❶

（一）一手食指横伸，手背向外，从嘴部向前移出。
（二）双手拇、食指成"⊐"形，向眼前移动一下。
（此手语表示电脑屏幕上的提示）

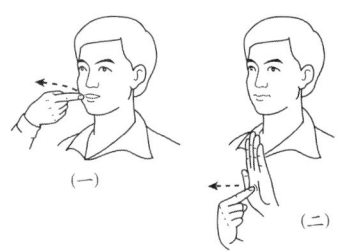

提示❷ tíshì ❷

（一）一手食指横伸，手背向外，从嘴部向前移出。
（二）左手直立，掌心向前；右手伸食指，抵于左手掌心，双手同时向前移动一下。
（此手语表示"提示"的一般含义）

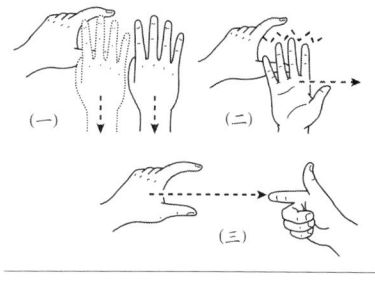

条码阅读器 tiáomǎ yuèdúqì

（一）左手拇、食指成"⊏"形，虎口朝内；右手食、中、无名、小指直立分开，拇指弯回，掌心向外，在左手"⊏"形内从上向下、从左向右移动两下。
（二）左手拇、食指成"⊏"形，虎口朝内；右手直立，手背向外，五指张开，在左手"⊏"形内边连续点动边从左向右移动，表示一串数码。
（三）左手拇、食指成"⊏"形，虎口朝内；右手伸拇、食指，食指尖朝前，从左向右划过左手，如持条码阅读器扫描条形码状。

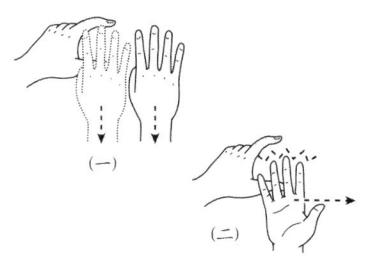

条形码 tiáoxíngmǎ

（一）左手拇、食指成"⊏"形，虎口朝内；右手食、中、无名、小指直立分开，拇指弯回，掌心向外，在左手"⊏"形内从上向下、从左向右移动两下。
（二）左手拇、食指成"⊏"形，虎口朝内；右手直立，手背向外，五指张开，在左手"⊏"形内边连续点动边从左向右移动，表示一串数码。

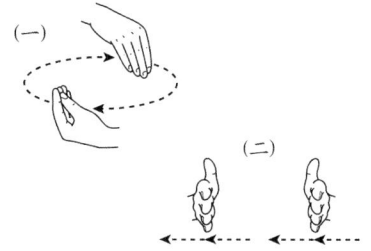

调整　tiáozhěng
（一）双手五指撮合，指尖上下相对，交替平行转动两下。
（二）双手侧立，掌心相对，向一侧一顿一顿移动几下。

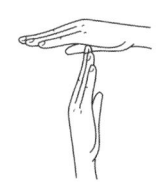

停止　tíngzhǐ
左手横伸，掌心向下；右手直立，掌心向左，指尖抵于左手掌心。

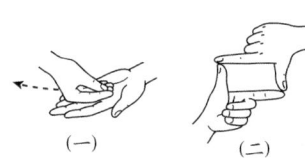

图片　túpiàn
（一）左手横伸；右手五指撮合，指背在左手掌心上抹一下。
（二）双手拇、食指搭成"□"形。

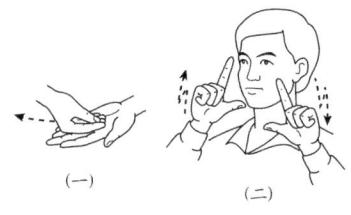

图形　túxíng
（一）左手横伸；右手五指撮合，指背在左手掌心上抹一下。
（二）双手拇、食指成"⌐"形，置于脸颊两侧，上下交替动两下。

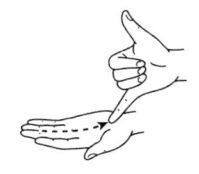

退出　tuìchū
左手平伸，掌心向上；右手伸拇、小指，小指尖抵于左手指尖，再向后移动。

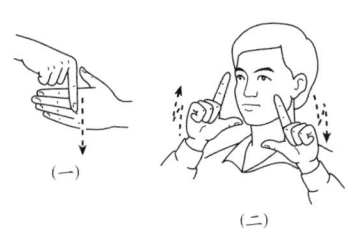

外观　wàiguān
（一）左手横立；右手伸食指，指尖朝下，在左手背外向下指。
（二）双手拇、食指成"⌐"形，置于脸颊两侧，上下交替动两下。

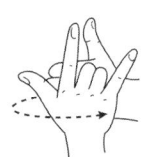

维护 wéihù

左手伸拇指；右手拇、食、小指直立，绕左手转动半圈。

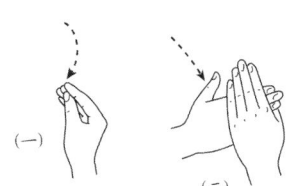

文档 wéndàng

（一）一手五指撮合，指尖朝前，撇动一下，如执毛笔写字状。
（二）左手五指成"∪"形，虎口朝左；右手横立，掌心向内，插入左手虎口。

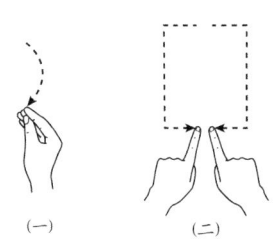

文件① wénjiàn①

（一）一手五指撮合，指尖朝前，撇动一下，如执毛笔写字状。
（二）双手伸食指，指尖朝前，在面前划一个"□"形。

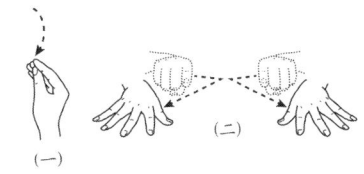

文件② wénjiàn②

（一）一手五指撮合，指尖朝前，撇动一下，如执毛笔写字状。
（二）双手食指指尖朝前，手背向上，先互碰一下，再分开并张开五指。

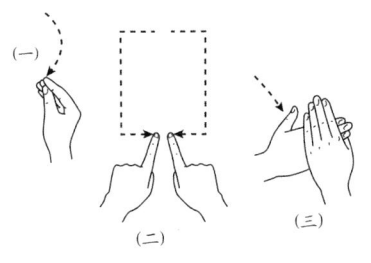

文件夹① wénjiànjiā①

（一）一手五指撮合，指尖朝前，撇动一下，如执毛笔写字状。
（二）双手伸食指，指尖朝前，在面前划一个"□"形。
（三）左手五指成"∪"形，虎口朝左；右手横立，掌心向内，插入左手虎口。

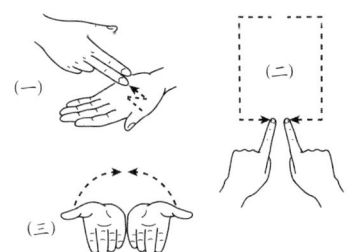

文件夹② wénjiànjiā②

（一）左手横伸；右手伸拇、食、中指，食、中指并拢，在左手掌心上向后划动两下。
（二）双手伸食指，指尖朝前，在面前划一个"□"形。
（三）双手平伸相挨，掌心向上，然后相合。

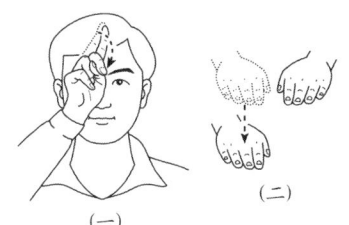

误差 wùchā

（一）一手食、中指直立相叠，掌心向外，置于前额，中指向下弯动一下。
（二）双手平伸，掌心向下，左手不动，右手向下一沉。

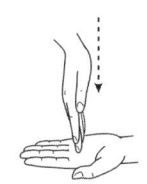

下限 xiàxiàn

左手横伸；右手垂立，掌心向左，五指并拢，从上向下移动，指尖抵于左手掌心。

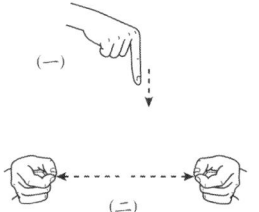

下线①（离线①） xiàxiàn① (líxiàn①)

（一）一手伸食指，指尖朝下一指。
（二）双手拇、食指相捏，虎口朝上，从中间向两侧拉开。

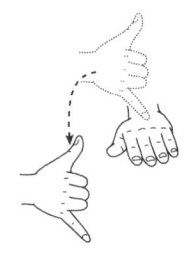

下线②（离线②） xiàxiàn② (líxiàn②)

左手横伸；右手伸拇、小指，手背向右，从左手背上向后下方移动。

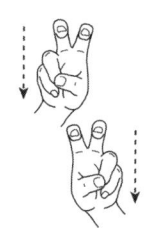

下载 xiàzài

双手食、中指弯曲，指尖朝前，一上一下，同时向下拉动。

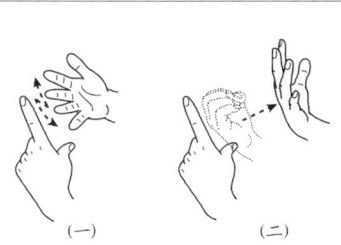

显示 xiǎnshì

（一）左手拇、食指成"⌐"形，手背向内；右手横立，手背向外，五指张开，在左手旁上下晃动几下。
（二）左手拇、食指成"⌐"形，手背向内；右手五指撮合，指尖朝内，在左手旁边向内移动边张开，表示屏幕上的东西朝观看者显示。

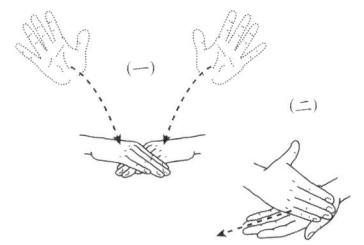

消除 xiāochú

（一）双手五指张开，掌心向外，边交叉向下移动边撮合，右手掌压住左手背。

（二）左手横伸；右手侧立，置于左手掌心上，然后用力向左手指尖方向划动。

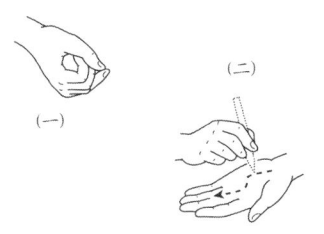

小写 xiǎoxiě

（一）一手拇、小指相捏，指尖朝上。

（二）左手横伸；右手如执笔状，在左手掌心上做写字的动作。

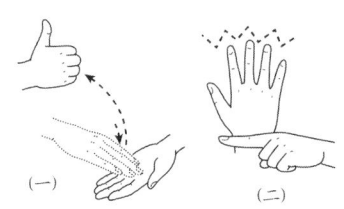

效率 xiàolǜ

（一）左手横伸，掌心向上；右手先拍一下左手掌，再伸出拇指。

（二）左手食指横伸；右手直立，手背向外，手腕贴于左手食指，五指张开，交替点动儿下。

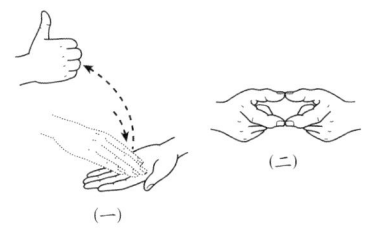

效应（效果） xiàoyìng（xiàoguǒ）

（一）左手横伸，掌心向上；右手先拍一下左手掌，再伸出拇指。

（二）双手拇、食指搭成圆形，虎口朝上。

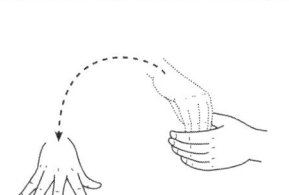

卸载 xièzài

左手五指成"匚"形，虎口朝上；右手五指撮合，指尖朝下，置于左手虎口内，然后边向外移出边张开。

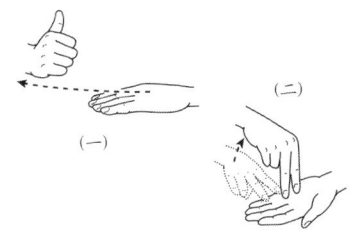

新建 xīnjiàn

（一）左手横伸；右手伸拇指，在左手背上从左向右划出。

（二）左手横伸；右手食、中指分开，先平放于左手掌心上，然后竖立起来。

信息 xìnxī

左手五指撮合，指尖抵于左耳，右手五指张开，掌心向外，然后左手向左移动并张开，掌心向外，右手同时向右耳移动并撮合，指尖抵于右耳，双手重复一次。

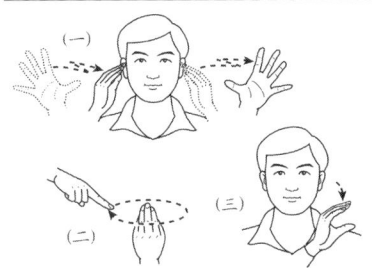

信息社会责任 xìnxī shèhuì zérèn

（一）左手五指撮合，指尖抵于左耳，右手五指张开，掌心向外，然后左手向左移动并张开，掌心向外，右手同时向右耳移动并撮合，指尖抵于右耳，双手重复一次。

（二）左手五指撮合，指尖朝上；右手伸食指，指尖朝下，绕左手转动一圈。

（三）右手五指成"⊐"形，按向左肩。

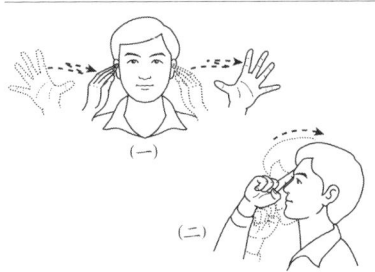

信息意识 xìnxī yì·shí

（一）左手五指撮合，指尖抵于左耳，右手五指张开，掌心向外，然后左手向左移动并张开，掌心向外，右手同时向右耳移动并撮合，指尖抵于右耳，双手重复一次。

（二）一手食指抵于太阳穴，头同时微抬。

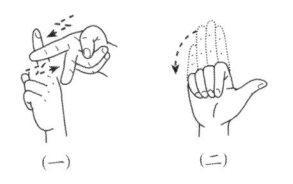

性能 xìngnéng

（一）左手食指直立；右手食、中指横伸，指背交替弹左手食指背。

（二）一手直立，掌心向外，然后食、中、无名、小指弯动一下。

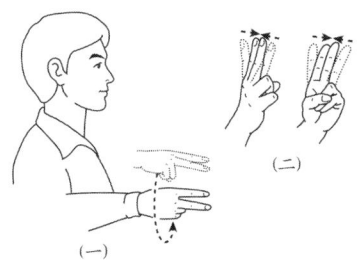

修剪 xiūjiǎn

（一）一手食、中指分开，指尖朝前，手背向上，手腕翻转一下。

（二）双手食、中指直立分开，掌心左右相对，夹动一下。

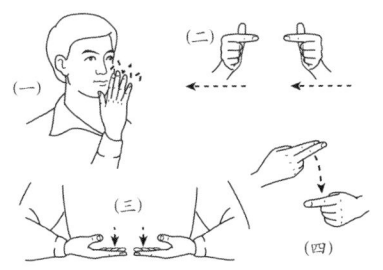

虚拟现实① xūnǐ xiànshí ①

（一）右手直立，掌心向左，拇指尖抵于颊部，其他四指交替点动几下。

（二）双手拇、食指搭成"十"字形，同时向一侧移动一下。

（三）双手横伸，掌心向上，在腹前向下微动一下。

（四）左手食指横伸；右手食、中指相叠，敲一下左手食指。

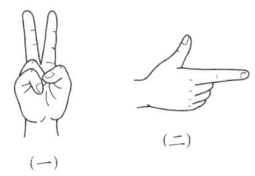

虚拟现实②（VR） xūnǐ xiànshí②
（一）一手打手指字母"V"的指式。
（二）一手打手指字母"R"的指式。

旋钮 xuánniǔ
一手拇、食、中指虚捏，指尖朝前，左右拧动，如调节旋钮状。

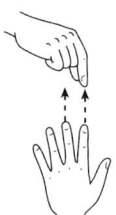

选择 xuǎnzé
左手直立，掌心向内，五指张开；右手拇、食指先向上揪一下左手食指，再向上揪一下左手中指。

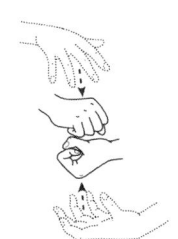

压缩 yāsuō
双手横伸，掌心上下相对，五指微曲张开，边向中间移动边握拳。

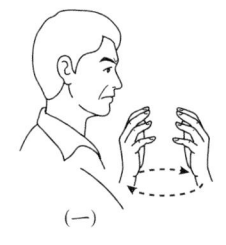 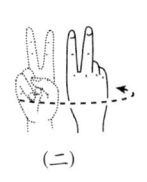

演变 yǎnbiàn
（一）双手五指微曲，掌心前后相对，然后前后转动，交换位置。
（二）一手食、中指直立分开，由掌心向外翻转为掌心向内。

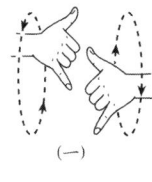 

演示 yǎnshì
（一）双手伸拇、小指，手背向外，前后交替转动两下。
（二）左手直立，掌心向前；右手伸食指，抵于左手掌心，双手同时向前移动一下。

验证② yànzhèng ②
（一）一手伸拇、小指，指尖朝上，拇指置于鼻翼一侧，小指弯动一下。
（二）双手平伸，掌心向上，从两侧向中间移动并互碰。

遥控（遥控器） yáokòng (yáokòngqì)
一手虚握，虎口朝前，拇指按动两下，模仿按遥控器的动作。
（可根据实际表示遥控的动作）

移动 yídòng
双手五指撮合，指尖朝下，从一侧向另一侧移动。

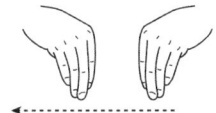

引擎 yǐnqíng
（一）一手食指弯曲，手背向下，从外向内移动。
（二）左手五指成半圆形，指尖朝下；右手食指横伸，在左手虎口内前后转动几下。

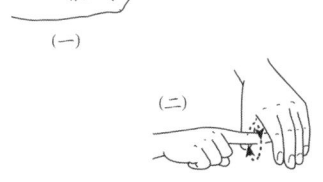

英文 yīngwén
（一）一手食指弯曲，指尖朝内，点一下鼻翼一侧（此为国内聋人表示英国的手势）。
（二）一手五指撮合，指尖朝前，撇动一下，如执毛笔写字状。

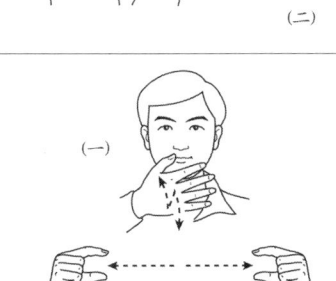

影片 yǐngpiàn
（一）一手横立，掌心向内，五指张开，在面前上下晃动几下。
（二）双手拇、食指张开，指尖相对，虎口朝内，从中间向两侧拉开。

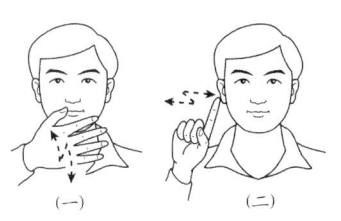

影音 yǐngyīn

（一）一手横立，掌心向内，五指张开，在面前上下晃动几下。

（二）一手食指直立，掌心向外，在耳边左右晃动两下。

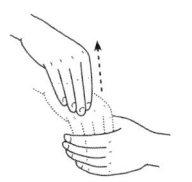

应用 yìngyòng

左手五指成"匚"形，虎口朝上；右手五指撮合，指尖朝下，从左手虎口内抽出。

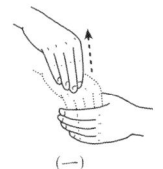 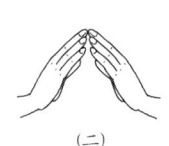

用户 yònghù

（一）左手五指成"匚"形，虎口朝上；右手五指撮合，指尖朝下，从左手虎口内抽出。

（二）双手搭成"∧"形。

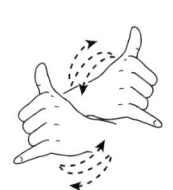

游戏 yóuxì

双手伸拇、小指，手腕交叉相搭，晃动几下。

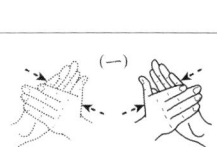
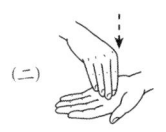

约定 yuēdìng

（一）双手掌心交替互拍。

（二）左手横伸；右手五指撮合，指尖朝下，按向左手掌心。

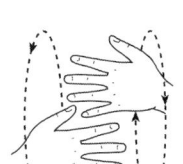

运行 yùnxíng

双手横立，手背向外，五指张开，上下交替转动两下。

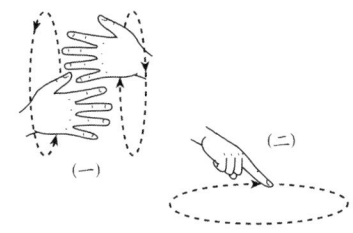

运行环境 yùnxíng huánjìng

（一）双手横立，手背向外，五指张开，上下交替转动两下。

（二）一手伸食指，指尖朝下划一大圈。

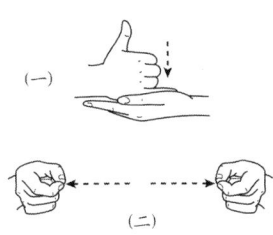

在线 zàixiàn

（一）左手横伸；右手伸拇、小指，从上向下移至左手掌心。

（二）双手拇、食指相捏，虎口朝上，从中间向两侧拉开。

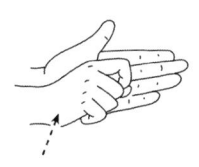

增加（增添） zēngjiā (zengtiān)

左手侧立；右手拇、食指捏成圆形，虎口朝左，贴向左手掌心。

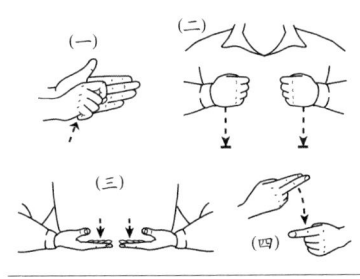

增强现实① zēngqiáng xiànshí ①

（一）左手侧立；右手拇、食指捏成圆形，虎口朝左，贴向左手掌心。

（二）双手握拳屈肘，同时用力向下一顿。

（三）双手横伸，掌心向上，在腹前向下微动一下。

（四）左手食指横伸；右手食、中指相叠，敲一下左手食指。

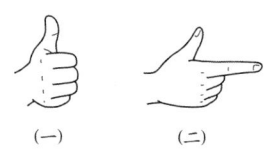

增强现实②（AR） zēngqiáng xiànshí ②

（一）一手打手指字母"A"的指式。

（二）一手打手指字母"R"的指式。

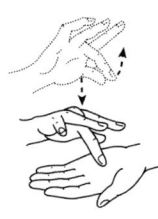

粘贴 zhāntiē

左手横伸；右手拇、中指相捏，然后张开，中指贴一下左手掌心。

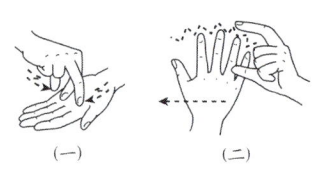

账号 zhànghào

（一）左手横伸；右手伸拇、食、中指，指尖朝下，在左手掌心上做打算盘的动作。

（二）左手拇、食指成"⊂"形，虎口朝内；右手直立，手背向外，五指张开，在左手"⊂"形内边连续点动边从左向右移动，表示一串数码。

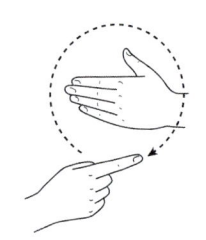

整体 zhěngtǐ

左手横立；右手伸食指，指尖朝内，绕左手转动一圈，表示整体。

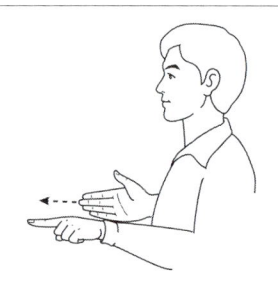

正向 zhèngxiàng

左手伸食指，指尖朝前，手背向上；右手侧立，指尖朝前，在左手食指旁向前移动一下。

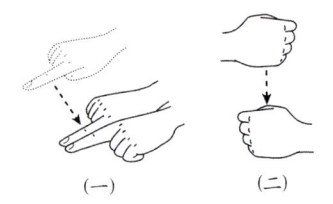

执行 zhíxíng

（一）双手伸食指，指尖朝前，手背向上，左手不动，右手食指从右侧靠向左手食指。

（二）双手握拳，一上一下，右拳向下砸一下左拳。

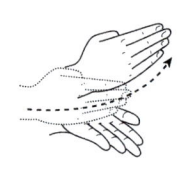

直播 zhíbō

左手横伸；右手打手指字母"B"的指式，指尖朝前，在左手掌心上向前上方做弧形移动。

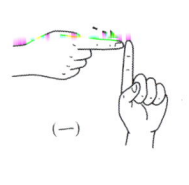
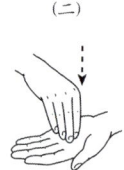

指定 zhǐdìng

（一）左手食指直立；右手伸食指，指尖朝前，指向左手食指。

（二）左手横伸；右手五指撮合，指尖朝下，按向左手掌心。

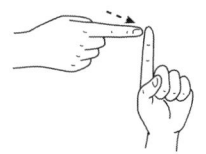
指向 zhǐxiàng
左手食指直立；右手伸食指，指尖朝前，指向左手食指。

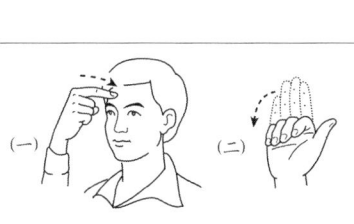
智能卡 zhìnéngkǎ
（一）一手伸食指，点一下前额。
（二）一手直立，掌心向外，然后食、中、无名、小指弯动一下。
（三）双手拇、食指张开，指尖相对，虎口朝上。
（可根据实际表示智能卡的样式）

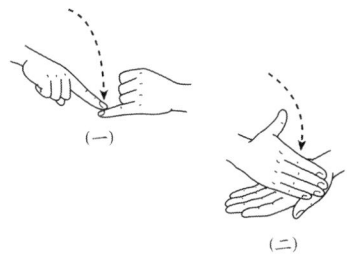
终止 zhōngzhǐ
（一）左手伸小指；右手伸食指，敲一下左手小指。
（二）左手横伸；右手侧立，向左手掌心上用力一切。

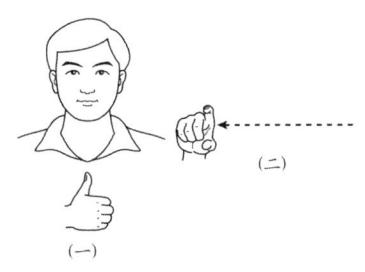
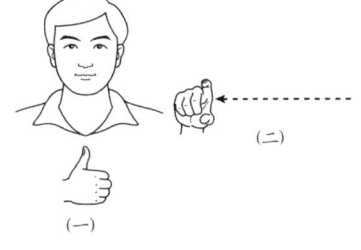
主题 zhǔtí
（一）一手伸拇指，贴于胸部。
（二）一手拇、食指张开，指尖朝前，向一侧移动一下。

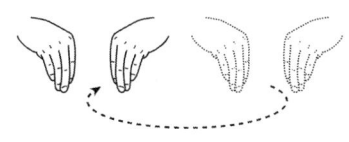
转移 zhuǎnyí
双手五指撮合，指尖朝下，边顺时针转动边移向另一侧。

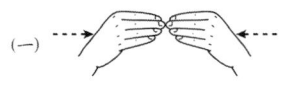
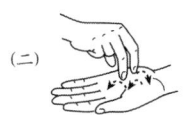
装置 zhuāngzhì
（一）双手五指撮合，手背向外，指尖互碰一下。
（二）左手横伸；右手拇、食、中指虚捏，指尖朝下，在左手掌心不同位置点几下。

状态 zhuàngtài

双手拇、食指成"⌐ ⌐"形,置于脸颊两侧,上下交替动两下。

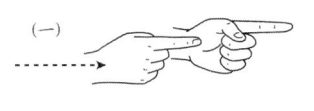

追加 zhuījiā

(一)双手伸食指,指尖朝前,掌心左右相对,左手在前不动,右手从后向前移动。
(二)左手侧立;右手拇、食指捏成圆形,虎口朝左,贴向左手掌心。

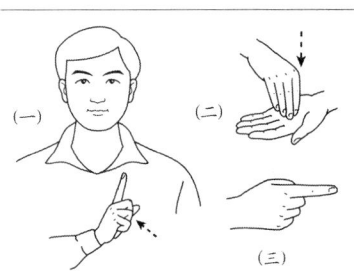

自定义 zìdìngyì

(一)右手食指直立,虎口朝内,贴向左胸部。
(二)左手横伸;右手五指撮合,指尖朝下,按向左手掌心。
(三)一手食指横伸,手背向外。"一"与"义"音近,借代。

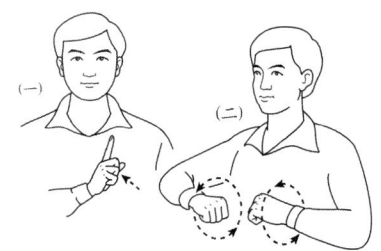

自动 zìdòng

(一)右手食指直立,虎口朝内,贴向左胸部。
(二)双手握拳屈肘,前后交替转动两下。

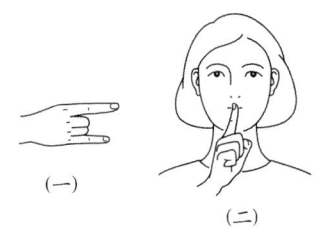
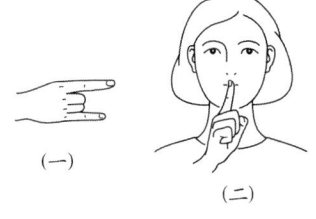

字母 zìmǔ

(一)一手打手指字母"Z"的指式。
(二)右手食指直立,指尖左侧贴在嘴唇上。

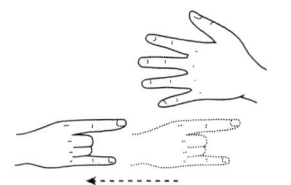

字幕 zìmù

左手横立,掌心向内,五指张开;右手打手指字母"Z"的指式,在左手下从左向右移动一下。

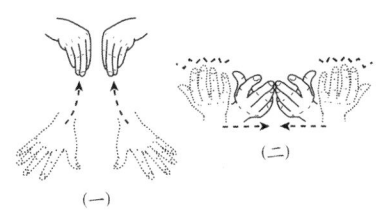

总计 zǒngjì

（一）双手五指张开，掌心向下，边向上移动边撮合，双手靠近。

（二）双手五指微曲，掌心向上，边交替点动边互碰。

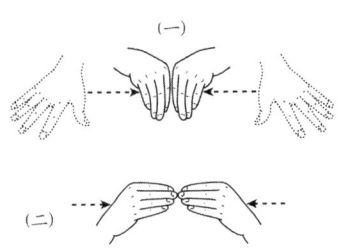

组装 zǔzhuāng

（一）双手五指张开，指尖朝下，边从两侧向中间移动边撮合，表示把相关的零部件放在一起。

（二）双手五指撮合，手背向外，指尖互碰一下。

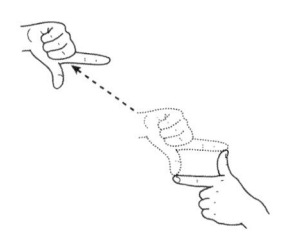

最大化 zuìdàhuà

双手拇、食指搭成"囗"形，左手在下不动，右手从左下方向右上方拉动。

（可根据实际表示最大化）

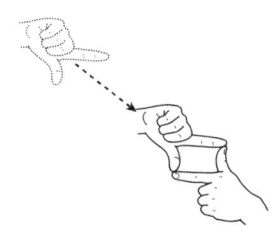

最小化 zuìxiǎohuà

双手拇、食指成"冖"形，左手在下不动，右手从右上方向左下方移动，双手拇、食指搭成"囗"形。

（可根据实际表示最小化）

二、计算机系统

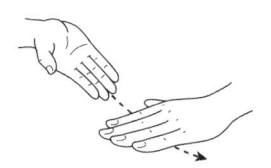

输入　shūrù
　　左手横伸;右手平伸,掌心向上,从后向前移入左手掌心下。

输出　shūchū
　　左手横伸;右手平伸,掌心向上,从左手掌心下向外移出。

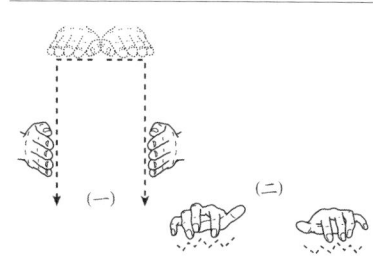

台式计算机　táishì jìsuànjī
　　(一)双手平伸,掌心向下,先从中间向两侧微移,再折而下移,如计算机机箱形状。
　　(二)双手五指弯曲,指尖朝下,交替点动几下,如敲击计算机键盘状。

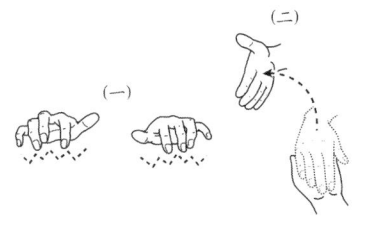

笔记本电脑　bǐjìběn diànnǎo
　　(一)双手五指弯曲,指尖朝下,交替点动几下,如敲击计算机键盘状。
　　(二)双手横伸,掌心相贴,然后右手做向上打开的动作。

平板电脑　píngbǎn diànnǎo
　　左手横伸;右手伸拇、食、无名、小指,中指尖朝下,在左手掌心上划动两下。

计算机（电脑） jìsuànjī (diànnǎo)

（一）双手五指弯曲，指尖朝下，交替点动几下，如敲击计算机键盘状。

（二）双手五指弯曲，食、中、无名、小指关节交错相触，向下转动一下。

（可根据实际省略动作二）

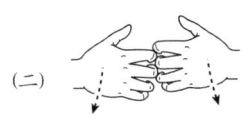

计算机集群 jìsuànjī jíqún

（一）双手五指弯曲，指尖朝下，交替点动几下，如敲击计算机键盘状。

（二）双手直立，掌心左右相对，五指微曲，从两侧向中间移动。

（三）双手中、无名、小指指尖斜向相抵，虎口朝上，顺时针转动一圈。

冯·诺依曼机 Féng·Nuòyīmànjī

（一）一手伸拇、食指，手背向外，食指在脸颊抹一下。

（二）一手打手指字母"N"的指式。

（三）一手打手指字母"Y"的指式。

（四）一手打手指字母"M"的指式。

（五）双手五指弯曲，食、中、无名、小指关节交错相触，向下转动一下。

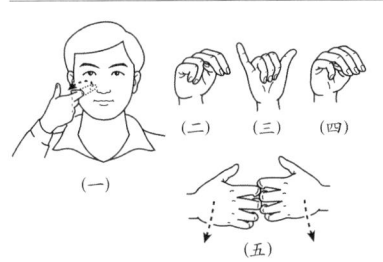

量子计算机 liàngzǐ jìsuànjī

（一）一手直立，掌心向内，五指张开，交替点动几下。

（二）一手打手指字母"Z"的指式。

（三）双手五指弯曲，指尖朝下，交替点动几下，如敲击计算机键盘状。

（四）双手五指弯曲，食、中、无名、小指关节交错相触，向下转动一下。

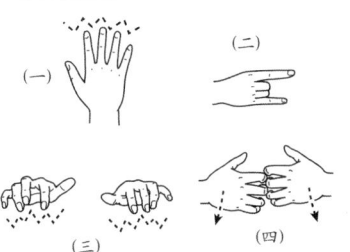

主机 zhǔjī

（一）一手伸拇指，贴于胸部。

（二）双手五指弯曲，食、中、无名、小指关节交错相触，向下转动一下。

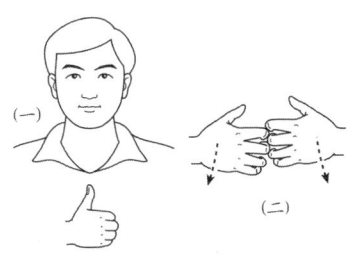

机箱（机身） jīxiāng (jīshēn)

（一）双手五指弯曲，食、中、无名、小指关节交错相触，向下转动一下。

（二）双手平伸，掌心向下，先从中间向两侧微移，再折而下移，如计算机机箱形状。

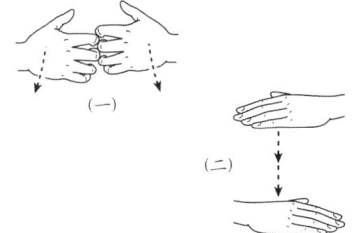

机架 jījià

（一）双手五指弯曲，食、中、无名、小指关节交错相触，向下转动一下。

（二）双手横伸，掌心向下，左手在上不动，右手向下一顿一顿移动两下。

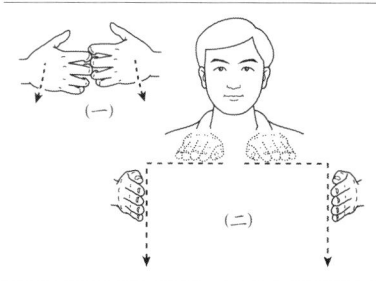

机柜 jīguì

（一）双手五指弯曲，食、中、无名、小指关节交错相触，向下转动一下。

（二）双手平伸，掌心向下，齐肩，先从中间向两侧移动，再折而下移，如柜子形状。

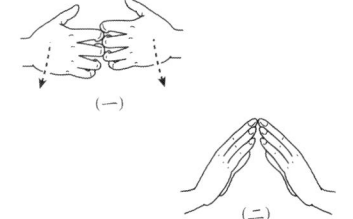

机房 jīfáng

（一）双手五指弯曲，食、中、无名、小指关节交错相触，向下转动一下。

（二）双手搭成"∧"形。

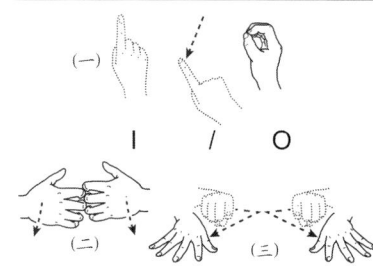

I/O 设备（输入/输出设备）

I/O shèbèi (shūrù/shūchū shèbèi)

（一）一手连续打"I""/""O"的手势。

（二）双手五指弯曲，食、中、无名、小指关节交错相触，向下转动一下。

（三）双手食指指尖朝前，手背向上，先互碰一下，再分开并张开五指。

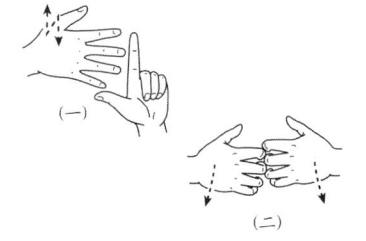

显示器① xiǎnshìqì①

（一）左手拇、食指成"凵"形，手背向内；右手横立，手背向外，五指张开，在左手旁上下晃动几下。

（二）双手五指弯曲，食、中、无名、小指关节交错相触，向下转动一下。

（此手语表示显像管式的显示器）

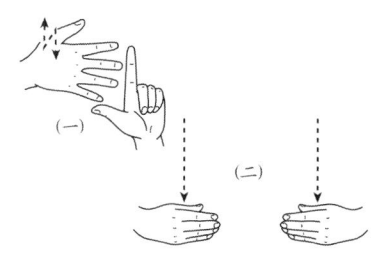

显示器② xiǎnshìqì②

（一）左手拇、食指成"凵"形，手背向内；右手横立，手背向外，五指张开，在左手旁上下晃动几下。

（二）双手五指成"冂冂"形，虎口朝上，从上向下移动一下。

（此手语表示液晶、LED 薄体显示器）

监视器 jiānshìqì

　　一手伸拇、食、中指，食、中指并拢，指尖朝斜下方，置于头一侧的上方，仿监视摄像头。

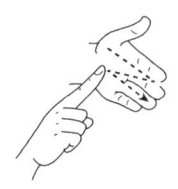

触摸屏 chùmōpíng

　　左手斜伸，掌心向后上方；右手伸食指，指尖朝前，在左手掌心上向右划动两下。

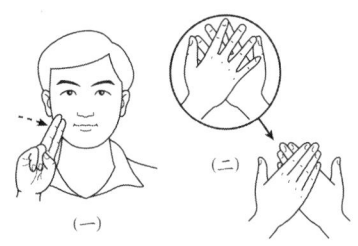

像素 xiàngsù

　　（一）一手食、中指直立并拢，掌心向斜前方，朝脸颊碰一下。
　　（二）双手五指张开，手背向外，交叉相搭，然后并拢。

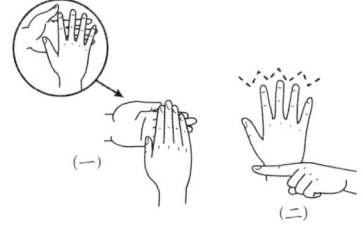

分辨率 fēnbiànlǜ

　　（一）双手五指张开，一横一竖搭成方格形，然后并拢。
　　（二）左手食指横伸；右手直立，手背向外，手腕贴于左手食指，五指张开，交替点动几下。

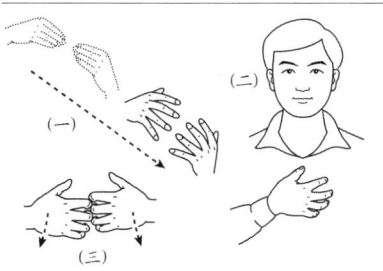

传感器 chuángǎnqì

　　（一）双手五指撮合，指尖斜向相对，边向斜下方移动边张开。
　　（二）一手五指微曲，指尖朝内，按于胸部。
　　（三）双手五指弯曲，食、中、无名、小指关节交错相触，向下转动一下。

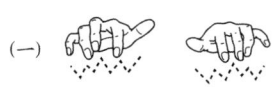

键盘 jiànpán

　　（一）双手五指弯曲，指尖朝下，交替点动几下，如敲击计算机键盘状。
　　（二）双手拇、食指张开，指尖相对，虎口朝上，如键盘大小。

键位 jiànwèi

（一）双手五指弯曲，指尖朝下，交替点动几下，如敲击计算机键盘状。

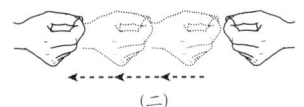

（二）双手拇、食指捏成"□"形，虎口朝上，左手不动，右手向右一顿一顿移动几下。

鼠标 shǔbiāo

一手平伸，手背拱起，微转两下，如操作鼠标状。

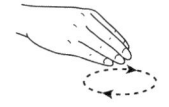

光电鼠标 guāngdiàn shǔbiāo

（一）一手五指撮合，指尖朝下，然后张开。
（二）一手食指书空"ㄣ"形。
（三）一手平伸，手背拱起，微转两下，如操作鼠标状。

打印机（激光打印机） dǎyìnjī (jīguāng dǎyìnjī)

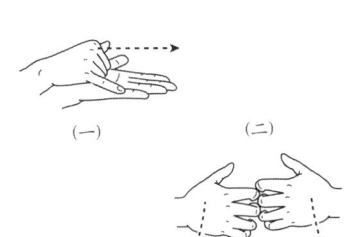

（一）左手平伸；右手打手指字母"Y"的指式，手背向上，置于左手掌心上，然后向前移动，表示激光打印。
（二）双手五指弯曲，食、中、无名、小指关节交错相触，向下转动一下。
（可根据实际表示打印机的工作状态）

针式打印机 zhēnshì dǎyìnjī

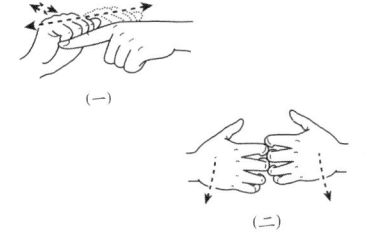

（一）左手食指横伸，手背向上；右手握拳，手背向内，左右来回敲击几下左手食指，表示针式打印。
（二）双手五指弯曲，食、中、无名、小指关节交错相触，向下转动一下。

喷墨打印机 pēnmò dǎyìnjī

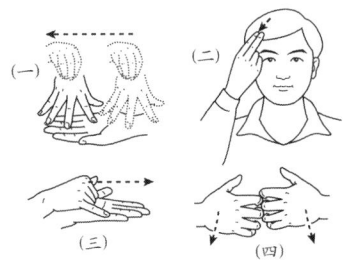

（一）左手横伸；右手五指撮合，指尖朝下，对着左手掌心，边向右移动边做开合的动作。
（二）一手打手指字母"H"的指式，摸一下头发。
（三）左手平伸；右手打手指字母"Y"的指式，手背向上，置于左手掌心上，然后向前移动。
（四）双手五指弯曲，食、中、无名、小指关节交错相触，向下转动一下。

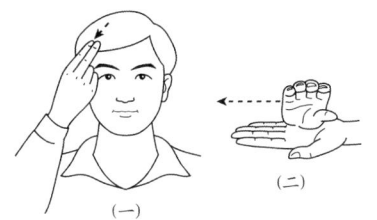

墨盒 mòhé
（一）一手打手指字母"H"的指式，摸一下头发。
（二）左手横伸；右手五指成"⊐"形，指尖朝前，在左手掌心上从左向右移动一下，表示打印机墨盒。
（可根据实际表示墨盒）

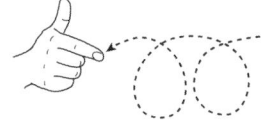

喷枪 pēnqiāng
一手伸拇、食指，食指尖朝前，边转动边向一侧移动。

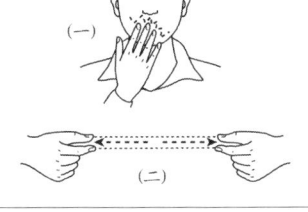

色带 sèdài
（一）一手直立，掌心向内，五指张开，在嘴唇部交替点动。
（二）双手拇、食指微张，指尖相对，虎口朝上，从中间向两侧拉开。

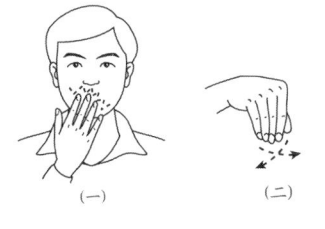

色粉 sèfěn
（一）一手直立，掌心向内，五指张开，在嘴唇部交替点动。
（二）一手五指撮合，指尖朝下，互捻几下。

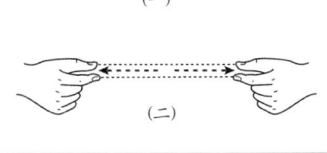

纸带 zhǐdài
（一）双手拇、中指相捏，指尖朝下，微抖几下。
（二）双手拇、食指微张，指尖相对，虎口朝上，从中间向两侧拉开。

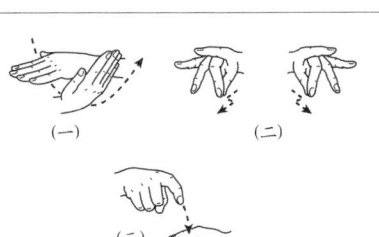

走纸键 zǒuzhǐjiàn
（一）左手横伸；右手平伸，掌心向上，从左手掌心下向外移出。
（二）双手拇、中指相捏，指尖朝下，微抖几下。
（三）左手拇、食指捏成"⊐"形，虎口朝上；右手食指弯曲，指尖朝左手虎口处点一下。

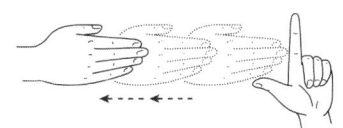

帧（逐帧） zhēn (zhúzhēn)

左手拇、食指成"⌐"形，手背向内；右手横立，掌心向内，五指并拢，从左手旁向右一顿一顿移动两下。

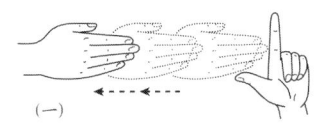

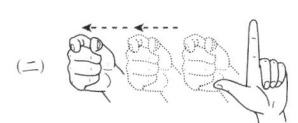

帧频 zhēnpín

（一）左手拇、食指成"⌐"形，手背向内；右手横立，掌心向内，五指并拢，从左手旁向右一顿一顿移动两下。

（二）左手拇、食指成"⌐"形，手背向内；右手拇、食指微张，指尖朝前，虎口朝上，从左手旁向右一顿一顿移动两下。

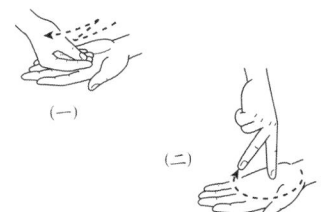

绘图仪 huìtúyí

（一）左手横伸；右手五指撮合，指背在左手掌心上抹两下。

（二）左手横伸；右手食、中指分开，指尖朝下，食指尖抵于左手掌心，中指转动半圈，如用圆规画圆状。

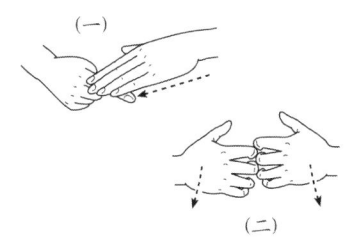

扫描仪 sǎomiáoyí

（一）左手横伸，掌心向下；右手伸食指，指尖朝前，置于左手腕，然后向指尖方向缓慢移动。

（二）双手五指弯曲，食、中、无名、小指关节交错相触，向下转动一下。

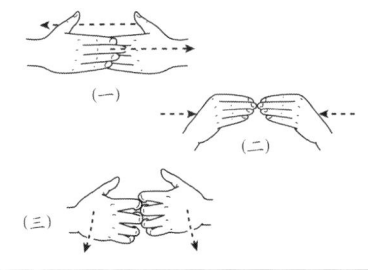

适配器 shìpèiqì

（一）双手横立，掌心向内，指尖相对，从两侧向中间交错移动至双手相叠。

（二）双手五指撮合，手背向外，指尖互碰一下。

（三）双手五指弯曲，食、中、无名、小指关节交错相触，向下转动一下。

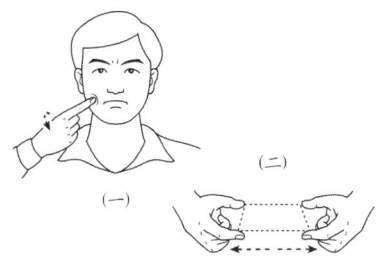

硬盘 yìngpán

（一）一手食指抵于脸颊，向前微转一下，同时牙关紧咬。

（二）双手拇、食指张开，指尖相对，虎口朝上，从中间向两侧移动，如硬盘大小。

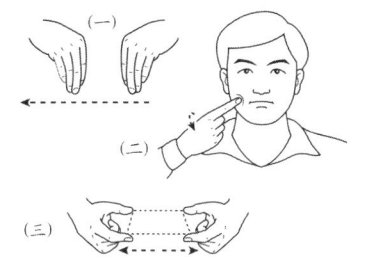

移动硬盘　yídòng yìngpán

（一）双手五指撮合，指尖朝下，从一侧向另一侧移动。

（二）一手食指抵于脸颊，向前微转一下，同时牙关紧咬。

（三）双手拇、食指张开，指尖相对，虎口朝上，从中间向两侧移动，如硬盘大小。

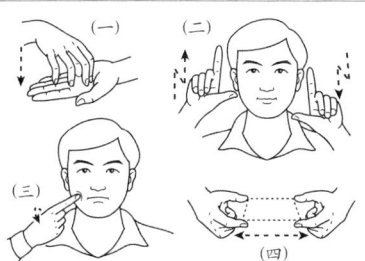

固态硬盘　gùtài yìngpán

（一）左手横伸；右手五指弯曲，指尖朝下，抵于左手掌心，向下一按。

（二）双手拇、食指成"凵"形，置于脸颊两侧，上下交替动两下。

（三）一手食指抵于脸颊，向前微转一下，同时牙关紧咬。

（四）双手拇、食指张开，指尖相对，虎口朝上，从中间向两侧移动，如硬盘大小。

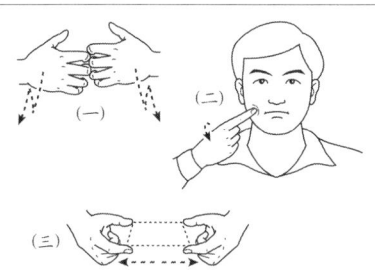

机械硬盘　jīxiè yìngpán

（一）双手五指弯曲，食、中、无名、小指关节交错相触，向下转动两下。

（二）一手食指抵于脸颊，向前微转一下，同时牙关紧咬。

（三）双手拇、食指张开，指尖相对，虎口朝上，从中间向两侧移动，如硬盘大小。

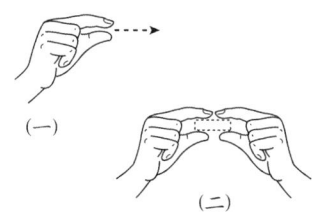

U 盘①（优盘①）　U pán①（yōupán①）

（一）一手拇、食指微张，指尖朝前一插。

（二）双手拇、食指搭成"□"形，虎口朝内，如 U 盘大小。

（可根据实际表示 U 盘的形状）

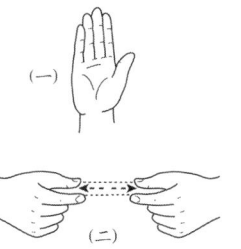

U 盘②（优盘②）　U pán②（yōupán②）

（一）一手打手指字母"U"的指式。

（二）双手拇、食指微张，指尖相对，虎口朝上，从中间向两侧微移。

（可根据实际表示 U 盘的形状）

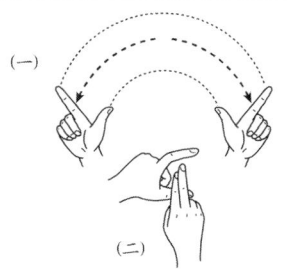

扇区　shànqū

（一）双手伸拇、食指，掌心向外，从中间向两侧做弧形移动，如扇面状。

（二）左手拇、食指成"匚"形，虎口朝内；右手食、中指相叠，手背向内，置于左手"匚"形中，仿"区"字形。

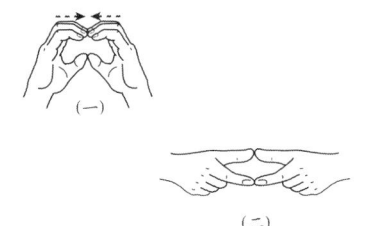

磁盘　cípán

（一）双手打手指字母"C"的指式，掌心左右相对，从两侧向中间移动，并突然相碰。

（二）双手拇、食指搭成圆形，虎口朝上。

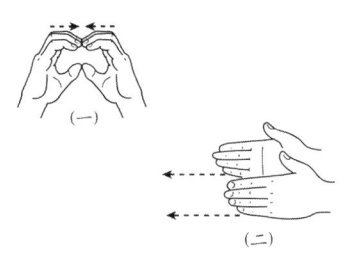

磁道　cídào

（一）双手打手指字母"C"的指式，掌心左右相对，从两侧向中间移动，并突然相碰。

（二）双手侧立，掌心相对，向前移动。

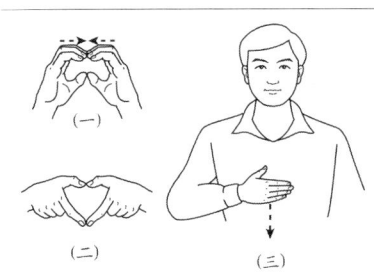

磁心体　cíxīntǐ

（一）双手打手指字母"C"的指式，掌心左右相对，从两侧向中间移动，并突然相碰。

（二）双手拇、食指张开仿"♡"形，手背向外，置于胸部。

（三）一手掌心贴于胸部，向下移动一下。

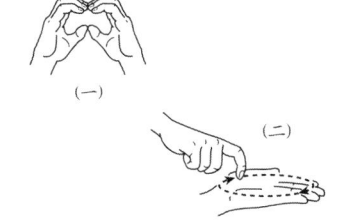

磁头　cítóu

（一）双手打手指字母"C"的指式，掌心左右相对，从两侧向中间移动，并突然相碰。

（二）左手平伸；右手食指弯曲，指尖朝下，在左手掌心上转动两下。

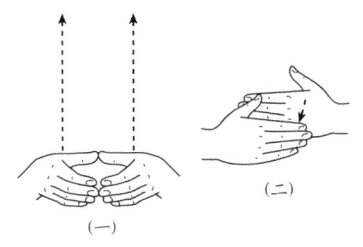

柱面　zhùmiàn

（一）双手五指搭成圆形，指尖相抵，虎口朝上，向上移动一下。

（二）左手横立，手背向外；右手摸一下左手背。

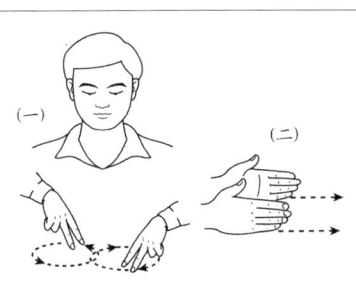

寻道　xúndào

（一）双手食、中指分开，指尖朝下，左右交替转动两下，头微低，眼睛注视手的动作。

（二）双手侧立，掌心相对，向前移动。

卷标 juànbiāo

（一）双手五指弯曲，虎口左右相对，同时向前做卷动的动作。

（二）左手食指直立；右手打手指字母"ZH"的指式，指尖指向左手食指。

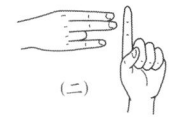

卷名 juànmíng

（一）双手五指弯曲，虎口左右相对，同时向前做卷动的动作。

（二）左手中、无名、小指横伸分开，掌心向内；右手伸食指，自左手中指尖向下划动。

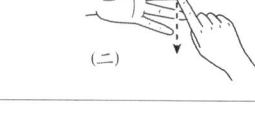

碎片 suìpiàn

（一）双手拇、食指相捏，虎口朝上，微微向上掰动两下。
（二）双手拇、食指搭成小"口"形。

消磁 xiāocí

（一）双手打手指字母"C"的指式，掌心左右相对，从两侧向中间移动，并突然相碰。

（二）左手横伸；右手侧立，置于左手掌心上，然后用力向左手指尖方向划动。

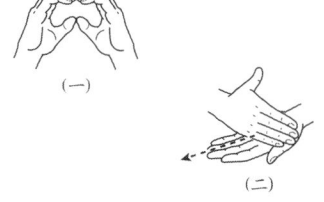

镜像 jìngxiàng

（一）一手直立，掌心向内，在面前晃动几下，如照镜子状。

（二）一手食、中指直立并拢，掌心向斜前方，朝脸颊碰一下。

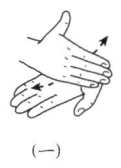
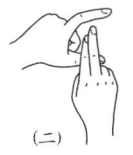

分区 fēnqū

（一）左手横伸；右手侧立，置于左手掌心上，并左右拨动一下。

（二）左手拇、食指成"匸"形，虎口朝内；右手食、中指相叠，手背向内，置于左手"匸"形中，仿"区"字形。

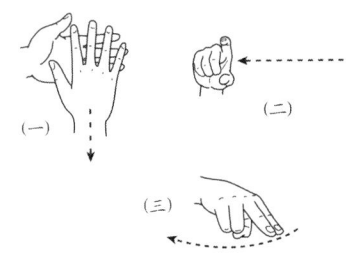

格式化 géshìhuà

（一）双手五指张开，一横一竖搭成方格形，然后左手不动，右手向下移动。
（二）一手拇、食指张开，指尖朝前，向一侧移动一下。
（三）一手打手指字母"H"的指式，指尖朝前斜下方，平行划动一下。

引导 yǐndǎo

（一）一手食指弯曲，手背向下，从外向内移动。
（二）左手伸拇指；右手伸食指，指尖朝前，在左手拇指后左右移动。

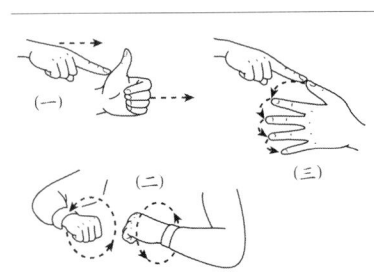

驱动程序 qūdòng chéngxù

（一）左手伸拇指；右手伸食指，指尖抵于左手拇指背，向前顶一下左手，双手同时向前移动一下。
（二）双手握拳屈肘，前后交替转动两下。
（三）左手横立，掌心向内，五指张开；右手伸食指，从左手拇指依次向下点至小指。

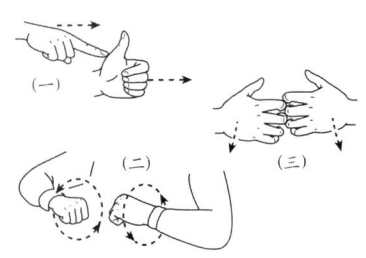

驱动器 qūdòngqì

（一）左手伸拇指；右手伸食指，指尖抵于左手拇指背，向前顶一下左手，双手同时向前移动一下。
（二）双手握拳屈肘，前后交替转动两下。
（三）双手五指弯曲，食、中、无名、小指关节交错相触，向下转动一下。

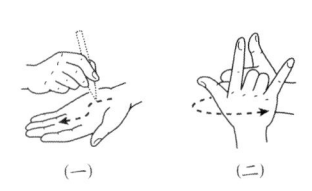

写保护 xiěbǎohù

（一）左手横伸；右手如执笔状，在左手掌心上做写字的动作。
（二）左手伸拇指；右手拇、食、小指直立，绕左手转动半圈。

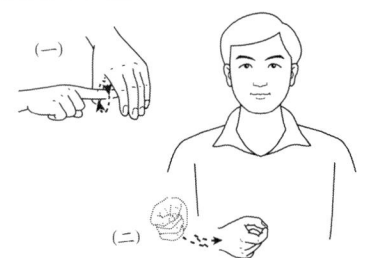

转速 zhuànsù

（一）左手五指成半圆形，指尖朝下；右手食指横伸，在左手虎口内前后转动几下。
（二）一手拇、食指捏成圆形，向一侧微晃几下。

二、计算机系统 53

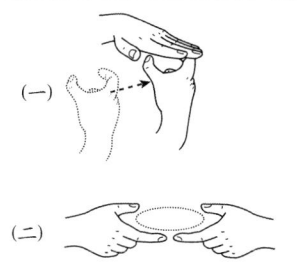

光盘　guāngpán
（一）左手横伸；右手拇、食指成半圆形，虎口朝上，从后向前移入左手掌心下。
（二）双手拇、食指成大圆形，虎口朝上。

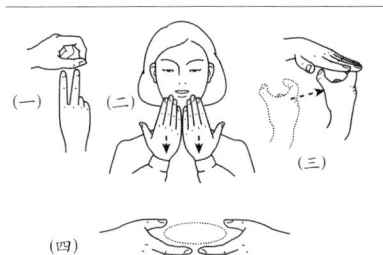

只读光盘　zhǐdú guāngpán
（一）左手拇、食指相捏，虎口朝内；右手食、中指直立分开，手背向内，在左手下点一下，仿"只"字形。
（二）双手斜伸，掌心向内，置于身前，然后向下微动一下，眼睛注视双手，如读书状。
（三）左手横伸；右手拇、食指成半圆形，虎口朝上，从后向前移入左手掌心下。
（四）双手拇、食指成大圆形，虎口朝上。

刻录　kèlù
左手拇、食指成半圆形，虎口朝上；右手伸拇、食、中指，食、中指并拢，在左手虎口上向前划动两下。

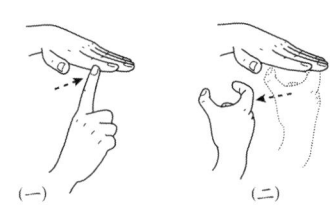

弹出❶　tánchū❶
（一）左手横伸，掌心向下；右手伸食指，指尖朝前，点一下左手食指外侧。
（二）左手横伸；右手拇、食指成半圆形，虎口朝上，从左手掌心下向内移出，如光盘弹出状。

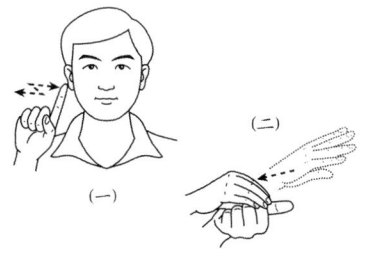

录音笔　lùyīnbǐ
（一）一手食指直立，掌心向外，在耳边左右晃动两下。
（二）左手虚握，拇指伸出，虎口朝外，如持录音笔状；右手五指张开，边向左手掌心移动边撮合。
（可根据实际表示录音笔的形状）

麦克风　màikèfēng
一手虚握，虎口朝上，置于身前，口微张，如持麦克风状。

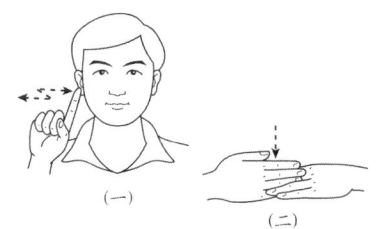

声卡 shēngkǎ

（一）一手食指直立，掌心向外，在耳边左右晃动两下。
（二）左手横伸，掌心向下；右手横立，掌心向内，五指并拢，向下插入左手中、无名指指缝间。

镜头 jìngtóu

左手横立，手背向外；右手五指成半圆形，虎口贴于左手背，左右转动两下。
（可根据实际表示镜头的样式）

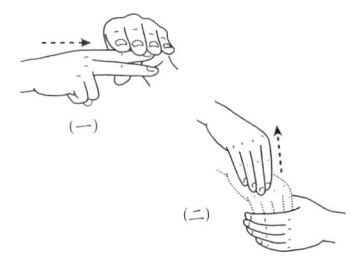

即插即用 jíchā-jíyòng

（一）左手五指成"匚"形，虎口朝内；右手食、中指分开，指尖朝前，手背向上，插入左手虎口内。
（二）左手五指成"匚"形，虎口朝上；右手五指撮合，指尖朝下，从左手虎口内抽出。

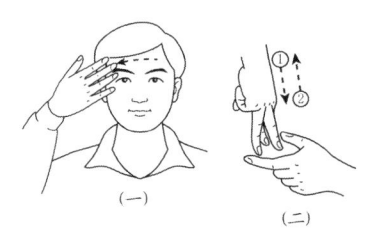

热插拔 rèchābá

（一）一手五指张开，手背向外，在额头上一抹，如流汗状。
（二）左手拇、食指成"匚"形，虎口朝上；右手食、中、无名指叉开，指尖朝下，插入左手虎口内，然后再向上拔出。

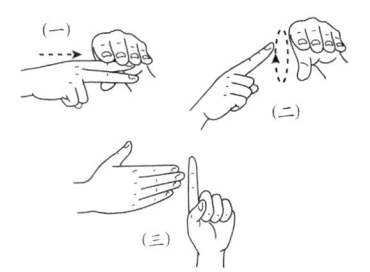

接口标准 jiēkǒu biāozhǔn

（一）左手五指成"匚"形，虎口朝内；右手食、中指分开，指尖朝前，手背向上，插入左手虎口内。
（二）左手五指成"匚"形，虎口朝内；右手伸食指，指尖朝前，沿左手虎口转动一圈。
（三）左手食指直立；右手侧立，指向左手食指。

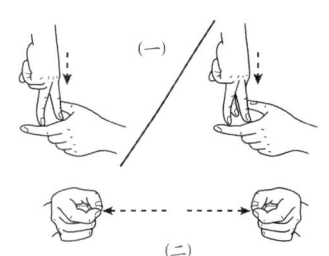

接插线 jiēchāxiàn

（一）左手拇、食指成"匚"形，虎口朝上；右手食、中指叉开，指尖朝下，插入左手虎口内（表示三相插头时，右手食、中、无名指叉开）。
（二）双手拇、食指相捏，虎口朝上，从中间向两侧拉开。

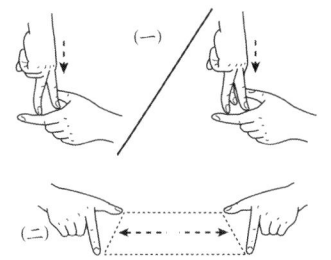

接插板（接线板） jiēchābǎn (jiēxiànbǎn)

（一）左手拇、食指成"匚"形，虎口朝上；右手食、中指叉开，指尖朝下，插入左手虎口内（表示三相插头时，右手食、中、无名指叉开）。

（二）双手拇、食指张开，指尖朝下，虎口相对，从中间向两侧移动。

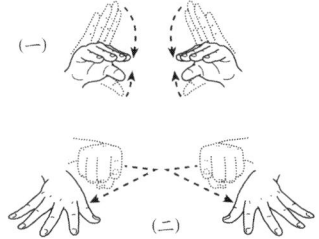

耗材 hàocái

（一）双手直立，掌心向斜前方，拇指张开，其他四指向下弯动。

（二）双手食指指尖朝前，手背向上，先互碰一下，再分开并张开五指。

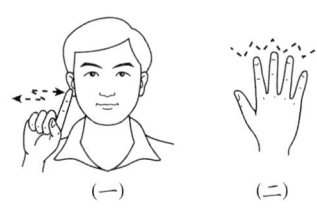

音量 yīnliàng

（一）一手食指直立，掌心向外，在耳边左右晃动两下。

（二）一手直立，掌心向内，五指张开，交替点动几下。

音频（声频） yīnpín (shēngpín)

（一）一手食指直立，掌心向外，在耳边左右晃动两下。

（二）一手伸食指，指尖朝前，向一侧做折线形移动。

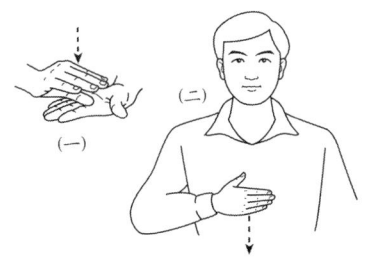

载体 zàitǐ

（一）左手横伸；右手五指成"冖"形，指尖朝前，从上向下移向左手掌心。

（二）一手掌心贴于胸部，向下移动一下。

介质 jièzhì

（一）左手拇、食指与右手食、中指搭成"介"字形。

（二）左手握拳；右手食、中指横伸，指背交替弹左手背。

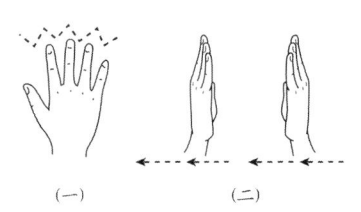

数制 shùzhì

（一）一手直立，掌心向内，五指张开，交替点动几下。
（二）双手直立，掌心左右相对，向一侧一顿一顿移动几下。

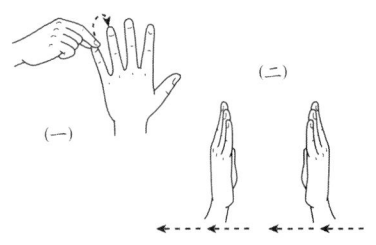

进制 jìnzhì

（一）左手直立，手背向外，五指张开；右手拇、食指相捏，指尖朝下，从左手小指移向左手无名指。
（二）双手直立，掌心左右相对，向一侧一顿一顿移动几下。

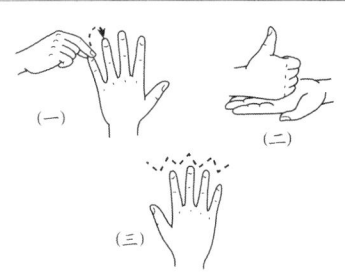

进位数 jìnwèishù

（一）左手直立，手背向外，五指张开；右手拇、食指相捏，指尖朝下，从左手小指移向左手无名指。
（二）左手横伸；右手伸拇指，置于左手掌心上。
（三）一手直立，掌心向内，五指张开，交替点动几下。

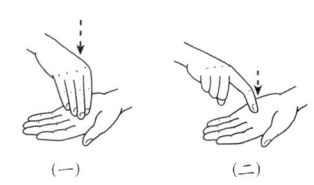

定点 dìngdiǎn

（一）左手横伸；右手五指撮合，指尖朝下，按向左手掌心。
（二）左手横伸；右手伸食指，指尖朝下，在左手掌心上点一下。

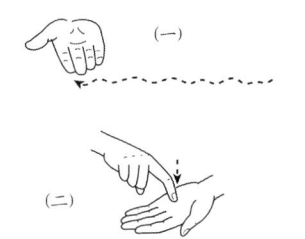

浮点 fúdiǎn

（一）一手平伸，掌心向上，边上下微晃边向一侧移动。
（二）左手横伸；右手伸食指，指尖朝下，在左手掌心上点一下。

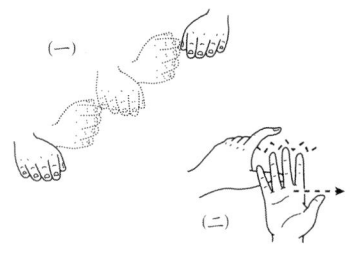

阶码 jiēmǎ

（一）左手平伸，掌心向下；右手侧立，置于左手边，然后连续做横折的动作，仿台阶形状。
（二）左手拇、食指成"匚"形，虎口朝内；右手直立，手背向外，五指张开，在左手"匚"形内边连续点动边从左向右移动，表示一串数码。

精度 jīngdù

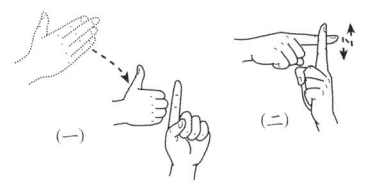

（一）左手食指直立；右手食、中、无名、小指并拢，指尖朝前上方，边向左手食指移动边缩回，拇指伸出。
（二）左手食指直立；右手食指横贴在左手食指上，然后上下微动几下。

编码 biānmǎ

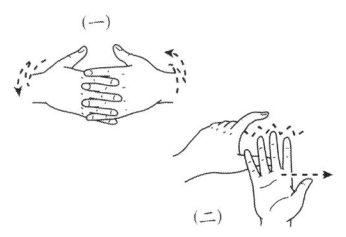

（一）双手斜立，五指交叉相搭，交替扭动两下。
（二）左手拇、食指成"匚"形，虎口朝内；右手直立，手背向外，五指张开，在左手"匚"形内边连续点动边从左向右移动，表示一串数码。
（此手语表示"编码"的动词意思）

反码 fǎnmǎ

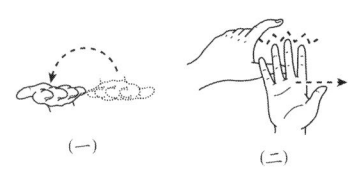

（一）一手平伸，掌心向下，然后翻转为掌心向上。
（二）左手拇、食指成"匚"形，虎口朝内；右手直立，手背向外，五指张开，在左手"匚"形内边连续点动边从左向右移动，表示一串数码。

补码 bǔmǎ

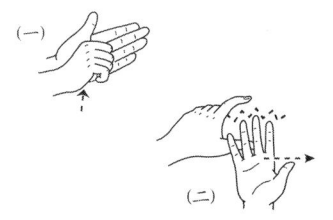

（一）左手侧立；右手虚握，虎口朝左，贴向左手掌心。
（二）左手拇、食指成"匚"形，虎口朝内；右手直立，手背向外，五指张开，在左手"匚"形内边连续点动边从左向右移动，表示一串数码。

数值范围 shùzhí fànwéi

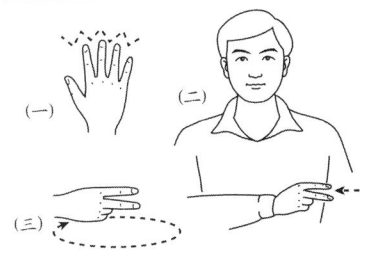

（一）一手直立，掌心向内，五指张开，交替点动几下。
（二）右手食、中指分开，手背向外，在左臂上向右横划一下。
（三）一手打手指字母"F"的指式，在身前顺时针转动一圈。

溢出 yìchū

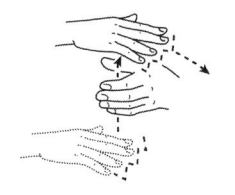

左手五指成半圆形，虎口朝上；右手横伸，掌心向下，五指张开，置于左手下，边交替点动边向上移过左手虎口，再向一侧移出。

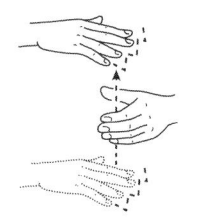

上溢 shàngyì

左手五指成半圆形，虎口朝上；右手横伸，掌心向下，五指张开，置于左手下，边交替点动边向上移过左手虎口。

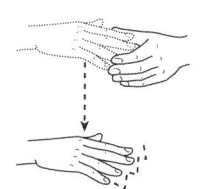

下溢 xiàyì

左手五指成半圆形，虎口朝上；右手横伸，掌心向下，五指张开，置于左手内，边交替点动边移至左手下。

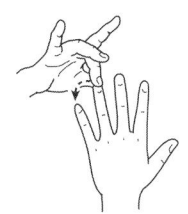

借位 jièwèi

左手直立，手背向外，五指张开；右手拇、中指相捏，指尖朝下，其他三指伸出，从左手无名指移向左手小指。

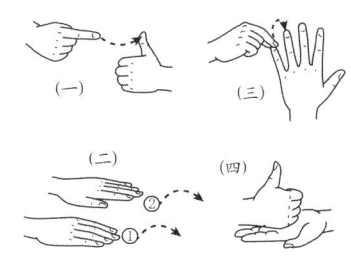

先行进位 xiānxíng jìnwèi

（一）左手伸拇指；右手伸食指，碰一下左手拇指。
（二）双手平伸，掌心向下，交替向前移动两下。
（三）左手直立，手背向外，五指张开；右手拇、食指相捏，指尖朝下，从左手小指移向左手无名指。
（四）左手横伸；右手伸拇指，置于左手掌心上。

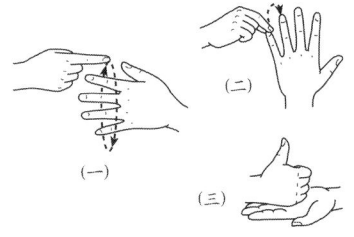

循环进位 xúnhuán jìnwèi

（一）左手横立，手背向外，五指张开；右手食指横伸，手背向外，绕左手前后转动两圈。
（二）左手直立，手背向外，五指张开；右手拇、食指相捏，指尖朝下，从左手小指移向左手无名指。
（三）左手横伸；右手伸拇指，置于左手掌心上。

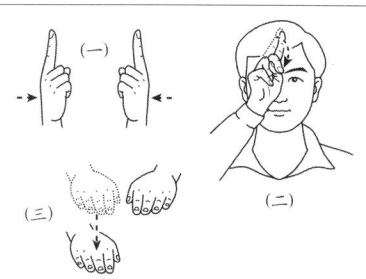

相对误差 xiāngduì wùchā

（一）双手食指直立，指面左右相对，从两侧向中间微移一下。
（二）一手食、中指直立相叠，掌心向外，置于前额，中指向下弯动一下。
（三）双手平伸，掌心向下，左手不动，右手向下一沉。

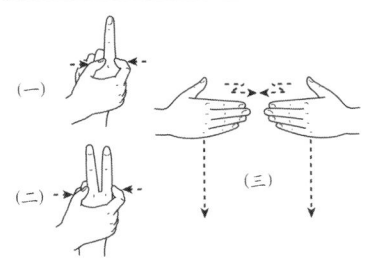

奇偶校验 jī'ǒu jiàoyàn
（一）左手食指直立，手背向外；右手拇、食指捏一下左手食指根部。
（二）左手食、中指直立分开，手背向外；右手拇、食指捏一下左手食、中指根部。
（三）双手横立，掌心向内，边从上向下移动边互碰。

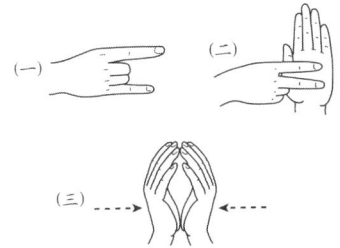

字符集 zìfújí
（一）一手打手指字母"Z"的指式。
（二）左手直立，掌心向外；右手打手指字母"F"的指式，贴于左手掌心上。
（三）双手直立，掌心左右相对，五指微曲，从两侧向中间移动。

字频 zìpín
（一）一手打手指字母"Z"的指式。
（二）一手握拳，手背向外，虎口朝上，依次反复伸出食、中、无名、小指。

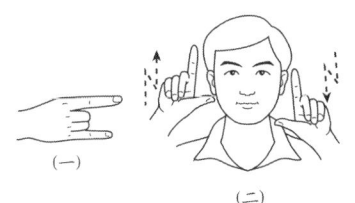

字型（字样） zìxíng (zìyàng)
（一）一手打手指字母"Z"的指式。
（二）双手拇、食指成"└┘"形，置于脸颊两侧，上下交替动两下。

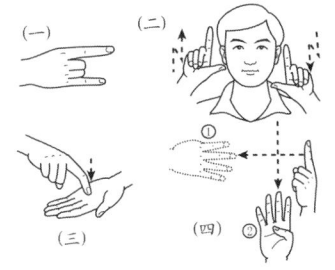

字型点阵 zìxíng diǎnzhèn
（一）一手打手指字母"Z"的指式。
（二）双手拇、食指成"└┘"形，置于脸颊两侧，上下交替动两下。
（三）左手横伸；右手伸食指，指尖朝下，在左手掌心上点一下。
（四）左手食指直立，掌心向右；右手横立，掌心向内，食、中、无名、小指分开，拇指弯回，在左手旁先横向移动一下，再掌心向外，纵向移动一下。

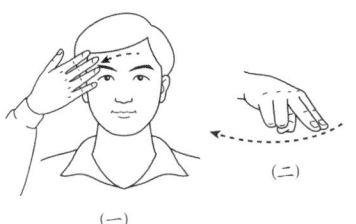

汉化 hànhuà
（一）一手五指张开，手背向外，在额头上一抹，如流汗状。
（二）一手打手指字母"H"的指式，指尖朝前斜下方，平行划动一下。

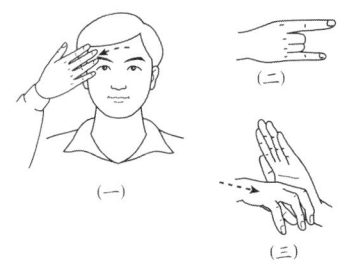

汉字库 hànzìkù

（一）一手五指张开，手背向外，在额头上一抹，如流汗状。

（二）一手打手指字母"Z"的指式。

（三）左手斜伸，掌心向右下方；右手五指弯曲，指尖朝下，从后向前移入左手内。

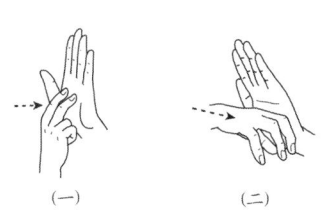

词库 cíkù

（一）左手直立，掌心向外；右手食、中指弯曲，指尖朝内，点一下左手掌心。

（二）左手斜伸，掌心向右下方；右手五指弯曲，指尖朝下，从后向前移入左手内。

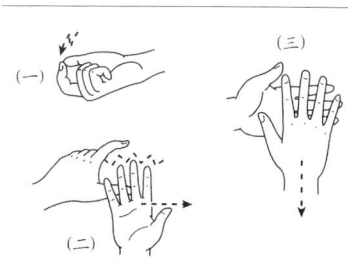

简码表 jiǎnmǎbiǎo

（一）一手拇、食指相捏，指尖朝上，向下晃动两下。

（二）左手拇、食指成"匚"形，虎口朝内；右手直立，手背向外，五指张开，在左手"匚"形内边连续点动边从左向右移动，表示一串数码。

（三）双手五指张开，一横一竖搭成方格形，然后左手不动，右手向下移动。

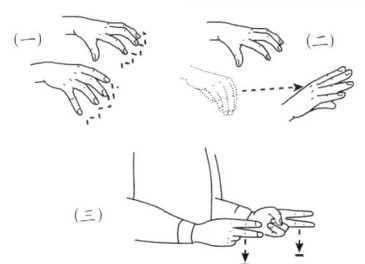

录入法（输入法） lùrùfǎ (shūrùfǎ)

（一）双手五指弯曲，指尖朝下，交替点动几下，如敲击计算机键盘状。

（二）左手五指弯曲，指尖朝下；右手五指撮合，指尖先朝下，然后边向前移动边张开，表示将内容键入到计算机中。

（三）双手打手指字母"F"的指式，指尖朝前，向下一顿。

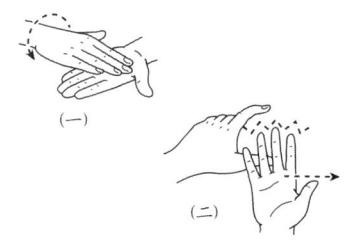

重码 chóngmǎ

（一）左手横伸；右手平伸，掌心向下，贴于左手掌心，然后翻转为掌心向上。

（二）左手拇、食指成"匚"形，虎口朝内；右手直立，手背向外，五指张开，在左手"匚"形内边连续点动边从左向右移动，表示一串数码。

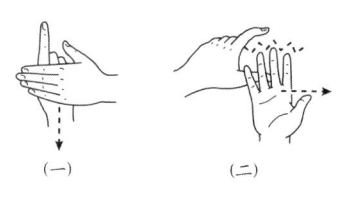

内码 nèimǎ

（一）左手横立；右手食指直立，在左手掌心内从上向下移动。

（二）左手拇、食指成"匚"形，虎口朝内；右手直立，手背向外，五指张开，在左手"匚"形内边连续点动边从左向右移动，表示一串数码。

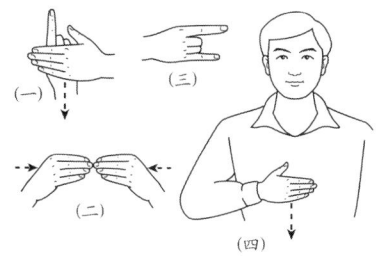

内置字体 nèizhì zìtǐ

（一）左手横立；右手食指直立，在左手掌心内从上向下移动。
（二）双手五指撮合，手背向外，指尖互碰一下。
（三）一手打手指字母"Z"的指式。
（四）一手掌心贴于胸部，向下移动一下。

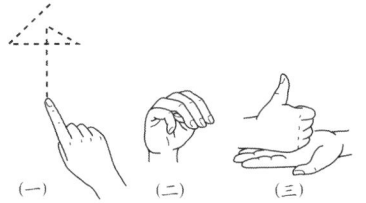

千兆位 qiānzhàowèi

（一）一手伸食指，指尖朝前，书空"千"字形。
（二）一手打手指字母"M"的指式。
（三）左手横伸；右手伸拇指，置于左手掌心上。

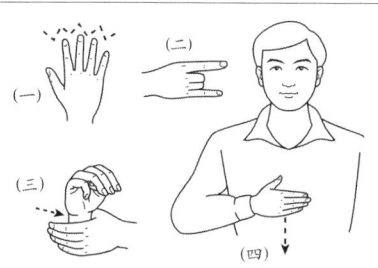

数字媒体 shùzì méitǐ

（一）一手直立，掌心向内，五指张开，交替点动几下。
（二）一手打手指字母"Z"的指式。
（三）左手五指成半圆形，虎口朝上；右手打手指字母"M"的指式，手腕碰一下左手虎口。
（四）一手掌心贴于胸部，向下移动一下。

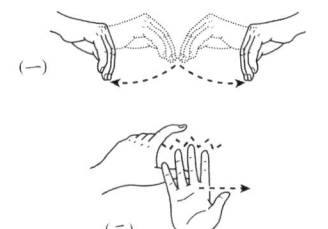

解码 jiěmǎ

（一）双手手背拱起，指背相对，分别向两侧扒动一下。
（二）左手拇、食指成"匚"形，虎口朝内；右手直立，手背向外，五指张开，在左手"匚"形内边连续点动边从左向右移动，表示一串数码。

运算（计算） yùnsuàn (jìsuàn)

双手五指微曲，掌心向上，边交替点动边互碰两下。

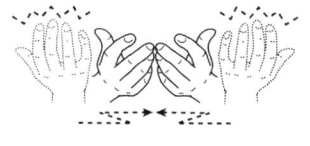

运算符 yùnsuànfú

（一）双手五指微曲，掌心向上，边交替点动边互碰两下。
（二）左手直立，掌心向外；右手打手指字母"F"的指式，贴于左手掌心上。

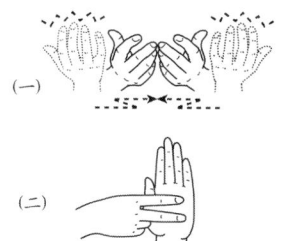

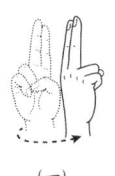 

或门 huòmén
（一）右手打手指字母"H"的指式，手腕向左转动90度。
（二）双手并排直立，掌心向外，五指并拢。

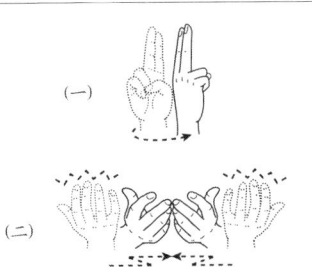

或运算 huòyùnsuàn
（一）右手打手指字母"H"的指式，手腕向左转动90度。
（二）双手五指微曲，掌心向上，边交替点动边互碰两下。

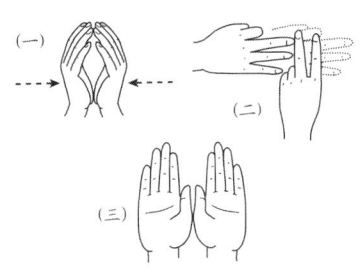

与非门 yǔfēimén
（一）双手直立，掌心左右相对，五指微曲，从两侧向中间移动。
（二）左手食、中指直立分开，手背向外；右手中、无名、小指横伸分开，手背向外，从左向右划过左手食、中指，仿"非"字形。
（三）双手并排直立，掌心向外，五指并拢。

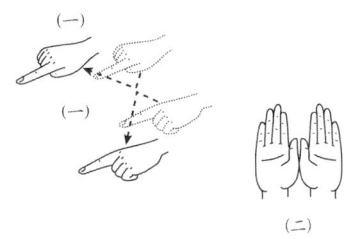

异门 yìmén
（一）双手伸食指，指尖朝前，手背向上，先互碰一下，再分别向两侧移动。
（二）双手并排直立，掌心向外，五指并拢。

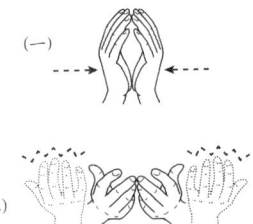

与运算 yǔyùnsuàn
（一）双手直立，掌心左右相对，五指微曲，从两侧向中间移动。
（二）双手五指微曲，掌心向上，边交替点动边互碰两下。

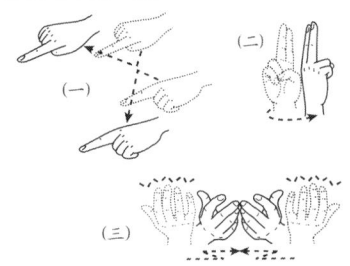

异或运算 yìhuò yùnsuàn
（一）双手伸食指，指尖朝前，手背向上，先互碰一下，再分别向两侧移动。
（二）右手打手指字母"H"的指式，手腕向左转动90度。
（三）双手五指微曲，掌心向上，边交替点动边互碰两下。

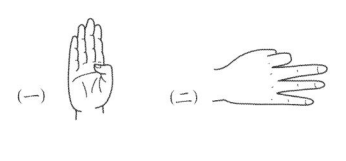

布尔运算 bù'ěr yùnsuàn

（一）一手打手指字母"B"的指式。
（二）一手打手指字母"E"的指式。
（三）双手五指微曲，掌心向上，边交替点动边互碰两下。

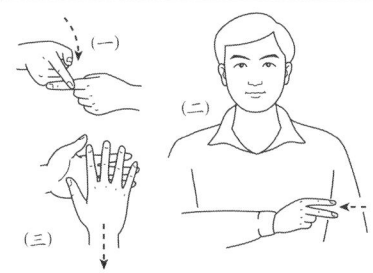

真值表 zhēnzhíbiǎo

（一）左手食指横伸；右手食指直立，向下敲一下左手食指。
（二）右手食、中指分开，手背向外，在左臂上向右横划一下。
（三）双手五指张开，一横一竖搭成方格形，然后左手不动，右手向下移动。

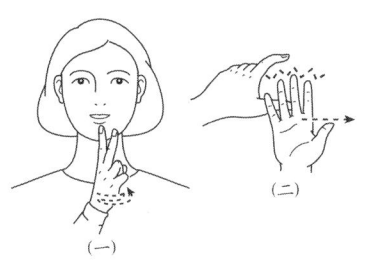

译码 yìmǎ

（一）右手食、中指直立分开，食指尖外侧贴于下唇，然后向左转动90度，手背向外，重复一次，表示将一种语言译成另一种语言。
（二）左手拇、食指成"匚"形，虎口朝内；右手直立，手背向外，五指张开，在左手"匚"形内边连续点动边从左向右移动，表示一串数码。

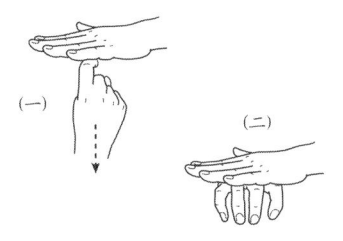

引脚 yǐnjiǎo

（一）左手横伸；右手食指弯曲，指背贴于左手掌心，手背向外，然后向下移动。
（二）左手横伸；右手五指弯曲，手背向上，贴于左手掌心，仿引脚的样式。
（可根据实际表示引脚的样式）

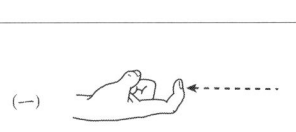
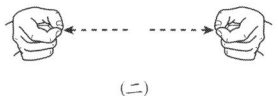

引线 yǐnxiàn

（一）一手食指弯曲，手背向下，从外向内移动。
（二）双手拇、食指相捏，虎口朝上，从中间向两侧拉开。

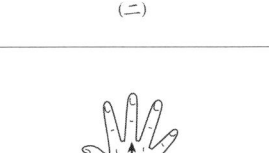
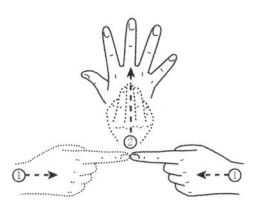

触发 chùfā

双手食指横伸，手背向外，从两侧向中间移动并互碰，然后右手五指撮合，指尖朝上，边向上移动边张开。

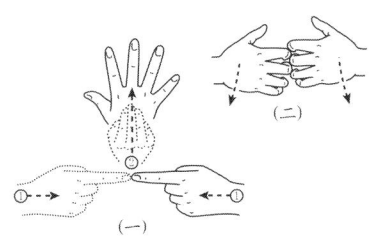

触发器 chùfāqì

（一）双手食指横伸，手背向外，从两侧向中间移动并互碰，然后右手五指撮合，指尖朝上，边向上移动边张开。

（二）双手五指弯曲，食、中、无名、小指关节交错相触，向下转动一下。

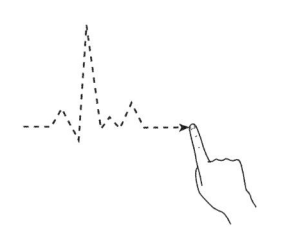

脉冲 màichōng

一手伸食指，指尖朝前，向一侧连续做不规则的折线形移动，仿脉冲波的形状。

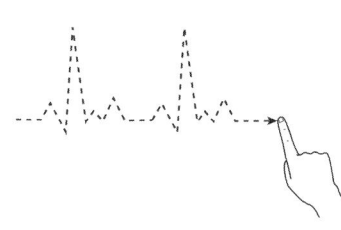

脉冲串 màichōngchuàn

一手伸食指，指尖朝前，向一侧连续做不规则的折线形移动，重复一次，仿脉冲串的形状。

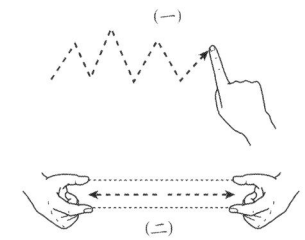

频带 píndài

（一）一手伸食指，指尖朝前，向一侧做折线形移动。

（二）双手拇、食指张开，指尖相对，虎口朝上，从中间向两侧拉开。

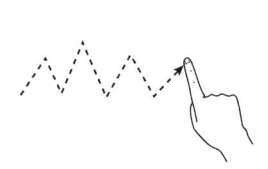

频率① pínlǜ ①

一手伸食指，指尖朝前，向一侧做折线形移动，表示电波、声波的频率。

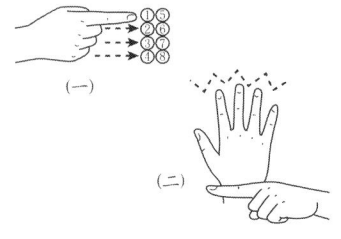

频率② pínlǜ ②

（一）一手握拳，手背向外，虎口朝上，依次反复伸出食、中、无名、小指。

（二）左手食指横伸；右手直立，手背向外，手腕贴于左手食指，五指张开，交替点动几下。

（此手语表示文字、字母、图片等出现的频率）

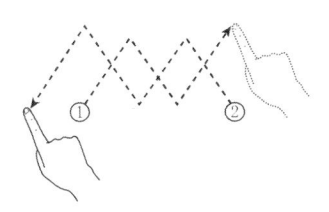

频移 pínyí
　　一手伸食指，指尖朝前，先从左向右，再从右向左做折线形移动。

二极管 èrjíguǎn
　　左手握拳，手背向外，虎口朝上；右手食、中指分开，指尖朝下，手背贴于左拳下缘。

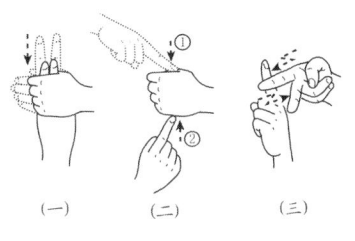

双极性 shuāngjíxìng
　　（一）左手五指微曲，虎口朝上；右手食、中指直立分开，手背向外，边从上向下移入左手掌心内边并拢，左手握住右手食、中指。
　　（二）左手握拳，手背向外，虎口朝上；右手伸食指，先指一下左手虎口，再指一下左手底部。
　　（三）左手食指直立；右手食、中指横伸，指背交替弹左手食指背。

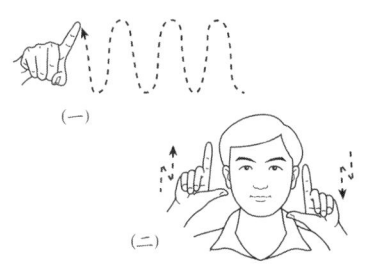

波形 bōxíng
　　（一）一手伸食指，指尖朝前，向一侧做曲线形移动。
　　（二）双手拇、食指成"⌊⌋"形，置于脸颊两侧，上下交替动两下。

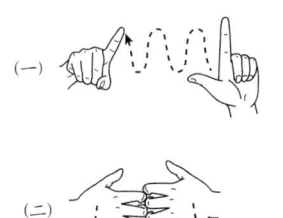

示波器 shìbōqì
　　（一）左手拇、食指成"⌊"形，手背向内；右手伸食指，指尖朝前，在左手旁向一侧做曲线形移动。
　　（二）双手五指弯曲，食、中、无名、小指关节交错相触，向下转动一下。

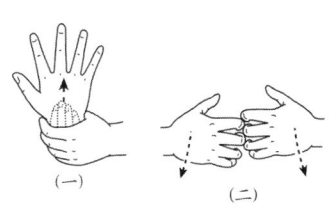

发生器 fāshēngqì
　　（一）左手五指成半圆形，虎口朝上；右手五指撮合，指尖朝上，手背向外，边从左手虎口内伸出边张开。
　　（二）双手五指弯曲，食、中、无名、小指关节交错相触，向下转动一下。

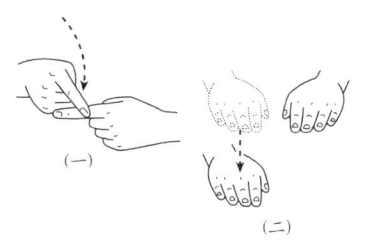

失真　shīzhēn

（一）左手食指横伸；右手食指直立，向下敲一下左手食指。

（二）双手平伸，掌心向下，左手不动，右手向下一沉。

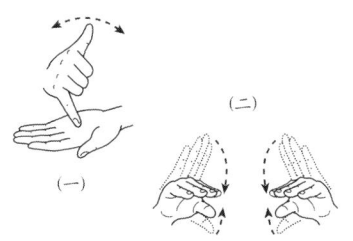

衰减　shuāijiǎn

（一）左手横伸；右手伸拇、小指，小指尖抵于左手掌心，左右晃动。

（二）双手直立，掌心向斜前方，拇指张开，其他四指向下弯动。

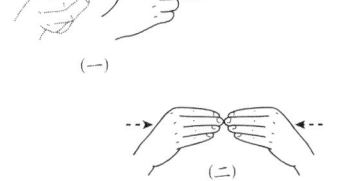

重置　chóngzhì

（一）右手拇、食、中指相捏，手背向外，边向左移动边伸出食、中指。

（二）双手五指撮合，手背向外，指尖互碰一下。

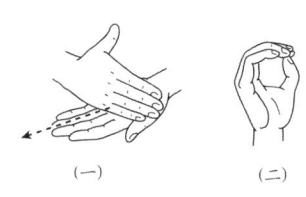

清零　qīnglíng

（一）左手横伸；右手侧立，置于左手掌心上，然后用力向左手指尖方向划动。

（二）一手五指捏成圆形，虎口朝内。

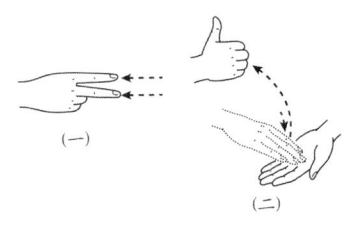

等效　děngxiào

（一）右手食、中指横伸分开，仿等号形状，从左向右微移一下。

（二）左手横伸，掌心向上；右手先拍一下左手掌，再伸出拇指。

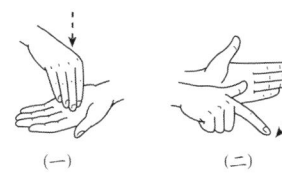

定时　dìngshí

（一）左手横伸；右手五指撮合，指尖朝下，按向左手掌心。

（二）左手侧立；右手伸拇、食指，拇指尖抵于左手掌心，食指向下转动。

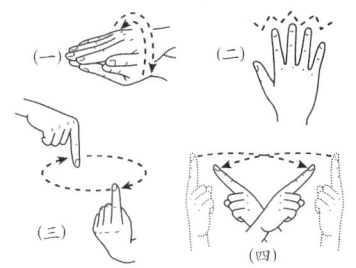

模数转换 móshù zhuǎnhuàn

（一）双手平伸，掌心相合，手背拱起，左右翻转两下。
（二）一手直立，掌心向内，五指张开，交替点动几下。
（三）双手伸食指，指尖上下相对，交替平行转动两圈。
（四）双手食指直立，然后左右交叉，互换位置。

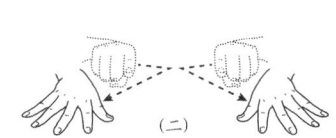

元件 yuánjiàn

（一）一手拇、食指捏成圆形，虎口朝上。
（二）双手食指指尖朝前，手背向上，先互碰一下，再分开并张开五指。

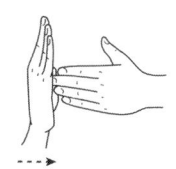

阻抗 zǔkàng

左手横立，掌心向内；右手直立，掌心抵于左手指尖，然后向左推一下左手。

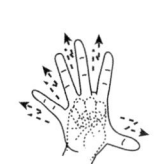

指示灯① zhǐshìdēng①

一手五指撮合，指尖朝前，连续做开合的动作。
（可根据实际决定手指的朝向）

指示灯② zhǐshìdēng②

左手握拳，虎口朝上；右手五指撮合，指尖朝上，置于左手上，连续做开合的动作。
（可根据实际决定手指的朝向）

短路 duǎnlù

双手食、中指横伸微张，手背向外，然后并拢，并立即向上一挑，表示火线与零线接在一起时造成的短路现象。

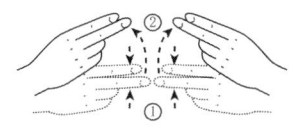

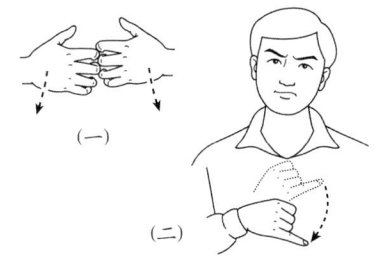

故障 gùzhàng

（一）双手五指弯曲，食、中、无名、小指关节交错相触，向下转动一下。

（二）右手伸小指，指尖朝左，向下甩动一下。

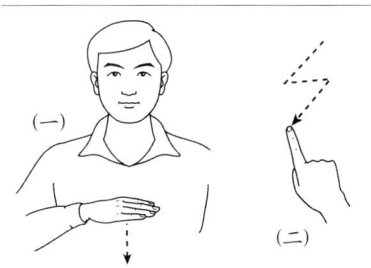

静电 jìngdiàn

（一）一手横伸，掌心向下，从胸部缓慢向下移动。

（二）一手食指书空"ㄣ"形。

模拟 mónǐ

双手拇、食指搭成"十"字形，同时向一侧移动一下。

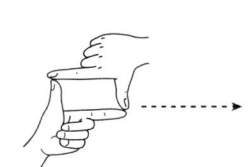

模式 móshì

双手拇、食指搭成"□"形，同时向一侧移动一下。

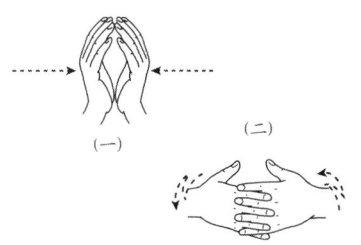

汇编 huìbiān

（一）双手直立，掌心左右相对，五指微曲，从两侧向中间移动。

（二）双手斜立，五指交叉相搭，交替扭动两下。

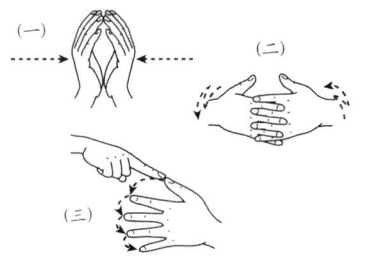

汇编程序 huìbiān chéngxù

（一）双手直立，掌心左右相对，五指微曲，从两侧向中间移动。

（二）双手斜立，五指交叉相搭，交替扭动两下。

（三）左手横立，掌心向内，五指张开；右手伸食指，从左手拇指依次向下点至小指。

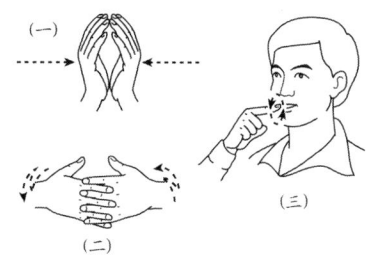

汇编语言 huìbiān yǔyán
（一）双手直立，掌心左右相对，五指微曲，从两侧向中间移动。
（二）双手斜立，五指交叉相搭，交替扭动两下。
（三）一手食指横伸，在嘴前前后转动两下。

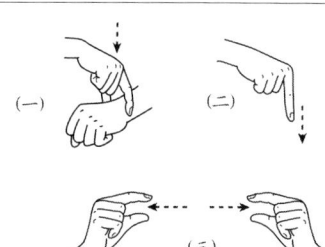

基地址 jīdìzhǐ
（一）左手握拳，手背向上；右手拇、食指张开，指尖朝下，插向左手腕两侧。
（二）一手伸食指，指尖朝下一指。
（三）双手拇、食指张开，指尖相对，虎口朝内，从中间向两侧拉开。

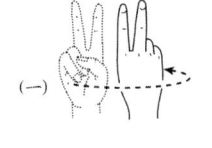

变址 biànzhǐ
（一）一手食、中指直立分开，由掌心向外翻转为掌心向内。
（二）双手拇、食指张开，指尖相对，虎口朝内，从中间向两侧拉开。

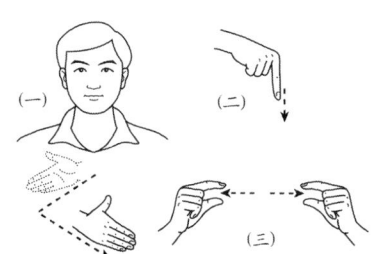

间接地址 jiànjiē dìzhǐ
（一）右手斜立，指尖朝右前方，向左前方做">"形移动。
（二）一手伸食指，指尖朝下一指。
（三）双手拇、食指张开，指尖相对，虎口朝内，从中间向两侧拉开。

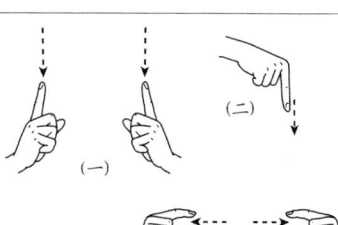

绝对地址 juéduì dìzhǐ
（一）双手食指直立，指面左右相对，从上向下移动一下。
（二）一手伸食指，指尖朝下一指。
（三）双手拇、食指张开，指尖相对，虎口朝内，从中间向两侧拉开。

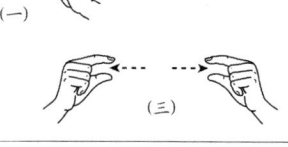

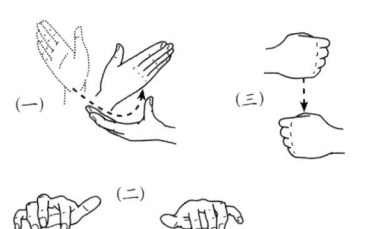

空操作 kòngcāozuò
（一）左手斜伸，掌心向斜后方；右手食、中、无名、小指并拢，指尖朝前，小指外侧从右向左在左手虎口处刮一下。
（二）双手五指弯曲，指尖朝下，交替点动几下，如敲击计算机键盘状。
（三）双手握拳，一上一下，右拳向下砸一下左拳。

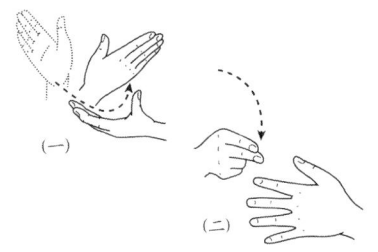

空指令 kòngzhǐlìng

（一）左手斜伸，掌心向斜后方；右手食、中、无名、小指并拢，指尖朝前，小指外侧从右向左在左手虎口处刮一下。

（二）左手横立，掌心向内，五指张开；右手食、中指并拢，向下一挥，指向左手食指。

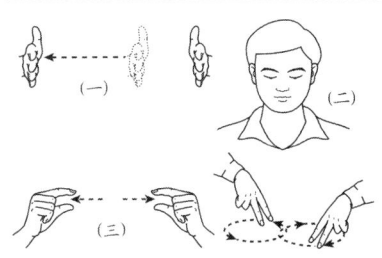

扩展寻址 kuòzhǎn xúnzhǐ

（一）双手侧立，左手不动，右手向右移动一下。

（二）双手食、中指分开，指尖朝下，左右交替转动两下，头微低，眼睛注视手的动作。

（三）双手拇、食指张开，指尖相对，虎口朝内，从中间向两侧拉开。

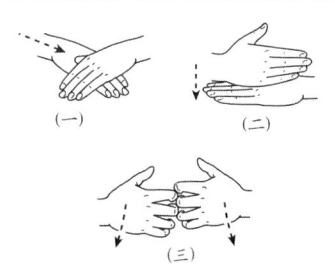

寄存器 jìcúnqì

（一）左手横伸；右手平伸，手背向上，从后向前移入左手掌心下。

（二）左手横伸；右手横立，掌心向内，置于左手背上，然后向下一按。

（三）双手五指弯曲，食、中、无名、小指关节交错相触，向下转动一下。

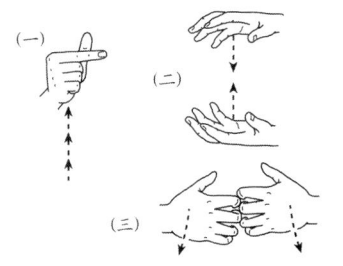

累加器 lěijiāqì

（一）一手拇、食指搭成"+"形，从下向上一顿一顿移动几下。

（二）双手平伸，掌心相对，五指微曲，同时向中间移动。

（三）双手五指弯曲，食、中、无名、小指关节交错相触，向下转动一下。

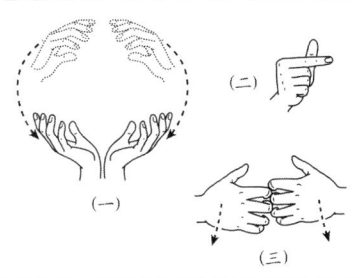

全加器 quánjiāqì

（一）双手五指微曲，指尖左右相对，然后向下做弧形移动，手腕靠拢。

（二）一手拇、食指搭成"+"形。

（三）双手五指弯曲，食、中、无名、小指关节交错相触，向下转动一下。

段① duàn ①

双手横伸，掌心向下，一上一下，表示文章段。

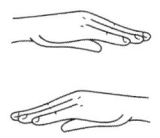

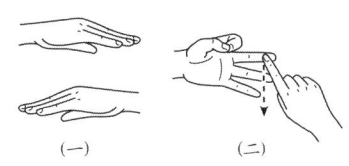

段名 duànmíng

（一）双手横伸，掌心向下，一上一下。

（二）左手中、无名、小指横伸分开，掌心向内；右手伸食指，自左手中指尖向下划动。

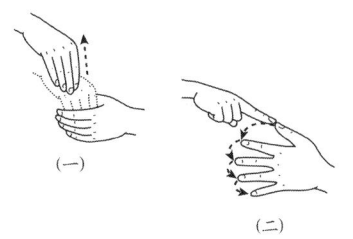

应用程序 yìngyòng chéngxù

（一）左手五指成"匚"形，虎口朝上；右手五指撮合，指尖朝下，从左手虎口内抽出。

（二）左手横立，掌心向内，五指张开；右手伸食指，从左手拇指依次向下点至小指。

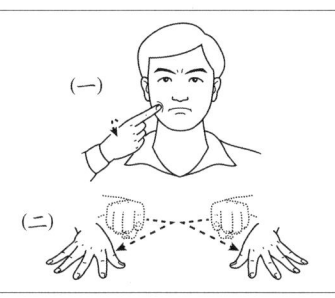

硬件 yìngjiàn

（一）一手食指抵于脸颊，向前微转一下，同时牙关紧咬。

（二）双手食指指尖朝前，手背向上，先互碰一下，再分开并张开五指。

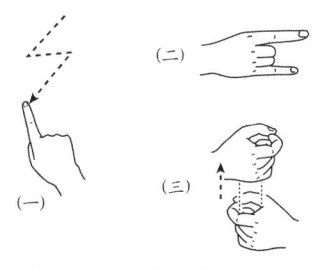

电子管 diànzǐguǎn

（一）一手食指书空"ㄅ"形。

（二）一手打手指字母"Z"的指式。

（三）双手拇、食指捏成圆形，虎口朝上，上下相叠，左手在下不动，右手向上微移。

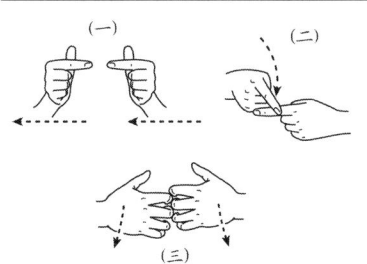

仿真器 fǎngzhēnqì

（一）双手拇、食指搭成"十"字形，同时向一侧移动一下。

（二）左手食指横伸；右手食指直立，向下敲一下左手食指。

（三）双手五指弯曲，食、中、无名、小指关节交错相触，向下转动一下。

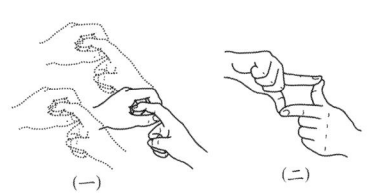

晶片 jīngpiàn

（一）左手拇、食指与右手食指搭成"日"字形，虎口朝内，然后在下连打两下，仿"晶"字形。

（二）双手拇、食指搭成小"囗"形。

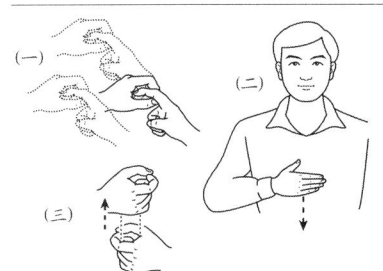

晶体管 jīngtǐguǎn

（一）左手拇、食指与右手食指搭成"日"字形，虎口朝内，然后在下连打两下，仿"晶"字形。

（二）一手掌心贴于胸部，向下移动一下。

（三）双手拇、食指捏成圆形，虎口朝上，上下相叠，左手在下不动，右手向上微移。

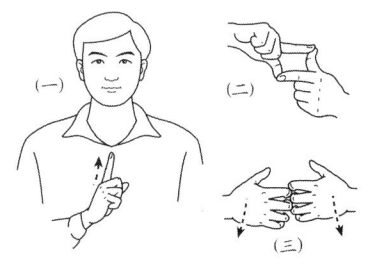

单片机 dānpiànjī

（一）一手食指直立，虎口贴于胸部，向上移动少许。

（二）双手拇、食指搭成小"口"形。

（三）双手五指弯曲，食、中、无名、小指关节交错相触，向下转动一下。

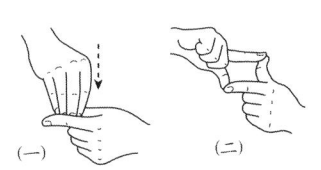

芯片 xīnpiàn

（一）左手拇、食指成"匸"形，虎口朝上；右手五指撮合，指尖朝下，在左手虎口处向下点一下。

（二）双手拇、食指搭成小"口"形。

（可根据实际表示芯片的形状）

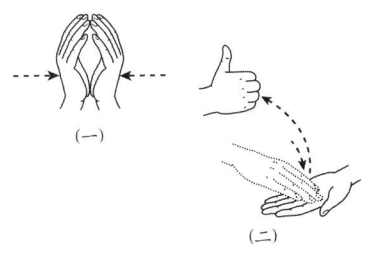

集成 jíchéng

（一）双手直立，掌心左右相对，五指微曲，从两侧向中间移动。

（二）左手横伸，掌心向上；右手先拍一下左手掌，再伸出拇指。

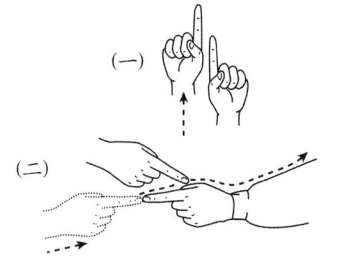

超导 chāodǎo

（一）双手食指直立，掌心向外，左手不动，右手向上动一下。

（二）双手伸食指，指尖左右相对，左手不动，右手食指移动并触到左手食指，然后向左手臂方向移动。

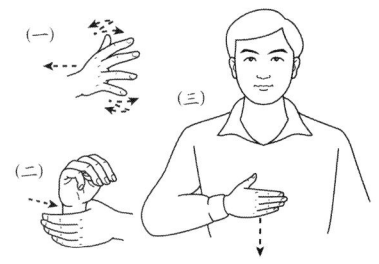

多媒体 duōméitǐ

（一）一手侧立，五指张开，边抖动边向一侧移动，表示多。

（二）左手五指成半圆形，虎口朝上；右手打手指字母"M"的指式，手腕碰一下左手虎口。

（三）一手掌心贴于胸部，向下移动一下。

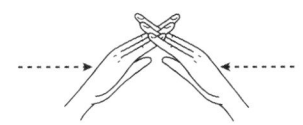

架构 jiàgòu

双手五指张开,指尖斜向相对,从两侧向中间移动并交叉夹住。

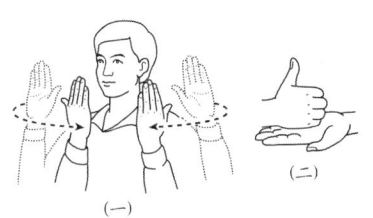

复位 fùwèi

(一)双手直立,掌心向外,然后边向前做弧形移动边翻转为掌心向内。
(二)左手横伸;右手伸拇指,置于左手掌心上。

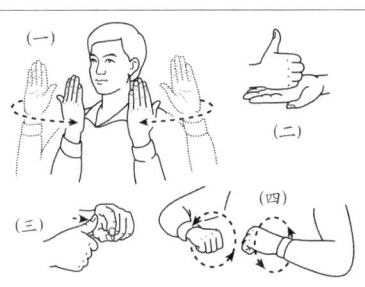

复位启动 fùwèi qǐdòng

(一)双手直立,掌心向外,然后边向前做弧形移动边翻转为掌心向内。
(二)左手横伸;右手伸拇指,置于左手掌心上。
(三)左手拇、食指捏成圆形,虎口朝右;右手伸拇指,朝左手虎口处按一下。
(四)双手握拳屈肘,前后交替转动两下。

开机(冷启动①) kāijī (lěngqǐdòng ①)

(一)双手食、中指分开,掌心向外,交叉搭成"开"字形,置于身前,然后向两侧打开,掌心向斜上方。
(二)双手五指弯曲,食、中、无名、小指关节交错相触,向下转动一下。

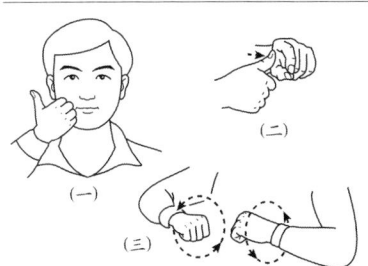

冷启动② lěngqǐdòng ②

(一)一手食、中、无名、小指弯曲,指背贴于脸颊。
(二)左手拇、食指捏成圆形,虎口朝右;右手伸拇指,朝左手虎口处按一下。
(三)双手握拳屈肘,前后交替转动两下。

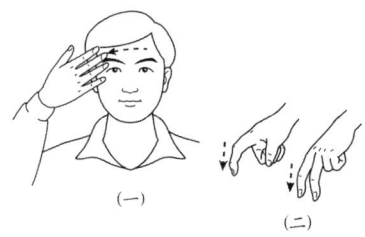

热启动① rèqǐdòng ①

(一)一手五指张开,手背向外,在额头上一抹,如流汗状。
(二)左手伸食、中指,右手伸食指,指尖朝下,同时按一下,模仿按热启动键(Ctrl+Alt+Delete)的动作。

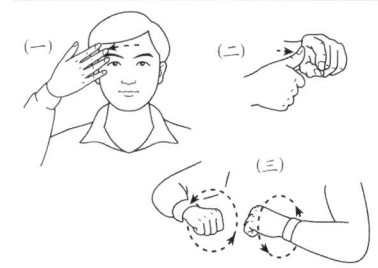

热启动② rèqǐdòng ②
（一）一手五指张开，手背向外，在额头上一抹，如流汗状。
（二）左手拇、食指捏成圆形，虎口朝右；右手伸拇指，朝左手虎口处按一下。
（三）双手握拳屈肘，前后交替转动两下。

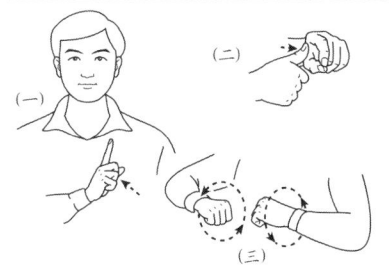

自启动（自举） zìqǐdòng（zìjǔ）
（一）右手食指直立，虎口朝内，贴向左胸部。
（二）左手拇、食指捏成圆形，虎口朝右；右手伸拇指，朝左手虎口处按一下。
（三）双手握拳屈肘，前后交替转动两下。

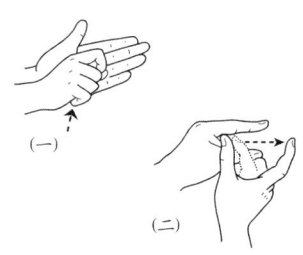
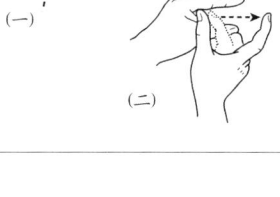

加载 jiāzài
（一）左手侧立；右手拇、食指捏成圆形，虎口朝左，贴向左手掌心。
（二）左手拇、食指成"⊏"形，虎口朝内；右手拇、食指相捏，指尖朝上，置于左手虎口处，然后食指向右张开。

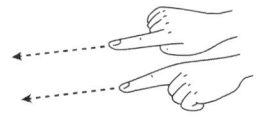

并行 bìngxíng
双手伸食指，指尖朝前，手背向上，同时向前移动。

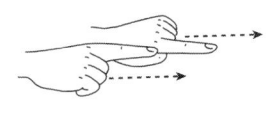

串行 chuànxíng
双手伸食指，指尖朝前，手背向上，右手食指尖贴于左手食指根部，同时向前移动。

存储区 cúnchǔqū
（一）左手横伸；右手平伸，手背向上，从后向前移入左手掌心下。
（二）左手拇、食指成"⊏"形，虎口朝内；右手食、中指相叠，手背向内，置于左手"⊏"形中，仿"区"字形。

存储体 cúnchǔtǐ

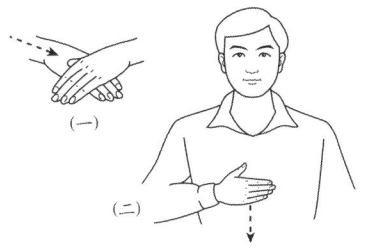

（一）左手横伸；右手平伸，手背向上，从后向前移入左手掌心下。

（二）一手掌心贴于胸部，向下移动一下。

存储器 cúnchǔqì

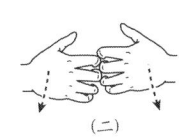

（一）左手横伸；右手平伸，手背向上，从后向前移入左手掌心下。

（二）双手五指弯曲，食、中、无名、小指关节交错相触，向下转动一下。

内存 nèicún

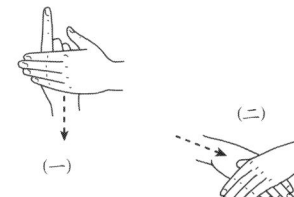

（一）左手横立；右手食指直立，在左手掌心内从上向下移动。

（二）左手横伸；右手平伸，手背向上，从后向前移入左手掌心下。

容量 róngliàng

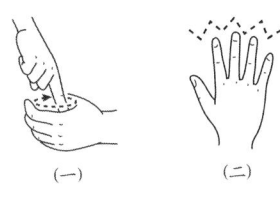

（一）左手五指成半圆形，虎口朝上；右手伸食指，指尖朝下，在左手虎口内转动一下。

（二）一手直立，掌心向内，五指张开，交替点动几下。

位 wèi

左手横伸；右手伸拇指，置于左手掌心上。

字 zì

一手打手指字母"Z"的指式。

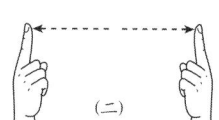

字长　zìcháng

（一）一手打手指字母"Z"的指式。
（二）双手食指直立，指面左右相对，从中间向两侧拉开。

字节　zìjié

（一）一手打手指字母"Z"的指式。
（二）一手拇、食指张开，指尖朝上，虎口朝内。

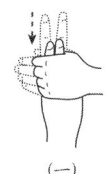 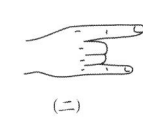

双字　shuāngzì

（一）左手五指微曲，虎口朝上；右手食、中指直立分开，手背向外，边从上向下移入左手掌心内边并拢，左手握住右手食、中指。
（二）一手打手指字母"Z"的指式。

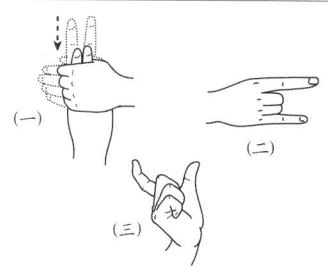

双字节　shuāngzìjié

（一）左手五指微曲，虎口朝上；右手食、中指直立分开，手背向外，边从上向下移入左手掌心内边并拢，左手握住右手食、中指。
（二）一手打手指字母"Z"的指式。
（三）一手拇、食指张开，指尖朝上，虎口朝内。

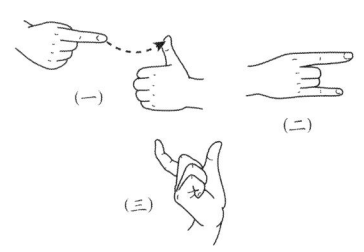

首字节　shǒuzìjié

（一）左手伸拇指；右手伸食指，碰一下左手拇指。
（二）一手打手指字母"Z"的指式。
（三）一手拇、食指张开，指尖朝上，虎口朝内。

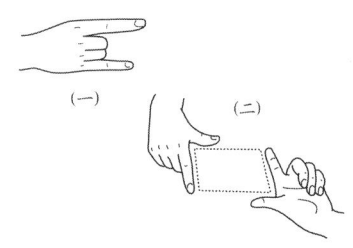

字块　zìkuài

（一）一手打手指字母"Z"的指式。
（二）双手伸拇、食指，虎口朝向一上一下成方形。

二、计算机系统 77

组　zǔ

一手五指张开,指尖朝上,然后撮合。

组号　zǔhào

（一）一手五指张开,指尖朝上,然后撮合。
（二）一手五指成"」"形,虎口贴于嘴边,口张开。

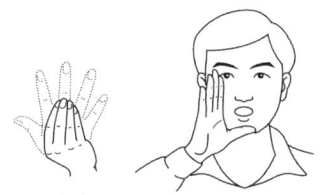

单元　dānyuán

（一）双手斜伸,右手指尖抵于左手掌心,并转动两下。
（二）一手拇、食指捏成圆形,虎口朝上。

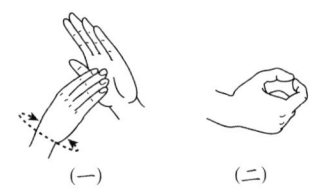

重定位　chóngdìngwèi

（一）右手拇、食、中指相捏,手背向外,边向左移动边伸出食、中指。
（二）左手横伸;右手五指撮合,指尖朝下,按向左手掌心。
（三）左手横伸;右手伸拇指,置于左手掌心上。

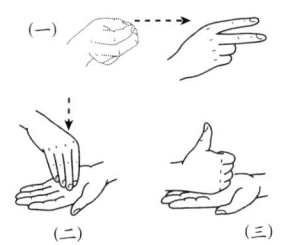

编址　biānzhǐ

（一）双手斜立,五指交叉相搭,交替扭动两下。
（二）双手拇、食指张开,指尖相对,虎口朝内,从中间向两侧拉开。

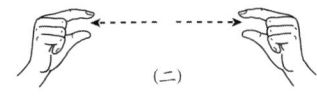

内部地址　nèibù dìzhǐ

（一）左手横立;右手食指直立,在左手掌心内从上向下移动。
（二）一手伸食指,指尖朝下一指。
（三）双手拇、食指张开,指尖相对,虎口朝内,从中间向两侧拉开。

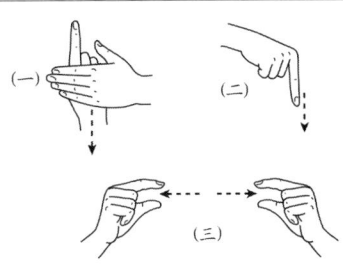

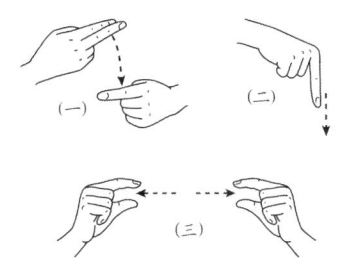

实地址 shídìzhǐ

（一）左手食指横伸；右手食、中指相叠，敲一下左手食指。

（二）一手伸食指，指尖朝下一指。

（三）双手拇、食指张开，指尖相对，虎口朝内，从中间向两侧拉开。

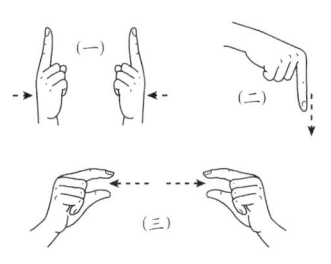

相对地址 xiāngduì dìzhǐ

（一）双手食指直立，指面左右相对，从两侧向中间微移一下。

（二）一手伸食指，指尖朝下一指。

（三）双手拇、食指张开，指尖相对，虎口朝内，从中间向两侧拉开。

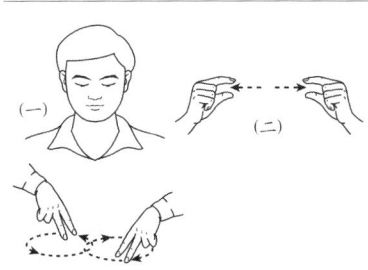

寻址 xúnzhǐ

（一）双手食、中指分开，指尖朝下，左右交替转动两下，头微低，眼睛注视手的动作。

（二）双手拇、食指张开，指尖相对，虎口朝内，从中间向两侧拉开。

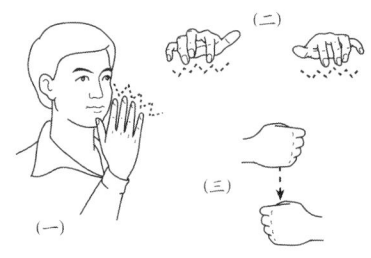

伪操作 wěicāozuò

（一）右手直立，掌心向左，拇指尖抵于颊部，其他四指交替点动几下。

（二）双手五指弯曲，指尖朝下，交替点动几下，如敲击计算机键盘状。

（三）双手握拳，一上一下，右拳向下砸一下左拳。

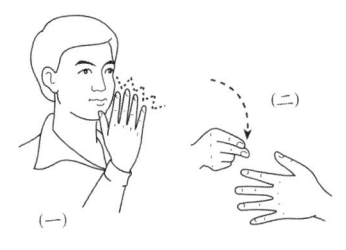

伪指令 wěizhǐlìng

（一）右手直立，掌心向左，拇指尖抵于颊部，其他四指交替点动几下。

（二）左手横立，掌心向内，五指张开；右手食、中指并拢，向下一挥，指向左手食指。

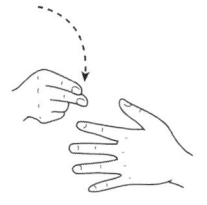

指令 zhǐlìng

左手横立，掌心向内，五指张开；右手食、中指并拢，向下一挥，指向左手食指。

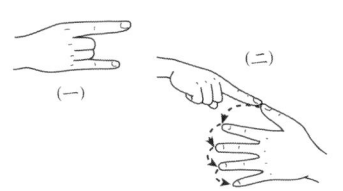

子程序 zǐchéngxù
（一）一手打手指字母"Z"的指式。
（二）左手横立，掌心向内，五指张开；右手伸食指，从左手拇指依次向下点至小指。

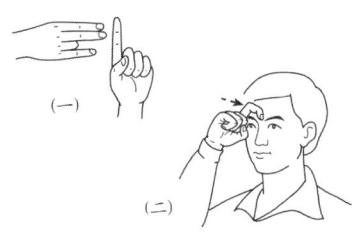

标记 biāojì
（一）左手食指直立；右手打手指字母"ZH"的指式，指尖指向左手食指。
（二）一手打手指字母"J"的指式，碰一下前额。

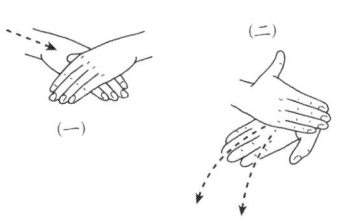

存储分配 cúnchǔ fēnpèi
（一）左手横伸；右手平伸，手背向上，从后向前移入左手掌心下。
（二）左手平伸；右手横立，掌心向内，置于左手掌心上，然后向前方不同方向拨动几下。

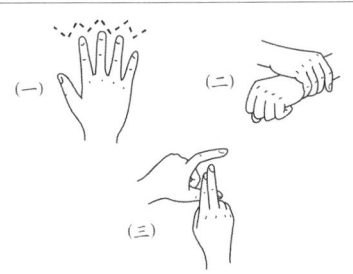

数据区 shùjùqū
（一）一手直立，掌心向内，五指张开，交替点动几下。
（二）左手握拳，手背向上；右手握住左手腕。
（三）左手拇、食指成"匚"形，虎口朝内；右手食、中指相叠，手背向内，置于左手"匚"形中，仿"区"字形。

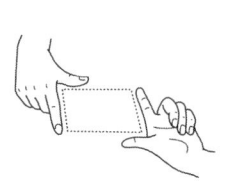

块 kuài
双手伸拇、食指，虎口朝向一上一下成方形。

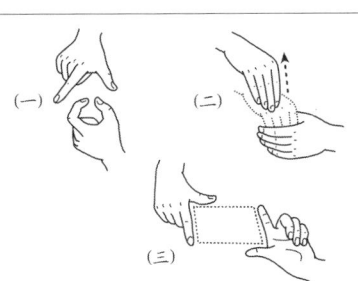

公用块 gōngyòngkuài
（一）双手拇、食指搭成"公"字形，虎口朝外。
（二）左手五指成"匚"形，虎口朝上；右手五指撮合，指尖朝下，从左手虎口内抽出。
（三）双手伸拇、食指，虎口朝向一上一下成方形。

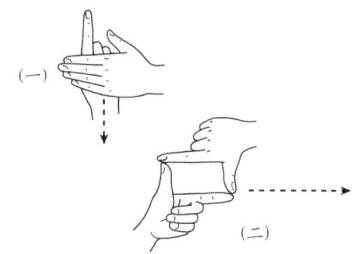

内模式 nèimóshì
（一）左手横立；右手食指直立，在左手掌心内从上向下移动。
（二）双手拇、食指搭成"□"形，同时向一侧移动一下。

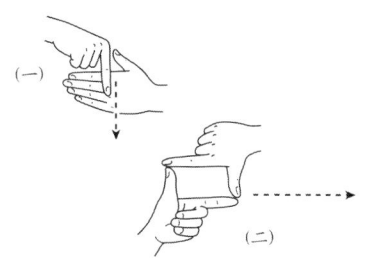

外模式 wàimóshì
（一）左手横立；右手伸食指，指尖朝下，在左手背外向下指。
（二）双手拇、食指搭成"□"形，同时向一侧移动一下。

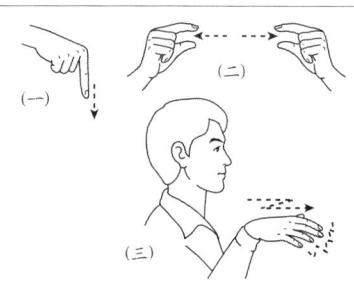

地址流 dìzhǐliú
（一）一手伸食指，指尖朝下一指。
（二）双手拇、食指张开，指尖相对，虎口朝内，从中间向两侧拉开。
（三）一手平伸，掌心向下，五指张开，边交替点动边向前移动两下。

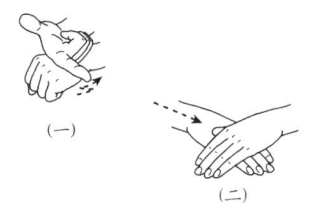

缓存 huǎncún
（一）左手握拳，手背向上；右手伸拇、食指，手背斜贴于左手腕，食指弯动两下。
（二）左手横伸；右手平伸，手背向上，从后向前移入左手掌心下。

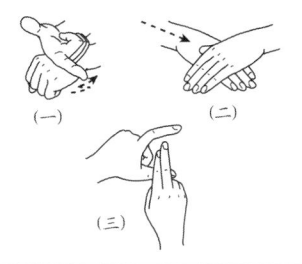

缓存区 huǎncúnqū
（一）左手握拳，手背向上；右手伸拇、食指，手背斜贴于左手腕，食指弯动两下。
（二）左手横伸；右手平伸，手背向上，从后向前移入左手掌心下。
（三）左手拇、食指成"匚"形，虎口朝内；右手食、中指相叠，手背向内，置于左手"匚"形中，仿"区"字形。

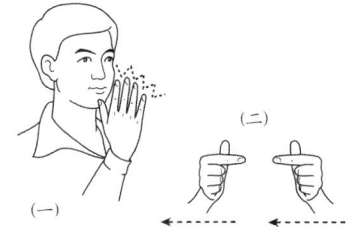

虚拟 xūnǐ
（一）右手直立，掌心向左，拇指尖抵于颏部，其他四指交替点动几下。
（二）双手拇、食指搭成"十"字形，同时向一侧移动一下。

辅助存储器　fǔzhù cúnchǔqì

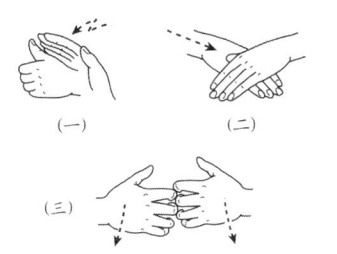

（一）左手伸拇指；右手五指并拢，轻拍两下左手拇指背。
（二）左手横伸；右手平伸，手背向上，从后向前移入左手掌心下。
（三）双手五指弯曲，食、中、无名、小指关节交错相触，向下转动一下。

高速缓存　gāosù huǎncún

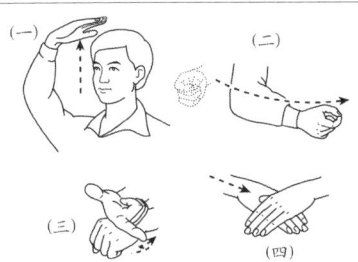

（一）一手横伸，掌心向下，向上移过头顶。
（二）一手拇、食指捏成圆形，向一侧快速划动。
（三）左手握拳，手背向上；右手伸拇、食指，手背斜贴于左手腕，食指弯动两下。
（四）左手横伸；右手平伸，手背向上，从后向前移入左手掌心下。

只读　zhǐdú

（一）左手拇、食指相捏，虎口朝内；右手食、中指直立分开，手背向内，在左手下点一下，仿"只"字形。
（二）双手斜伸，掌心向内，置于身前，然后向下微动一下，眼睛注视双手，如读书状。

阵列　zhènliè

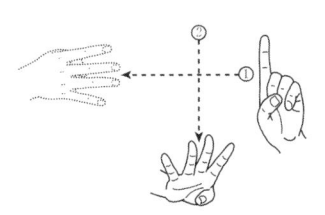

左手食指直立，掌心向外；右手横立，掌心向内，食、中、无名、小指分开，拇指弯回，在左手旁先横向移动一下，再指尖朝前上方，手背向上，纵向移动一下。
（可根据实际表示阵列的样式）

映射　yìngshè

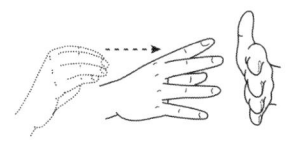

左手侧立；右手五指撮合，指尖朝左，边向左手掌心移动边张开。

映像　yìngxiàng

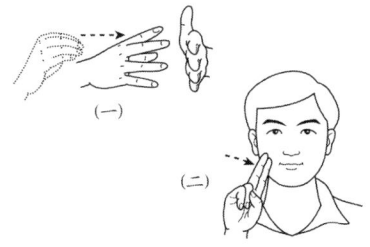

（一）左手侧立；右手五指撮合，指尖朝左，边向左手掌心移动边张开。
（二）一手食、中指直立并拢，掌心向斜前方，朝脸颊碰一下。

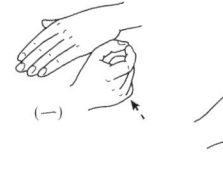
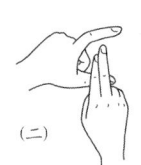

临界区 línjièqū

（一）左手横伸，手背向上；右手拇、食指捏成圆形，虎口朝上，从外向内靠近左手。

（二）左手拇、食指成"⊏"形，虎口朝内；右手食、中指相叠，手背向内，置于左手"⊏"形中，仿"区"字形。

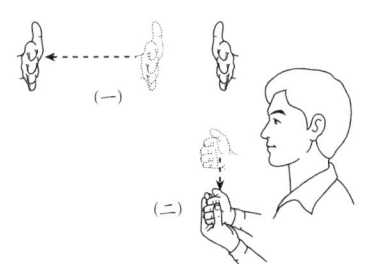

扩展槽 kuòzhǎncáo

（一）双手侧立，左手不动，右手向右移动一下。

（二）左手五指成"∪"形；右手横立，掌心向内，插入左手虎口。

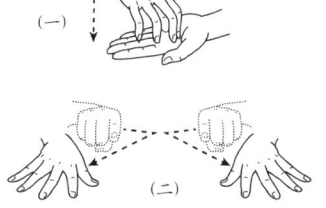

固件 gùjiàn

（一）左手横伸；右手五指弯曲，指尖朝下，抵于左手掌心，向下一按。

（二）双手食指指尖朝前，手背向上，先互碰一下，再分开并张开五指。

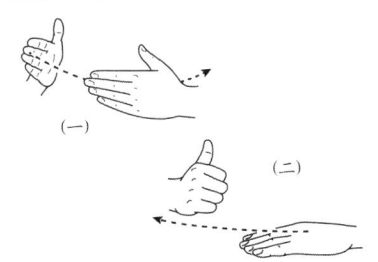

刷新 shuāxīn

（一）左手横立，掌心向内；右手侧立，指尖朝前，从左手指尖向左擦过左手掌心。

（二）左手横伸；右手伸拇指，在左手背上从左向右划出。

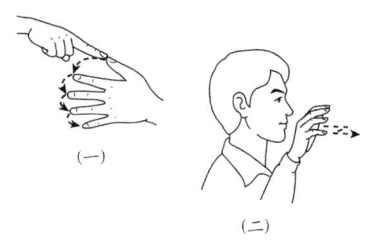

顺序访问 shùnxù fǎngwèn

（一）左手横立，掌心向内，五指张开；右手伸食指，从左手拇指依次向下点至小指。

（二）一手五指微曲，掌心向外，从嘴前向外微移两下。

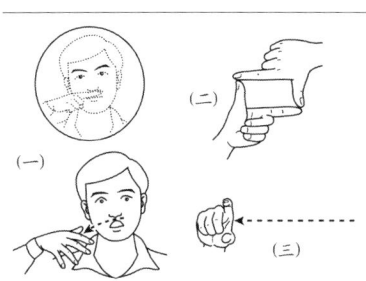

突发方式 tūfā fāngshì

（一）一手食指横伸，置于鼻下，然后突然向一侧移动并张开五指，面露惊讶的表情。

（二）双手拇、食指搭成"□"形。

（三）一手拇、食指张开，指尖朝前，向一侧移动一下。

二、计算机系统 83

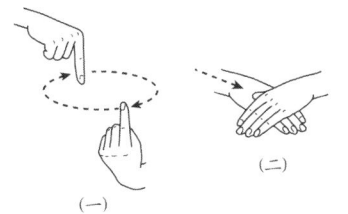
转存 zhuǎncún
（一）双手伸食指，指尖上下相对，交替平行转动两圈。
（二）左手横伸；右手平伸，手背向上，从后向前移入左手掌心下。

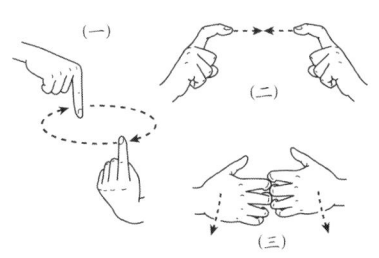
转接器 zhuǎnjiēqì
（一）双手伸食指，指尖上下相对，交替平行转动两圈。
（二）双手食指微曲，指尖左右相对，从两侧向中间移动并互碰。
（三）双手五指弯曲，食、中、无名、小指关节交错相触，向下转动一下。

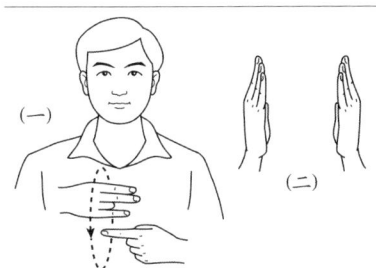
周期 zhōuqī
（一）左手食指横伸，手背向外；右手打手指字母"ZH"的指式，绕左手食指前后转动一圈，再回到初始位置，表示循环一周。
（二）双手直立，掌心左右相对。

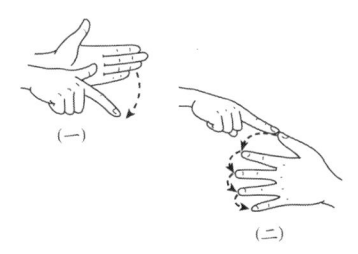
时序 shíxù
（一）左手侧立；右手伸拇、食指，拇指尖抵于左手掌心，食指向下转动。
（二）左手横立，掌心向内，五指张开；右手伸食指，从左手拇指依次向下点至小指。

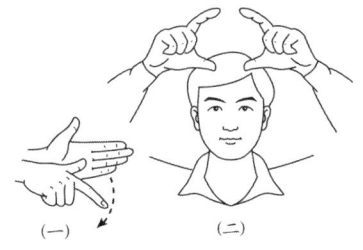
钟（时钟） zhōng (shízhōng)
（一）左手侧立；右手伸拇、食指，拇指尖抵于左手掌心，食指向下转动。
（二）双手拇、食指成大圆形，虎口朝内，置于头顶上。

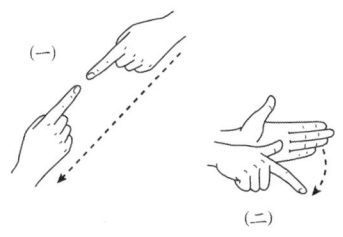
持续时间 chíxù shíjiān
（一）双手伸食指，指尖斜向相对，同时向斜下方移动。
（二）左手侧立；右手伸拇、食指，拇指尖抵于左手掌心，食指向下转动。

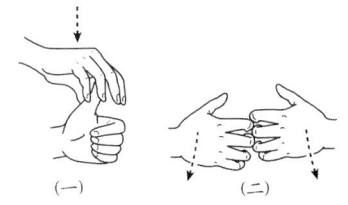

控制器　kòngzhìqì
（一）左手伸拇指；右手五指微曲，掌心向下，罩向左手拇指。
（二）双手五指弯曲，食、中、无名、小指关节交错相触，向下转动一下。

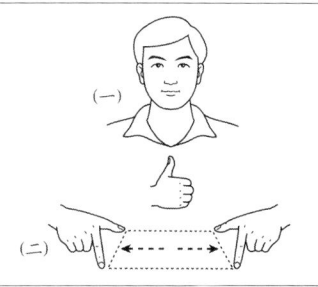

主板　zhǔbǎn
（一）一手伸拇指，贴于胸部。
（二）双手拇、食指张开，指尖朝下，虎口相对，从中间向两侧移动。

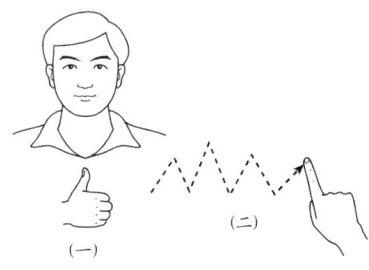

主频　zhǔpín
（一）一手伸拇指，贴于胸部。
（二）一手伸食指，指尖朝前，向一侧做折线形移动。

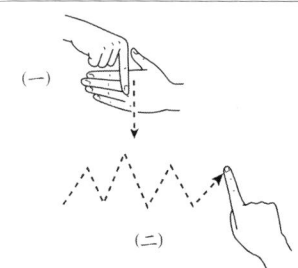

外频　wàipín
（一）左手横立；右手伸食指，指尖朝下，在左手背外向下指。
（二）一手伸食指，指尖朝前，向一侧做折线形移动。

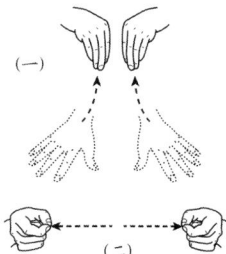

总线　zǒngxiàn
（一）双手五指张开，掌心向下，边向上移动边撮合，双手靠近。
（二）双手拇、食指相捏，虎口朝上，从中间向两侧拉开。

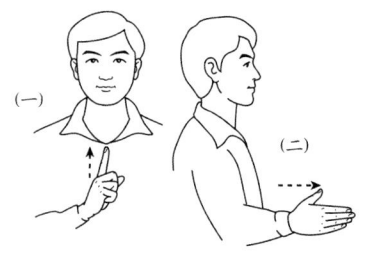

单向　dānxiàng
（一）一手食指直立，虎口贴于胸部，向上移动少许。
（二）一手侧立，向前移动一下。

二、计算机系统 85

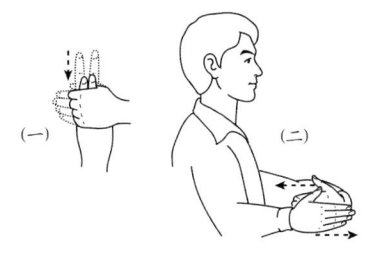

双向 shuāngxiàng

（一）左手五指微曲，虎口朝上；右手食、中指直立分开，手背向外，边从上向下移入左手掌心内边并拢，左手握住右手食、中指。

（二）双手侧立，左手指尖朝内，右手指尖朝外，前后交错移动一下。

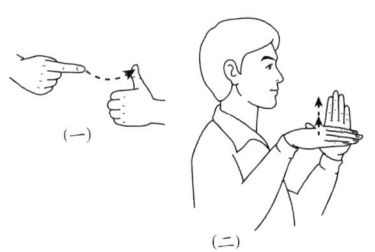

优先级 yōuxiānjí

（一）左手伸拇指；右手伸食指，碰一下左手拇指。

（二）左手直立，掌心向右；右手平伸，掌心向下，在左手掌心上向上一顿一顿移动几下。

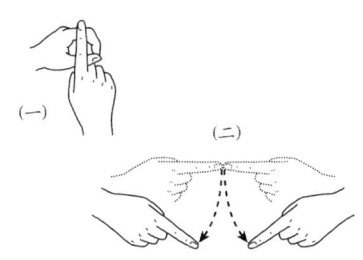

中断 zhōngduàn

（一）左手拇、食指与右手食指搭成"中"字形。

（二）双手食指横伸，指尖相对，手背向外，同时向下一甩。

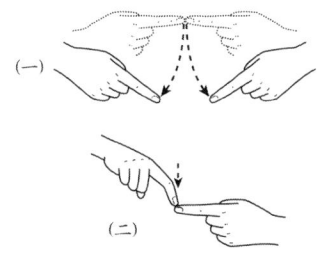

断点 duàndiǎn

（一）双手食指横伸，指尖相对，手背向外，同时向下一甩。

（二）左手食指横伸，手背向外；右手伸食指，指尖朝下，点一下左手食指尖。

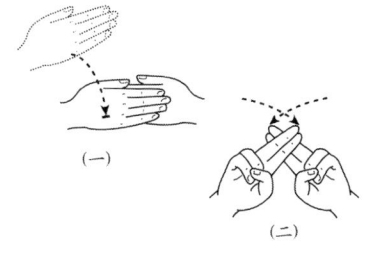

屏蔽 píngbì

（一）双手横立，掌心向内，五指并拢，左手在后不动，右手向下一顿，挡住左手。

（二）双手食、中指斜伸并拢，掌心向外，从两侧向中间移动并交叉相搭，仿封条的样子。

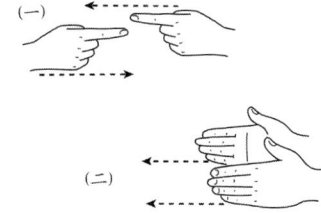

通道 tōngdào

（一）双手食指横伸，指尖相对，手背向外，从两侧向中间交错移动。

（二）双手侧立，掌心相对，向前移动。

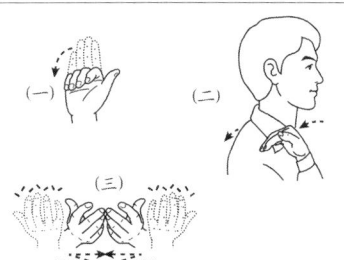

可靠计算 kěkào jìsuàn

（一）一手直立，掌心向外，然后食、中、无名、小指弯动一下。

（二）一手五指与手掌成"⌐"形，指尖朝后，碰一下同侧肩膀，身体随之微向后仰。

（三）双手五指微曲，掌心向上，边交替点动边互碰两下。

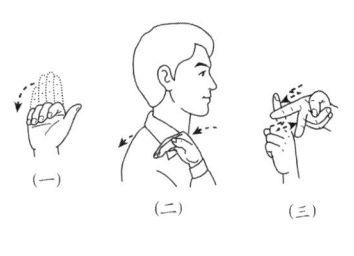

可靠性 kěkàoxìng

（一）一手直立，掌心向外，然后食、中、无名、小指弯动一下。

（二）一手五指与手掌成"⌐"形，指尖朝后，碰一下同侧肩膀，身体随之微向后仰。

（三）左手食指直立；右手食、中指横伸，指背交替弹左手食指背。

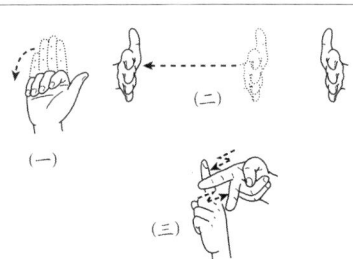

可扩充性 kěkuòchōngxìng

（一）一手直立，掌心向外，然后食、中、无名、小指弯动一下。

（二）双手侧立，左手不动，右手向右移动一下。

（三）左手食指直立；右手食、中指横伸，指背交替弹左手食指背。

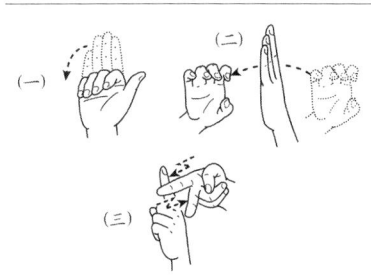

可移植性 kěyízhíxìng

（一）一手直立，掌心向外，然后食、中、无名、小指弯动一下。

（二）左手直立，掌心向右；右手五指微曲，指尖朝前，从左手一侧移至另一侧。

（三）左手食指直立；右手食、中指横伸，指背交替弹左手食指背。

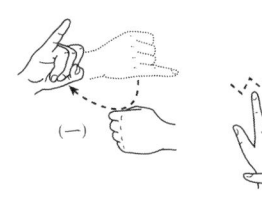

失效率 shīxiàolǜ

（一）左手握拳，虎口朝上；右手伸小指，边从上向下砸向左手虎口边向外移动。

（二）左手食指横伸；右手直立，手背向外，手腕贴于左手食指，五指张开，交替点动几下。

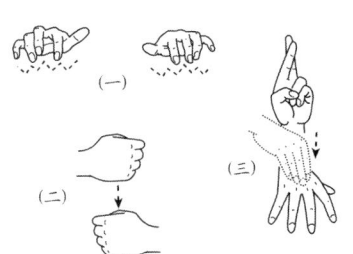

操作系统 cāozuò xìtǒng

（一）双手五指弯曲，指尖朝下，交替点动几下，如敲击计算机键盘状。

（二）双手握拳，一上一下，右拳向下砸一下左拳。

（三）左手打手指字母"X"的指式，在上不动；右手五指撮合，指尖朝下，边从左手腕向下移动边张开。

二、计算机系统　87

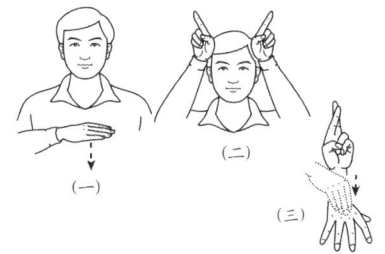

安卓系统　ānzhuó xìtǒng

（一）一手横伸，掌心向下，自胸部向下一按。
（二）双手食指斜立，置于头两侧，仿安卓系统图标。
（三）左手打手指字母"X"的指式，在上不动；右手五指撮合，指尖朝下，边从左手腕向下移动边张开。

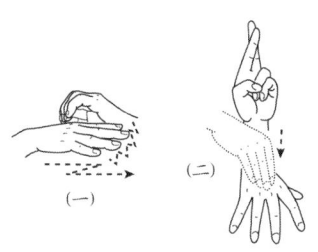

鸿蒙系统　hóngméng xìtǒng

（一）左手五指捏成圆形，虎口朝内；右手横伸，掌心向下，五指张开，置于左手前，边交替点动边向左移动两下。
（二）左手打手指字母"X"的指式，在上不动；右手五指撮合，指尖朝下，边从左手腕向下移动边张开。

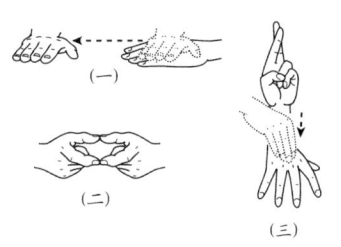

苹果系统　píngguǒ xìtǒng

（一）左手横伸；右手平伸，掌心向下，从左手背上向右移动一下。
（二）双手拇、食指搭成圆形，虎口朝上。
（三）左手打手指字母"X"的指式，在上不动；右手五指撮合，指尖朝下，边从左手腕向下移动边张开。

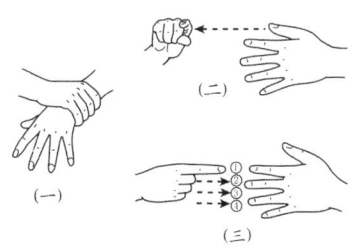

根目录　gēnmùlù

（一）左手五指张开，手背向上；右手握住左手腕。
（二）左手横立，手背向外，五指张开；右手拇、食指张开，指尖朝前，在左手拇指旁向右划动一下。
（三）左手横立，手背向外，五指张开；右手握拳，手背向外，虎口朝上，在左手旁依次伸出食、中、无名、小指。

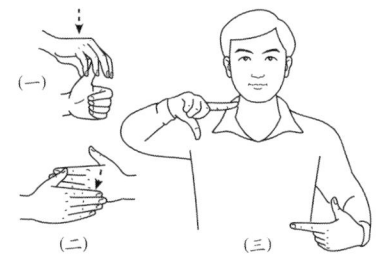

控制面板　kòngzhì miànbǎn

（一）左手伸拇指；右手五指微曲，掌心向下，罩向左手拇指。
（二）左手横立，手背向外；右手摸一下左手背。
（三）双手拇、食指成"⌐"形，置于身前。

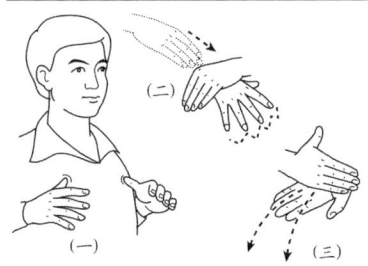

资源分配　zīyuán fēnpèi

（一）双手五指张开，掌心向下，拇指尖抵于胸部。
（二）左手横伸，手背拱起；右手平伸，手背向上，从后向前移入左手掌心下，五指张开，交替点动几下。
（三）左手平伸；右手横立，掌心向内，置于左手掌心上，然后向前方不同方向拨动几下。

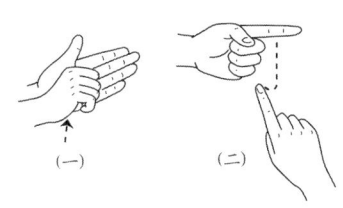

补丁 bǔ·dīng

（一）左手侧立；右手虚握，虎口朝左，贴向左手掌心。

（二）左手食指横伸，手背向外；右手伸食指，指尖朝前，在左手食指下书空"亅"，仿"丁"字形。

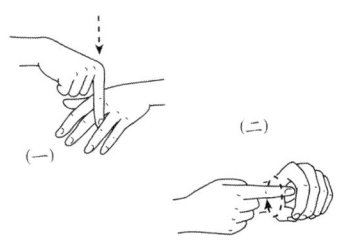

漏洞 lòudòng

（一）左手横伸，掌心向下，五指张开；右手伸食指，指尖朝下，在左手中、无名指指缝间向下插一下。

（二）左手五指捏成圆形，虎口朝内；右手伸食指，在左手虎口内转动一圈。

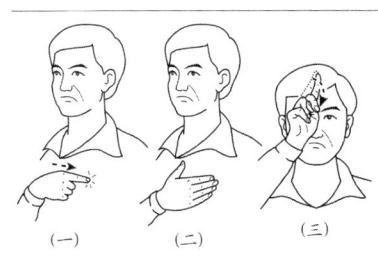

致命错误 zhìmìng cuòwù

（一）一手伸食指，指尖朝内，戳向心脏部位。

（二）一手掌心按于心脏部位。

（三）一手食、中指直立相叠，掌心向外，置于前额，中指向下弯动一下。

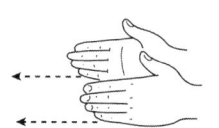

路径 lùjìng

双手侧立，掌心相对，向前移动。

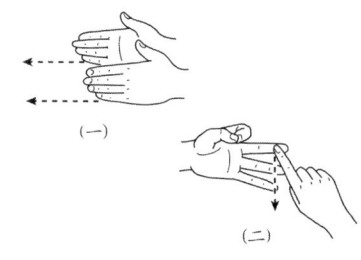

路径名 lùjìngmíng

（一）双手侧立，掌心相对，向前移动。

（二）左手中、无名、小指横伸分开，掌心向内；右手伸食指，自左手中指尖向下划动。

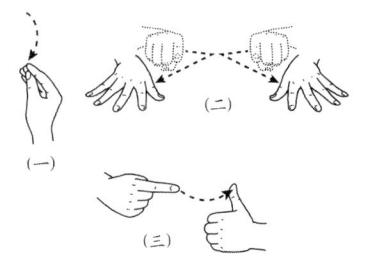

文件头 wénjiàntóu

（一）一手五指撮合，指尖朝前，撇动一下，如执毛笔写字状。

（二）双手食指指尖朝前，手背向上，先互碰一下，再分开并张开五指。

（三）左手伸拇指；右手伸食指，碰一下左手拇指。

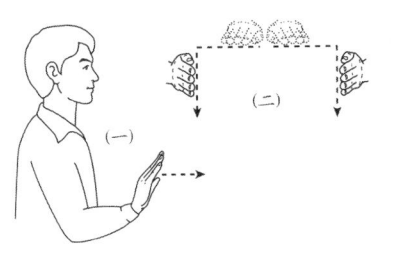

前台 qiántái

（一）一手直立，掌心向外，齐腰部向前移动一下。
（二）双手平伸，掌心向下，先从中间向两侧平移，再折而下移成"⌐⌐"形。

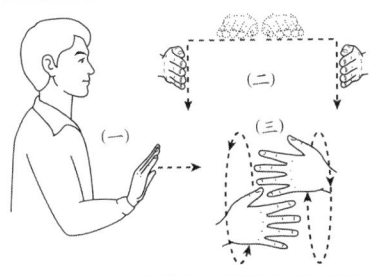

前台运行 qiántái yùnxíng

（一）一手直立，掌心向外，齐腰部向前移动一下。
（二）双手平伸，掌心向下，先从中间向两侧平移，再折而下移成"⌐⌐"形。
（三）双手横立，手背向外，五指张开，上下交替转动两下。

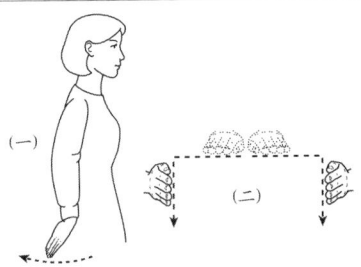

后台 hòutái

（一）一手五指并拢，指尖朝下，向身后挥动一下。
（二）双手平伸，掌心向下，先从中间向两侧平移，再折而下移成"⌐⌐"形。

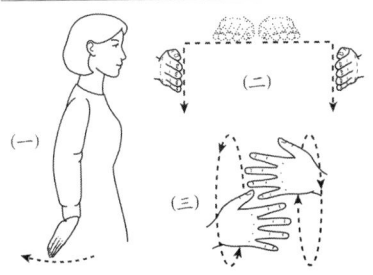

后台运行 hòutái yùnxíng

（一）一手五指并拢，指尖朝下，向身后挥动一下。
（二）双手平伸，掌心向下，先从中间向两侧平移，再折而下移成"⌐⌐"形。
（三）双手横立，手背向外，五指张开，上下交替转动两下。

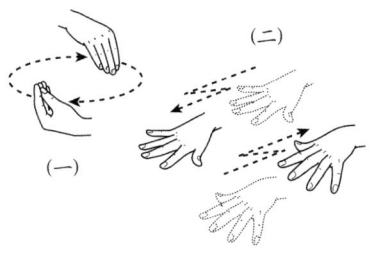

调度 diàodù

（一）双手五指撮合，指尖上下相对，交替平行转动两下。
（二）双手平伸，掌心向下，五指张开，前后交替移动两下。

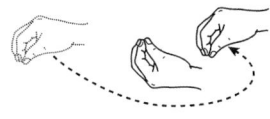

调入 diàorù

双手五指撮合，左手指尖朝上，右手指尖朝下，右手从左手前向后转动半圈。

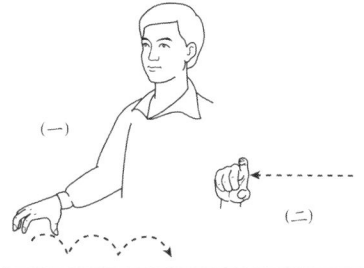

分布式 fēnbùshì

（一）一手五指弯曲，掌心向下，在腹前任意移动几下。
（二）一手拇、食指张开，指尖朝前，向一侧移动一下。

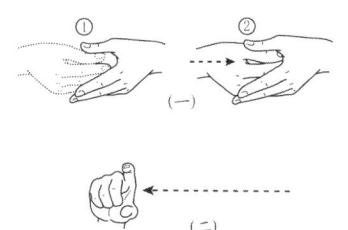

嵌入式 qiànrùshì

（一）左手五指成半圆形，虎口朝上；右手五指撮合，虎口朝上，卡在左手半圆形的空隙处，然后向左一插，指尖抵于左手掌心。
（二）一手拇、食指张开，指尖朝前，向一侧移动一下。

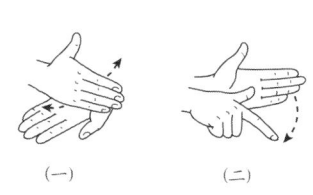

分时 fēnshí

（一）左手横伸；右手侧立，置于左手掌心上，并左右拨动一下。
（二）左手侧立；右手伸拇、食指，拇指尖抵于左手掌心，食指向下转动。

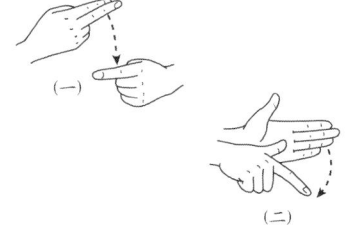

实时 shíshí

（一）左手食指横伸；右手食、中指相叠，敲一下左手食指。
（二）左手侧立；右手伸拇、食指，拇指尖抵于左手掌心，食指向下转动。

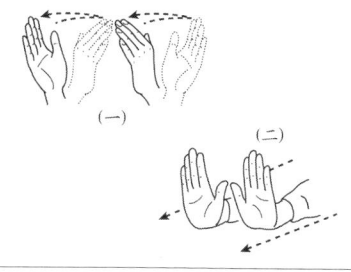

互斥 hùchì

（一）双手直立，掌心左右相对，左右晃动一下。
（二）双手直立，掌心向外一推。

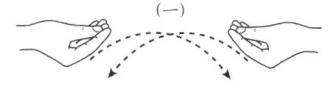

交互 jiāohù

（一）双手五指撮合，指尖左右相对，掌心向上，然后左右互换位置。
（二）双手直立，掌心左右相对，左右晃动一下。

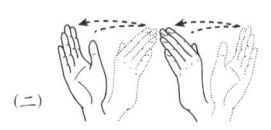

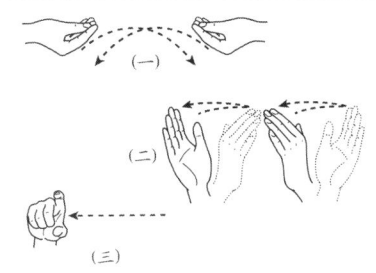

交互式 jiāohùshì
（一）双手五指撮合，指尖左右相对，掌心向上，然后左右互换位置。
（二）双手直立，掌心左右相对，左右晃动一下。
（三）一手拇、食指张开，指尖朝前，向一侧移动一下。

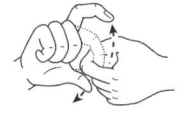

解锁 jiěsuǒ
双手拇、食指套环，然后右手拇、食指张开。

进程 jìnchéng
（一）左手平伸；右手伸拇、小指，小指尖抵于左手掌心，向前移动。
（二）左手侧立，五指张开；右手伸拇、小指，从左手拇指转向左手小指。

就绪状态 jiùxù zhuàngtài
（一）一手伸拇指，在胸前从上向下顺时针转动一圈。
（二）双手拇、食指成"⌐⌐"形，置于脸颊两侧，上下交替动两下。

请求 qǐngqiú
双手抱拳，向后晃动两下，面露恳求的表情。

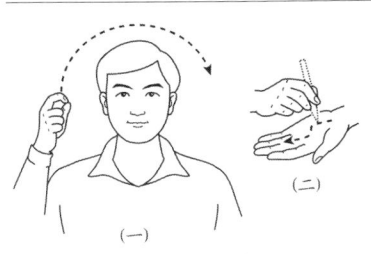

日志 rìzhì
（一）右手拇、食指捏成圆形，虎口朝内，从右向左做弧形移动，越过头顶。
（二）左手横伸；右手如执笔状，在左手掌心上做写字的动作。

 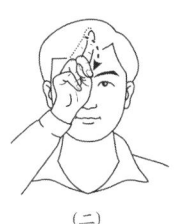

容错 róngcuò

（一）一手直立，掌心向外，然后食、中、无名、小指弯动一下。

（二）一手食、中指直立相叠，掌心向外，置于前额，中指向下弯动一下。

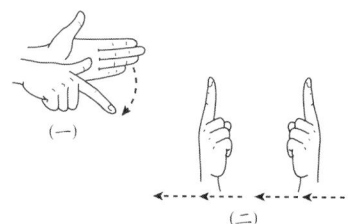

时间片 shíjiānpiàn

（一）左手侧立；右手伸拇、食指，拇指尖抵于左手掌心，食指向下转动。

（二）双手食指直立，指面左右相对，向一侧一顿一顿移动几下。

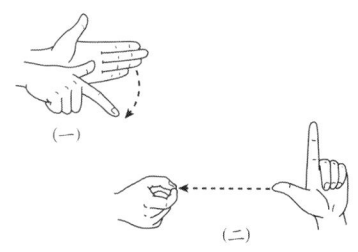

时间轴 shíjiānzhóu

（一）左手侧立；右手伸拇、食指，拇指尖抵于左手掌心，食指向下转动。

（二）左手拇、食指成"⌐"形，手背向内；右手拇、食指捏成圆形，虎口朝上，从左手拇指旁向右移动。

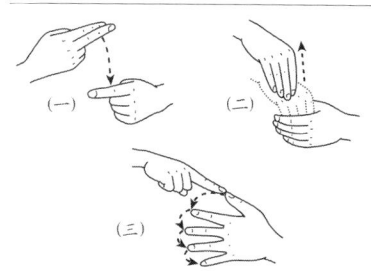

实用程序 shíyòng chéngxù

（一）左手食指横伸；右手食、中指相叠，敲一下左手食指。

（二）左手五指成"⊏"形，虎口朝上；右手五指撮合，指尖朝下，从左手虎口内抽出。

（三）左手横立，掌心向内，五指张开；右手伸食指，从左手拇指依次向下点至小指。

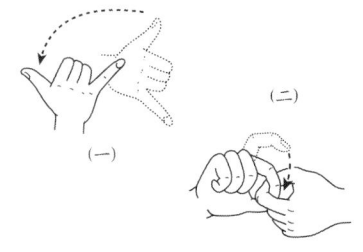

死锁 sǐsuǒ

（一）右手伸拇、小指，先直立，再向右转腕。

（二）左手拇、食指捏成圆形；右手拇、食指先张开，然后插入左手圆形内相捏，如上锁状。

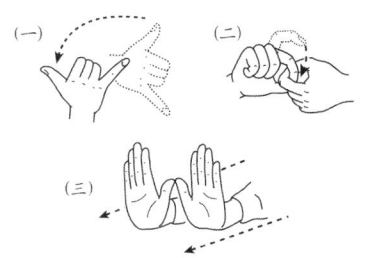

死锁避免 sǐsuǒ bìmiǎn

（一）右手伸拇、小指，先直立，再向右转腕。

（二）左手拇、食指捏成圆形；右手拇、食指先张开，然后插入左手圆形内相捏，如上锁状。

（三）双手直立，掌心向外一推。

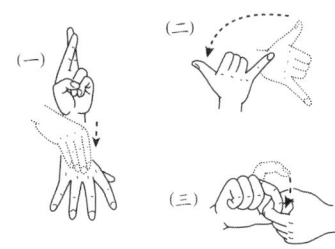

系统死锁 xìtǒng sǐsuǒ

（一）左手打手指字母"X"的指式，在上不动；右手五指撮合，指尖朝下，边从左手腕向下移动边张开。

（二）右手伸拇、小指，先直立，再向右转腕。

（三）左手拇、食指捏成圆形；右手拇、食指先张开，然后插入左手圆形内相捏，如上锁状。

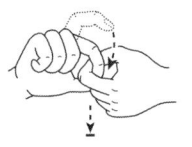

锁定 suǒdìng

左手拇、食指捏成圆形；右手拇、食指先张开，然后插入左手圆形内相捏，并向下一顿。

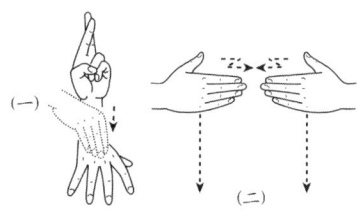

系统校验 xìtǒng jiàoyàn

（一）左手打手指字母"X"的指式，在上不动；右手五指撮合，指尖朝下，边从左手腕向下移动边张开。

（二）双手横立，掌心向内，边从上向下移动边互碰。

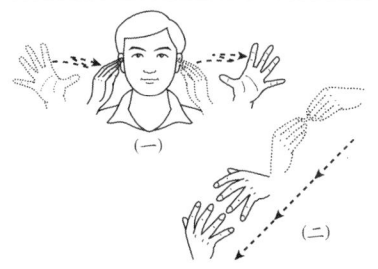

消息传递 xiāo·xi chuándì

（一）左手五指撮合，指尖抵于左耳，右手五指张开，掌心向外，然后左手向左移动并张开，掌心向外，右手同时向右耳移动并撮合，指尖抵于右耳，双手重复一次。

（二）双手五指撮合，指尖斜向相对，边向斜下方移动边连续做开合的动作。

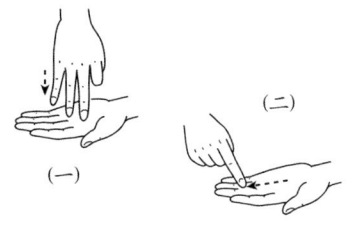

注销 zhùxiāo

（一）左手横伸；右手伸中、无名、小指，指尖朝下，在左手掌心上点一下。

（二）左手横伸；右手伸食指，指尖朝下，在左手掌心上向右横划一下。

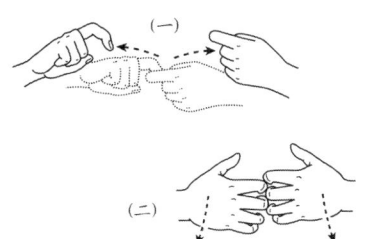

脱机 tuōjī

（一）双手食指弯曲，相互勾住，然后向两侧分开。

（二）双手五指弯曲，食、中、无名、小指关节交错相触，向下转动一下。

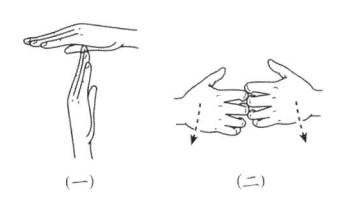

停机 tíngjī

（一）左手横伸，掌心向下；右手直立，掌心向左，指尖抵于左手掌心。

（二）双手五指弯曲，食、中、无名、小指关节交错相触，向下转动一下。

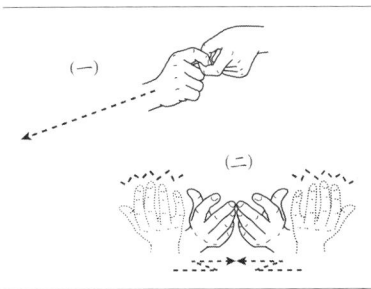

连续运算 liánxù yùnsuàn

（一）双手拇、食指套环，向斜下方移动。

（二）双手五指微曲，掌心向上，边交替点动边互碰两下。

前缀 qiánzhuì

左手食指直立，手背向内；右手伸中、无名、小指，指尖朝前，手背向上，在左手食指左侧点一下。

后缀 hòuzhuì

左手食指直立，手背向内；右手伸中、无名、小指，指尖朝前，手背向上，在左手食指右侧点一下。

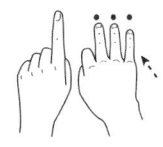

三、软件开发

1. 常用软件

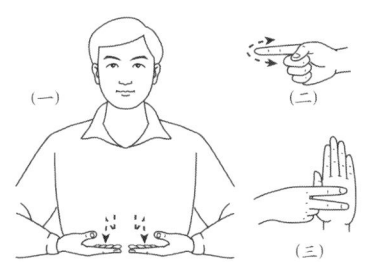

当前指示符 dāngqián zhǐshìfú
（一）双手横伸，掌心向上，在腹前同时向下微动两下。
（二）一手伸食指，指尖朝前，左右移动。
（三）左手直立，掌心向外；右手打手指字母"F"的指式，贴于左手掌心上。

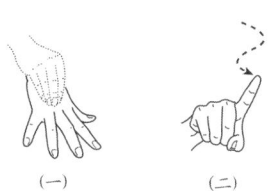

光标 guāngbiāo
（一）一手五指撮合，指尖朝下，然后张开。
（二）一手伸食指，指尖朝前，随意移动。

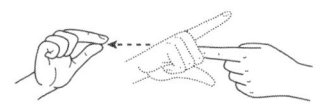

箭头 jiàntóu
左手食指横伸，手背向外；右手伸拇、食指，指尖朝左，虎口朝内，置于左手食指尖，然后边向右移动边相捏。

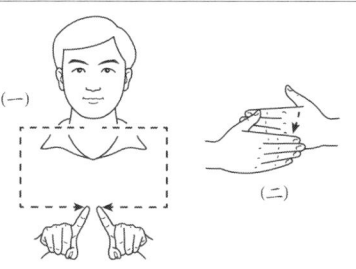

桌面（界面） zhuōmiàn（jièmiàn）
（一）双手伸食指，指尖朝前，在面前划一个"口"形。
（二）左手横立，手背向外；右手摸一下左手背。

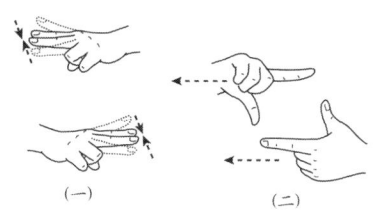

截屏 jiépíng
（一）双手食、中指横伸分开，手背向上，一上一下，夹动一下。
（二）双手拇、食指成"冂"形，向一侧移动一下。

开始按钮 kāishǐ ànniǔ

（一）双手斜伸，掌心向上，同时向两侧斜上方移动。
（二）左手拇、食指捏成圆形，虎口朝右；右手伸拇指，朝左手虎口处按一下。

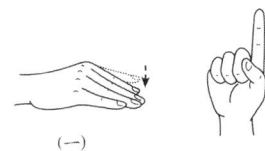

击键（按键、键❷） jījiàn（ànjiàn、jiàn❷）

一手食指弯曲，指尖朝下点一下。既表示"击键"的动词意义，也表示"键"的名词意义。

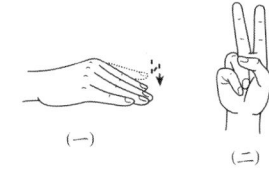

单击 dānjī

（一）一手平伸，手背拱起，食指向下点动一下，如单击鼠标状。
（二）一手食指直立，掌心向外。

双击 shuāngjī

（一）一手平伸，手背拱起，食指向下点动两下，如双击鼠标状。
（二）一手食、中指直立分开，掌心向外。

左键 zuǒjiàn

一手伸拇、食、中指，手背向上，如持鼠标状，食指向下点动一下。

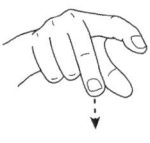

右键（右击） yòujiàn（yòujī）

一手伸拇、食、中指，手背向上，如持鼠标状，中指向下点动一下。

三、软件开发 97

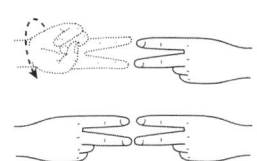
切换 qiēhuàn
　　双手食、中指横伸分开,左手背向外,右手背向内,左手不动,右手向前翻转一下,变为手背向外。

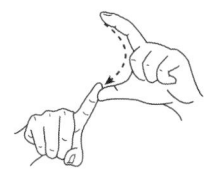
半角 bànjiǎo
　　左手拇、食指成半圆形,虎口朝内;右手伸食指,指尖朝前,从左手食指向左做弧形移动至左手拇指,仿半角符号的形状。

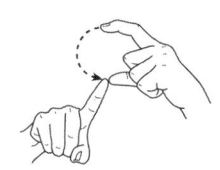
全角 quánjiǎo
　　左手拇、食指成半圆形,虎口朝内;右手伸食指,指尖朝前,从左手食指向右做弧形移动至左手拇指,仿全角符号的形状。

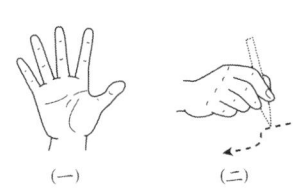
五笔 wǔbǐ
　　(一)一手五指直立张开,掌心向外。
　　(二)一手如执笔写字状。

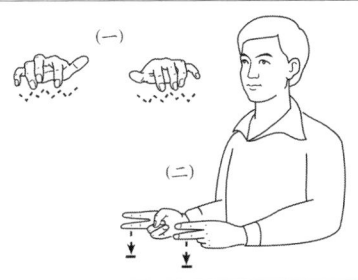
指法 zhǐfǎ
　　(一)双手五指弯曲,指尖朝下,交替点动几下,如敲击计算机键盘状。
　　(二)双手打手指字母"F"的指式,指尖朝前,向下一顿。

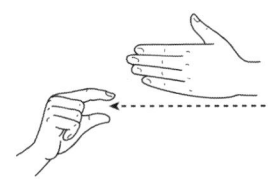
任务栏 rènwùlán
　　左手横立,掌心向内;右手拇、食指张开,指尖朝左,虎口朝内,在左手下从左向右移动一下。
　　(可根据实际表示任务栏的位置)

热键　rèjiàn

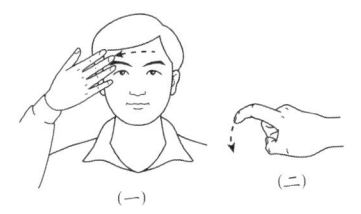

（一）一手五指张开，手背向外，在额头上一抹，如流汗状。
（二）一手食指弯曲，指尖朝下点一下。

功能键　gōngnéngjiàn

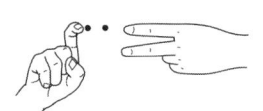

左手打手指字母"F"的指式；右手食指弯曲，指尖朝前，在左手旁从左向右点两下，表示键盘上的"F"键是功能键。

空格　kònggé

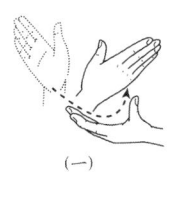
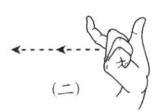

（一）左手斜伸，掌心向斜后方；右手食、中、无名、小指并拢，指尖朝前，小指外侧从右向左在左手虎口处刮一下。
（二）一手拇、食指张开，指尖朝上，虎口朝内，向一侧一顿一顿移动两下。
（可根据实际表示空格的状态）

空格键　kònggéjiàn

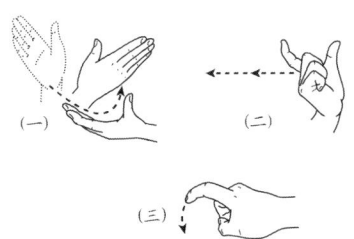

（一）左手斜伸，掌心向斜后方；右手食、中、无名、小指并拢，指尖朝前，小指外侧从右向左在左手虎口处刮一下。
（二）一手拇、食指张开，指尖朝上，虎口朝内，向一侧一顿一顿移动两下。
（三）一手食指弯曲，指尖朝下点一下。

退格　tuìgé

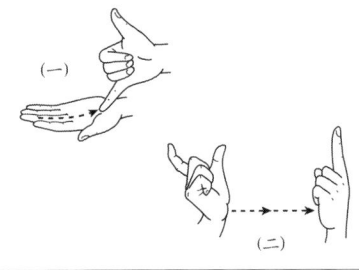

（一）左手平伸，掌心向上；右手伸拇、小指，小指尖抵于左手指尖，再向后移动。
（二）左手食指直立，手背向左；右手拇、食指张开，指尖朝上，虎口朝内，在左手旁从右向左一顿一顿移动两下。
（可根据实际决定右手的移动方向）

后退键　hòutuìjiàn

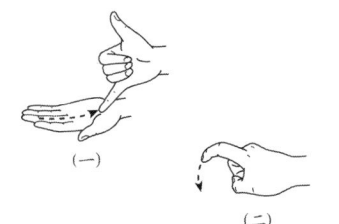

（一）左手平伸，掌心向上；右手伸拇、小指，小指尖抵于左手指尖，再向后移动。
（二）一手食指弯曲，指尖朝下点一下。

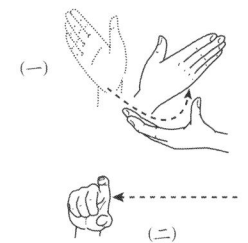

空行　kòngháng

（一）左手斜伸，掌心向斜后方；右手食、中、无名、小指并拢，指尖朝前，小指外侧从右向左在左手虎口处刮一下。

（二）一手拇、食指张开，指尖朝前，向一侧移动一下。

（可根据实际表示空行的状态）

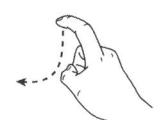

回车（换行）　huíchē (huànháng)

一手食指弯曲，指尖朝前，做"⏎"形划动，表示键盘上的回车键符号。

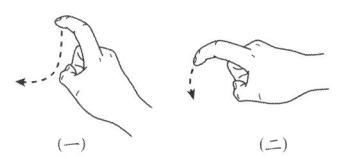

回车键　huíchējiàn

（一）一手食指弯曲，指尖朝前，做"⏎"形划动，表示键盘上的回车键符号。

（二）一手食指弯曲，指尖朝下点一下。

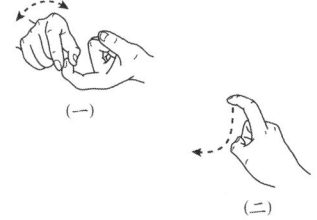

软回车　ruǎnhuíchē

（一）右手拇、食指捏住左手食指尖，随意晃动几下，左手食指随之弯曲。

（二）一手食指弯曲，指尖朝前，做"⏎"形划动，表示键盘上的回车键符号。

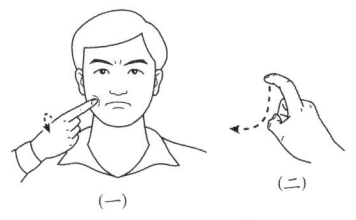

硬回车　yìnghuíchē

（一）一手食指抵于脸颊，向前微转一下，同时牙关紧咬。

（二）一手食指弯曲，指尖朝前，做"⏎"形划动，表示键盘上的回车键符号。

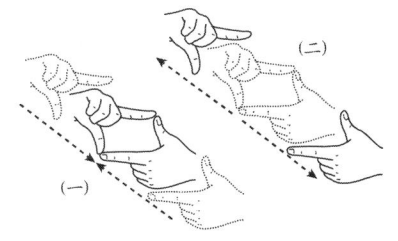

缩放　suōfàng

（一）双手拇、食指成"⌐"形，从两侧上下方向中间移动，搭成"□"形。

（二）双手拇、食指搭成"□"形，从中间向两侧上下方移动，成"⌐"形。

（可根据实际表示缩放的状态）

文本 wénběn
（一）一手五指撮合，指尖朝前，撇动一下，如执毛笔写字状。
（二）双手侧立，掌心相贴，然后向两侧打开。

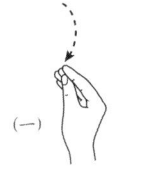
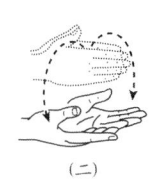

文本框 wénběnkuàng
（一）一手打手指字母"Z"的指式，从上向下分别平行移动一下。
（二）双手拇、食指成"⌐⌐"形。

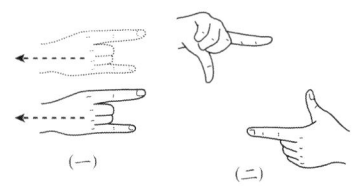

文字处理 wénzì chǔlǐ
（一）一手五指撮合，指尖朝前，撇动一下，如执毛笔写字状。
（二）一手打手指字母"Z"的指式。
（三）一手伸拇、食、中指，食、中指并拢，向下一挥。
（四）双手侧立，掌心相对，向一侧一顿一顿移动几下。

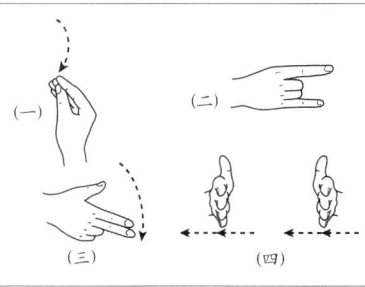

状态栏 zhuàngtàilán
（一）双手拇、食指成"⌐⌐"形，置于脸颊两侧，上下交替动两下。
（二）左手食指横伸，手背向外；右手拇、食指张开，指尖朝左，虎口朝内，从左手食指处向右移动一下。

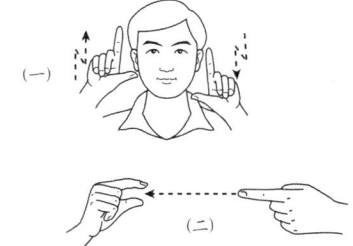

坐标 zuòbiāo
左手拇、食指搭成"+"形，虎口朝内，表示坐标系；右手伸食指，指尖朝前，在左手拇指旁随意点一下。

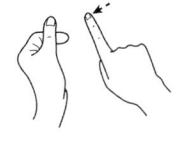

平面直角坐标系 píngmiàn zhíjiǎo zuòbiāoxì
左手拇、食指成"⌐"形，手背向内；右手先打手指字母"X"的指式，从左手拇指根部向右移动，再打手指字母"Y"的指式，从左手食指根部向上移动。

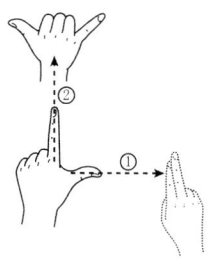

向导 xiàngdǎo

（一）左手斜立，指尖朝右前方；右手捏住左手指尖，虎口朝上，双手同时向右前方移动。

（二）左手伸拇指；右手伸食指，指尖朝前，在左手拇指后左右移动。

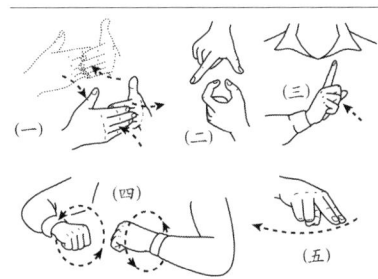

办公自动化 bàngōng zìdònghuà

（一）双手横立，掌心向内，互拍手背。

（二）双手拇、食指搭成"公"字形，虎口朝外。

（三）右手食指直立，虎口朝内，贴向左胸部。

（四）双手握拳屈肘，前后交替转动两下。

（五）一手打手指字母"H"的指式，指尖朝前斜下方，平行划动一下。

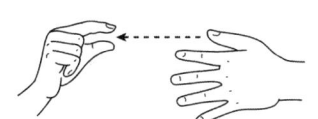

标题栏 biāotílán

左手横立，手背向外，五指张开；右手拇、食指张开，指尖朝左，虎口朝内，从左手拇指处向右移动一下。

（可根据实际表示标题栏的位置）

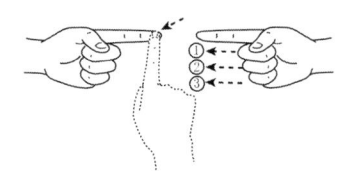

菜单（下拉菜单、弹出❷）

càidān（xiàlā-càidān、tánchū❷）

左手食指横伸，手背向外；右手食指点一下左手食指尖，然后在左手旁依次伸出中、无名、小指。

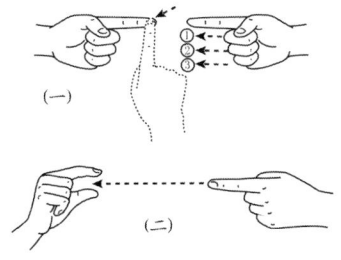

菜单栏 càidānlán

（一）左手食指横伸，手背向外；右手食指点一下左手食指尖，然后在左手旁依次伸出中、无名、小指。

（二）左手食指横伸，手背向外；右手拇、食指张开，指尖朝左，虎口朝内，从左手食指处向右移动一下。

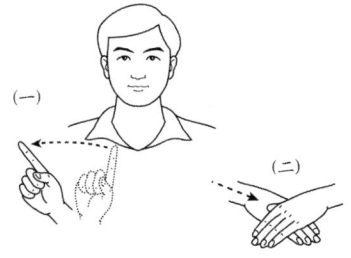

另存为 lìngcúnwéi

（一）右手食指直立，然后手腕向右一转。

（二）左手横伸；右手平伸，手背向上，从后向前移入左手掌心下。

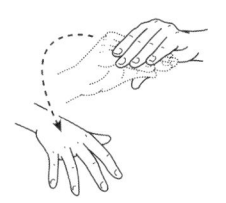

导出 dǎochū

左手五指成"匚"形,虎口朝内;右手五指撮合,指尖朝前,从左手虎口内抽出,然后边向右前方做弧形移动边张开。
(可根据实际表示导出的形式)

导入 dǎorù

左手五指成"匚"形,虎口朝内;右手五指张开,手背向上,先边从右前方向后做弧形移动边撮合,再移入左手虎口内。
(可根据实际表示导入的形式)

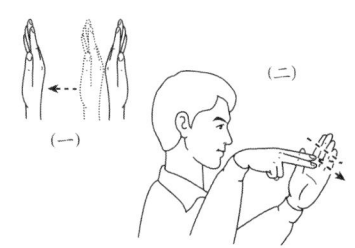

预览 yùlǎn

(一)双手直立,手背前后相贴,左手在前不动,右手向后移动。
(二)左手斜伸,掌心向内,置于面前;右手食、中指分开,指尖对着左手掌心,手背向上,从左向右、从上向下移动。

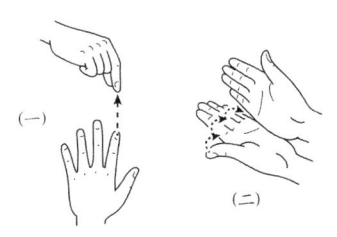

选项 xuǎnxiàng

(一)左手直立,掌心向内,五指张开;右手拇、食指捏一下左手食指,然后向上移动。
(二)左手平伸;右手斜立于左手掌心上,然后向右一顿一顿做弧形移动。

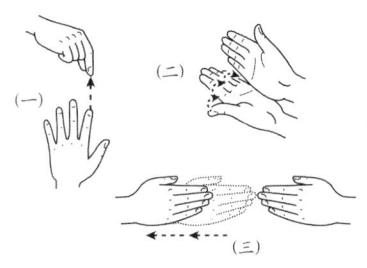

选项卡 xuǎnxiàngkǎ

(一)左手直立,掌心向内,五指张开;右手拇、食指捏一下左手食指,然后向上移动。
(二)左手平伸;右手斜立于左手掌心上,然后向右一顿一顿做弧形移动。
(三)双手横立,掌心向内,五指并拢,左手不动,右手向右一顿一顿移动两下。

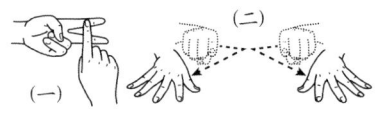
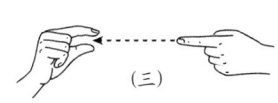

工具栏 gōngjùlán

(一)左手食、中指与右手食指搭成"工"字形。
(二)双手食指指尖朝前,手背向上,先互碰一下,再分开并张开五指。
(三)左手食指横伸,手背向外;右手拇、食指张开,指尖朝左,虎口朝内,从左手食指处向右移动一下。

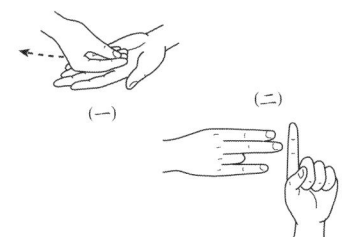

图标　túbiāo
（一）左手横伸；右手五指撮合，指背在左手掌心上抹一下。
（二）左手食指直立；右手打手指字母"ZH"的指式，指尖指向左手食指。

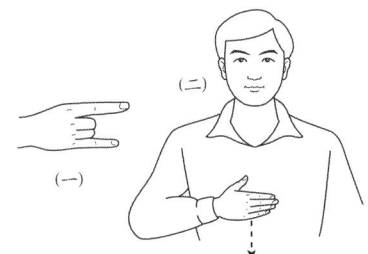

字体　zìtǐ
（一）一手打手指字母"Z"的指式。
（二）一手掌心贴于胸部，向下移动一下。

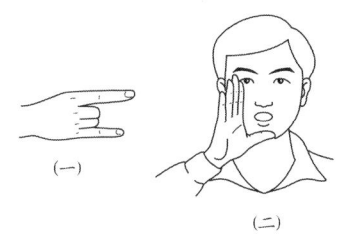

字号　zìhào
（一）一手打手指字母"Z"的指式。
（二）一手五指成"亅"形，虎口贴于嘴边，口张开。

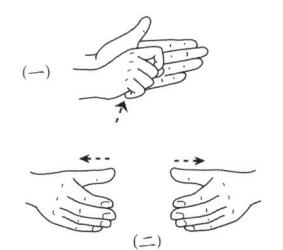

加粗　jiācū
（一）左手侧立；右手拇、食指捏成圆形，虎口朝左，贴向左手掌心。
（二）双手五指成圆形，虎口朝上，从中间向两侧微移。

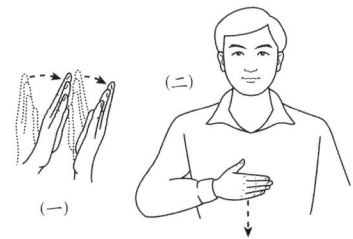

斜体　xiétǐ
（一）双手直立，掌心左右相对，然后同时歪向一侧。
（二）一手掌心贴于胸部，向下移动一下。

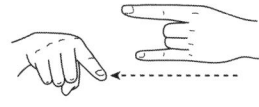

下划线　xiàhuàxiàn
左手打手指字母"Z"的指式；右手伸食指，指尖朝前，在左手下方横划一下。

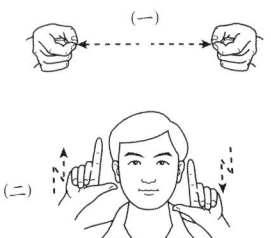

线型 xiànxíng
（一）双手拇、食指相捏，虎口朝上，从中间向两侧拉开。
（二）双手拇、食指成"⌊ ⌋"形，置于脸颊两侧，上下交替动两下。

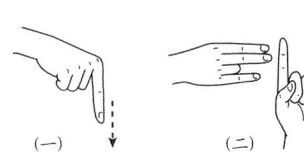

下标 xiàbiāo
（一）一手伸食指，指尖朝下一指。
（二）左手食指直立；右手打手指字母"ZH"的指式，指尖指向左手食指。

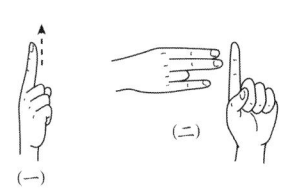

上标 shàngbiāo
（一）一手食指直立，向上一指。
（二）左手食指直立；右手打手指字母"ZH"的指式，指尖指向左手食指。

阴影 yīnyǐng
左手侧立；右手五指撮合，置于左手右上方，指尖对着左手张开，然后伸食指，指尖朝下，在左手背后下方划一半圆形，表示影子。

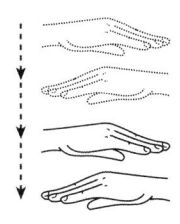

段落 duànluò
双手横伸，掌心向下，一上一下，同时向下一顿一顿移动几下。

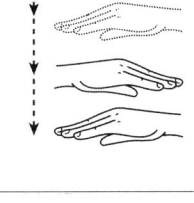

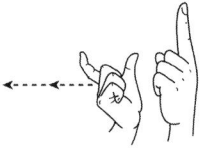

缩进 suōjìn
左手食指直立，手背向左；右手拇、食指张开，指尖朝上，虎口朝内，在左手旁向右一顿一顿移动两下。
（可根据实际表示缩进的状态）

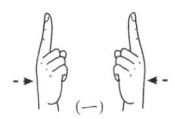
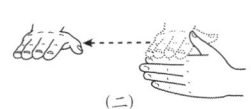

对齐 duìqí

（一）双手食指直立，指面左右相对，从两侧向中间微移一下。

（二）左手横立，掌心向内；右手平伸，掌心向下，沿左手食指外侧向右横划一下。

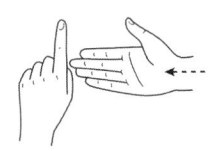

左对齐 zuǒduìqí

左手食指直立，手背向内；右手横立，掌心向内，向左移向左手食指。

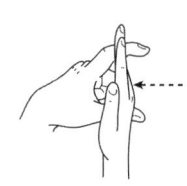

居中① jūzhōng①

左手拇、食指成"匚"形，虎口朝内；右手直立，掌心向左，从右向左移至左手"匚"形中间，表示水平居中。

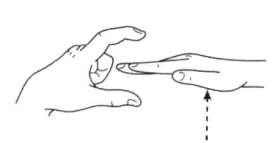

居中② jūzhōng②

左手拇、食指成"匚"形，虎口朝内；右手横伸，掌心向下，从下向上移至左手"匚"形中间，表示垂直居中。

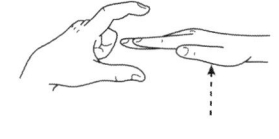

右对齐 yòuduìqí

右手食指直立，手背向内；左手横立，掌心向内，向右移向右手食指。

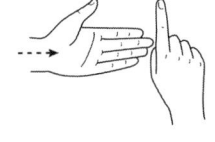

底纹 dǐwén

（一）左手横伸；右手伸食指，指尖朝上，指一下左手掌心。

（二）一手五指张开，掌心贴于胸部，从一侧向另一侧做曲线形移动。

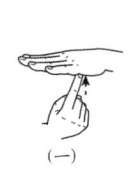
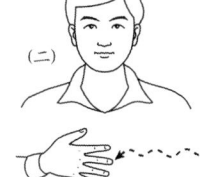

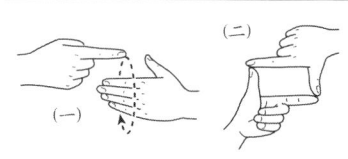

环绕方式 huánrào fāngshì

（一）左手横立，手背向外；右手食指横伸，手背向外，绕左手前后转动一圈。
（二）双手拇、食指搭成"□"形。
（三）一手拇、食指张开，指尖朝前，向一侧移动一下。

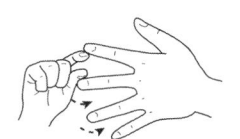

间距 jiānjù

左手横立，掌心向内，五指张开；右手拇、食指微张，指尖朝前，虎口朝左，插入左手食、中、无名、小指指缝间。
（可根据实际表示间距的状态）

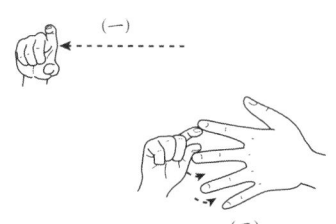

行距 hángjù

（一）一手拇、食指张开，指尖朝前，向一侧移动一下。
（二）左手横立，掌心向内，五指张开；右手拇、食指微张，指尖朝前，虎口朝左，插入左手食、中、无名、小指指缝间。

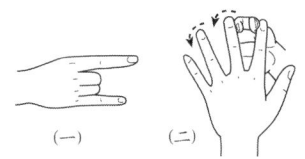

字间距 zìjiānjù

（一）一手打手指字母"Z"的指式。
（二）左手直立，掌心向内，五指张开；右手拇、食指微张，指尖朝前，虎口朝上，插入左手食、中、无名、小指指缝间。

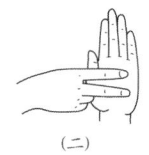

分隔符 fēngéfú

（一）左手直立，掌心向内；右手侧立，置于左手中、无名指指缝间，向两侧做分开的动作。
（二）左手直立，掌心向外；右手打手指字母"F"的指式，贴于左手掌心上。

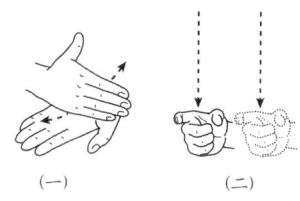

分栏 fēnlán

（一）左手横伸；右手侧立，置于左手掌心上，并左右拨动一下。
（二）一手拇、食指张开，指尖朝前，虎口朝上，从上向下、从左向右移动两下。

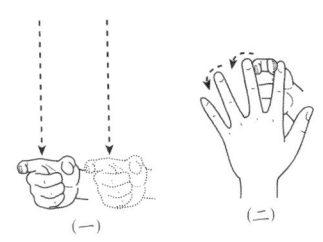

列间距　lièjiānjù

（一）一手拇、食指张开，指尖朝前，虎口朝上，从上向下、从左向右移动两下。

（二）左手直立，掌心向内，五指张开；右手拇、食指微张，指尖朝前，虎口朝上，插入左手食、中、无名、小指指缝间。

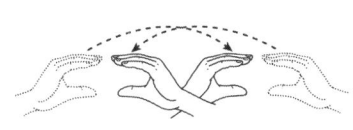

置换（替换）　zhìhuàn（tìhuàn）

双手五指成"⊏⊐"形，虎口朝内，然后左右交叉，互换位置。

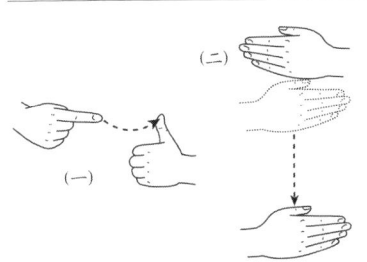

首页（起始页）　shǒuyè（qǐshǐyè）

（一）左手伸拇指；右手伸食指，碰一下左手拇指。

（二）双手横立，掌心向内，五指并拢，左手在上不动，右手向下移动一下。

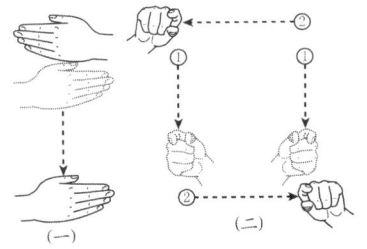

页边距　yèbiānjù

（一）双手横立，掌心向内，五指并拢，左手在上不动，右手向下移动一下。

（二）双手拇、食指微张，指尖朝前，虎口朝上，先同时从上向下移动，再一上一下，虎口朝向一左一右，同时向相反方向水平移动。

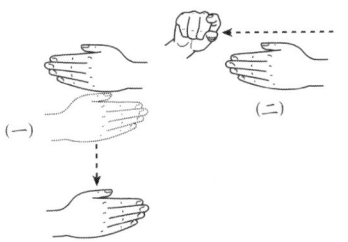

页眉　yéméi

（一）双手横立，掌心向内，五指并拢，左手在上不动，右手向下移动一下。

（二）左手横立，掌心向内，五指并拢；右手拇、食指微张，指尖朝前，在左手上方横划一下。

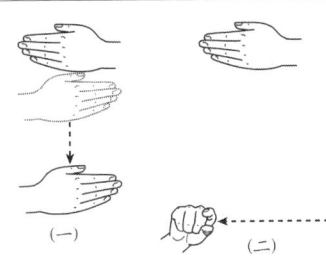

页脚　yèjiǎo

（一）双手横立，掌心向内，五指并拢，左手在上不动，右手向下移动一下。

（二）左手横立，掌心向内，五指并拢；右手拇、食指微张，指尖朝前，在左手下方横划一下。

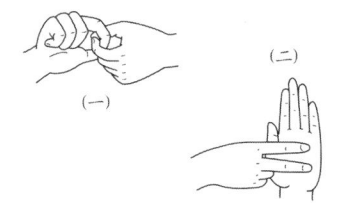

连接符 liánjiēfú

（一）双手拇、食指套环。
（二）左手直立，掌心向外；右手打手指字母"F"的指式，贴于左手掌心上。

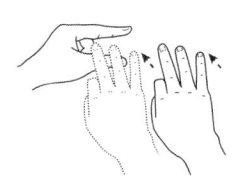

标注 biāozhù

左手拇、食指成"匚"形，虎口朝内；右手伸中、无名、小指，指尖朝前，手背向上，在左手"匚"形内边向右移动边点两下。

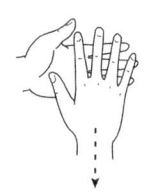

表格 biǎogé

双手五指张开，一横一竖搭成方格形，然后左手不动，右手向下移动。

视窗 shìchuāng

（一）一手食、中指分开，指尖朝前，手背向上，从眼部向前一指。
（二）双手拇、食指成"冂"形，置于身前。

窗口 chuāngkǒu

双手拇、食指成"冂"形，置于身前。

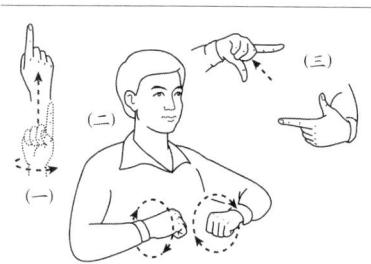

活动窗口 huódòng chuāngkǒu

（一）一手食指直立，边转动手腕边向上移动。
（二）双手握拳屈肘，前后交替转动两下。
（三）双手拇、食指成"冂"形，置于身前，左手不动，右手向右上方拉动一下。

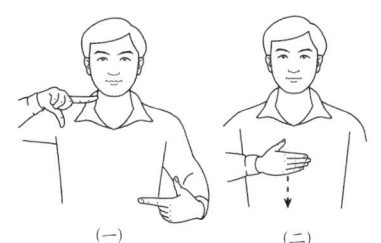

窗体 chuāngtǐ
（一）双手拇、食指成"⌐"形，置于身前。
（二）一手掌心贴于胸部，向下移动一下。

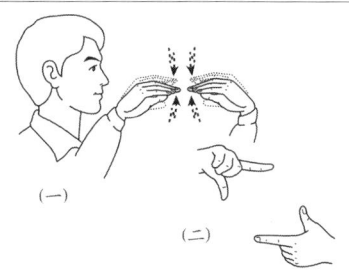

对话框 duìhuàkuàng
（一）双手五指撮合，指尖前后相对，同时做开合的动作。
（二）双手拇、食指成"⌐"形。

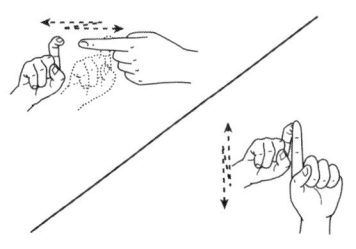

滚动条 gǔndòngtiáo
左手食指横伸，手背向外；右手食指弯曲，指尖抵于左手食指，然后向左右方向拉动，表示横向滚动条（表示纵向滚动条时，左手食指直立，手背向内；右手食指弯曲，指尖抵于左手食指，然后向上下方向拉动）。
（可根据实际决定右手食指的移动方向）

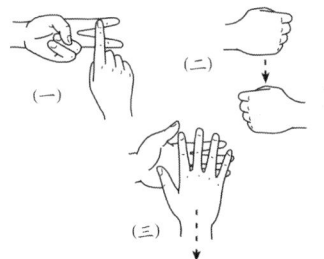

工作表 gōngzuòbiǎo
（一）左手食、中指与右手食指搭成"工"字形。
（二）双手握拳，一上一下，右拳向下砸一下左拳。
（三）双手五指张开，一横一竖搭成方格形，然后左手不动，右手向下移动。

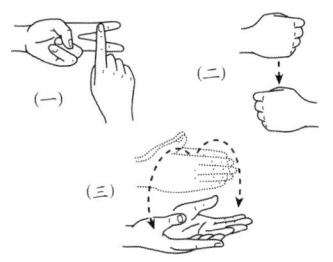

工作簿 gōngzuòbù
（一）左手食、中指与右手食指搭成"工"字形。
（二）双手握拳，一上一下，右拳向下砸一下左拳。
（三）双手侧立，掌心相贴，然后向两侧打开。

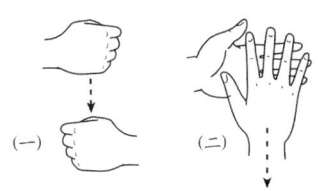

制表 zhìbiǎo
（一）双手握拳，一上一下，右拳向下砸一下左拳。
（二）双手五指张开，一横一竖搭成方格形，然后左手不动，右手向下移动。

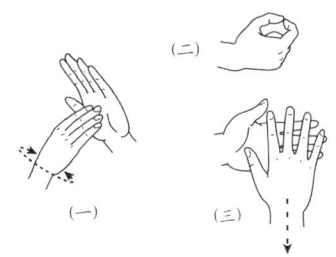

单元格　dānyuángé

（一）双手斜伸，右手指尖抵于左手掌心，并转动两下。
（二）一手拇、食指捏成圆形，虎口朝上。
（三）双手五指张开，一横一竖搭成方格形，然后左手不动，右手向下移动。

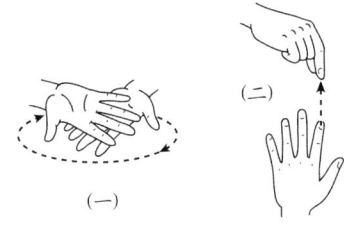

筛选　shāixuǎn

（一）双手五指张开，掌心向上，交叉相搭，平行转动两下。
（二）左手直立，掌心向内，五指张开；右手拇、食指捏一下左手食指，然后向上移动。

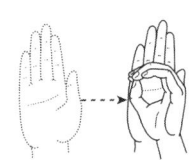

填充　tiánchōng

左手五指捏成圆形，虎口朝内；右手直立，掌心向外，五指并拢，在左手虎口处抹一下。

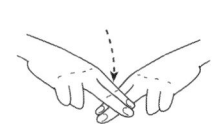

冻结　dòngjié

双手食、中指并拢，手背向上，左手不动，右手向下斜向搭在左手食、中指上。

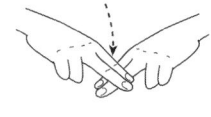

绘图（画图）　huìtú（huàtú）

左手横伸；右手五指撮合，指背在左手掌心上抹两下。

绘图区　huìtúqū

（一）左手横伸；右手五指撮合，指背在左手掌心上抹两下。
（二）左手拇、食指成"匚"形，虎口朝内；右手食、中指相叠，手背向内，置于左手"匚"形中，仿"区"字形。

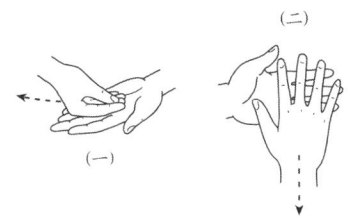

图表 túbiǎo

（一）左手横伸；右手五指撮合，指背在左手掌心上抹一下。
（二）双手五指张开，一横一竖搭成方格形，然后左手不动，右手向下移动。

直方图 zhífāngtú

（一）右手直立，掌心向左，向上移动一下。
（二）双手拇、食指搭成"□"形。
（三）左手横伸；右手五指撮合，指背在左手掌心上抹一下。

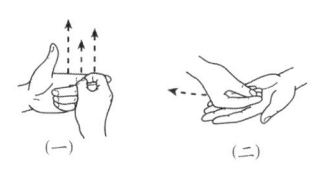

柱状图 zhùzhuàngtú

（一）左手伸拇、食指，食指尖朝右，手背向外；右手拇、食指捏成圆形，虎口朝上，在左手食指上边向右微移边向上移动几下。
（二）左手横伸；右手五指撮合，指背在左手掌心上抹一下。

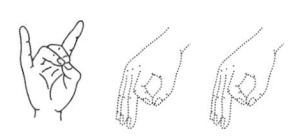

幻灯片（课件②、PPT） huàndēngpiàn (kèjiàn②)

一手连续打手指字母"P""P""T"的指式。
（可根据实际表示放幻灯片的动作）

放映 fàngyìng

左手五指成半圆形，虎口朝上；右手五指弯曲，指尖朝前，手腕碰两下左手虎口。

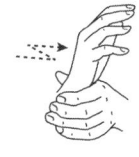

版式 bǎnshì

（一）左手平伸，掌心向上，在下；右手斜伸，手背向前上方，指尖抵于左手指尖，然后向下一按。
（二）双手拇、食指成"⌊⌋"形，置于脸颊两侧，上下交替动两下。

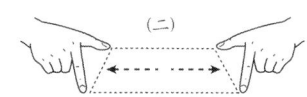

模板 múbǎn

（一）双手平伸，掌心相合，手背拱起，左右翻转两下。
（二）双手拇、食指张开，指尖朝下，虎口相对，从中间向两侧移动。

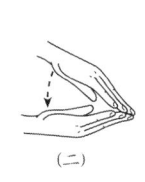

母版 mǔbǎn

（一）右手食指直立，指尖左侧贴在嘴唇上。
（二）左手平伸，掌心向上，在下；右手斜伸，手背向前上方，指尖抵于左手指尖，然后向下一按。

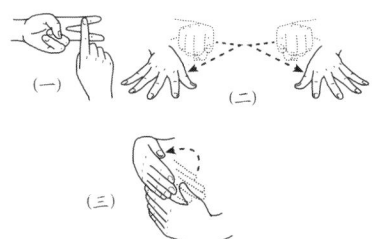

工具箱 gōngjùxiāng

（一）左手食、中指与右手食指搭成"工"字形。
（二）双手食指指尖朝前，手背向上，先互碰一下，再分开并张开五指。
（三）左手五指成"匚"形，虎口朝上；右手横伸，掌心向下，置于左手虎口上，然后向上翻动，如打开箱盖状。

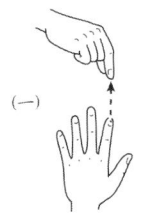
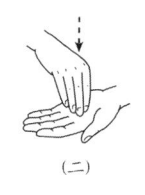

选定 xuǎndìng

（一）左手直立，掌心向内，五指张开；右手拇、食指捏一下左手食指，然后向上移动。
（二）左手横伸；右手五指撮合，指尖朝下，按向左手掌心。

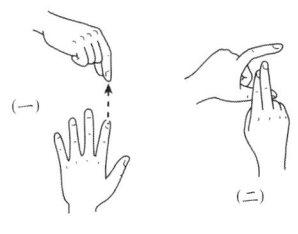

选区 xuǎnqū

（一）左手直立，掌心向内，五指张开；右手拇、食指捏一下左手食指，然后向上移动。
（二）左手拇、食指成"匚"形，虎口朝内；右手食、中指相叠，手背向内，置于左手"匚"形中，仿"区"字形。

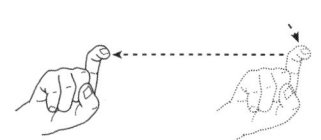

拖动 tuōdòng

一手食指弯曲，指尖朝前点一下，然后向一侧拉动。
（可根据实际表示拖动的动作）

平移 píngyí

双手并排直立,掌心向外,五指并拢,置于胸前,从一侧向另一侧移动。

(可根据实际表示平移的状态)

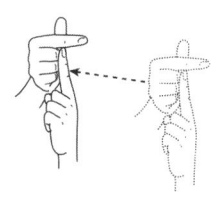

魔术棒 móshùbàng

左手食指直立;右手拇、食指搭成"十"字形,置于左手食指尖上,双手同时随意移动。

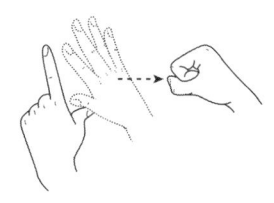

捕捉 bǔzhuō

左手拇、食指成"⌐"形,手背向内;右手直立,掌心向外,五指张开,边向内移动边握拳。

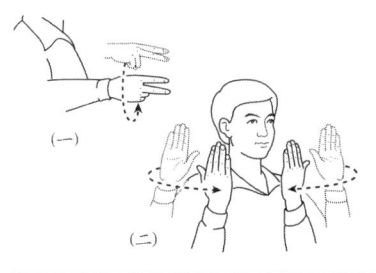

修复 xiūfù

(一)一手食、中指分开,指尖朝前,手背向上,手腕翻转一下。

(二)双手直立,掌心向外,然后边向前做弧形移动边翻转为掌心向内。

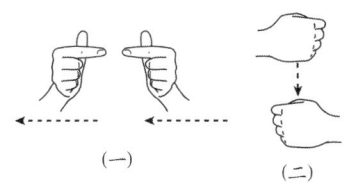

仿制 fǎngzhì

(一)双手拇、食指搭成"十"字形,同时向一侧移动一下。

(二)双手握拳,一上一下,右拳向下砸一下左拳。

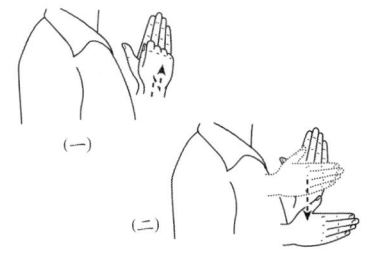

擦除 cāchú

(一)左手直立,掌心向右;右手虚握,在左手掌心上擦两下。

(二)左手直立,掌心向右;右手侧立,掌心贴于左手掌心,然后向下一抹。

渐变 jiànbiàn

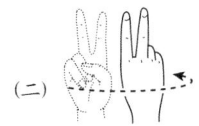

（一）一手食指横伸，拇指尖按于食指根部，然后向指尖方向移动至拇、食指相捏。

（二）一手食、中指直立分开，由掌心向外翻转为掌心向内。

过渡 guòdù

左手伸食指，指尖朝前；右手横立，掌心向内，置于左手食指根部，然后向指尖方向移动。

描边 miáobiān

左手横伸，掌心向下；右手如执铅笔状，沿左手五指做曲线形移动，如描边状。

轮廓线 lúnkuòxiàn

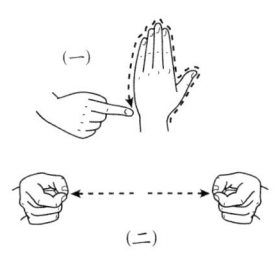

（一）左手直立，手背向外；右手伸食指，指尖朝前，沿左手五指轮廓移动。

（二）双手拇、食指相捏，虎口朝上，从中间向两侧拉开。

扭曲 niǔqū

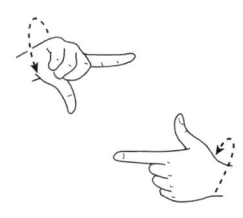

双手拇、食指成"⌒"形，分别向前后相反方向转动。

旋转❶ xuánzhuǎn ❶

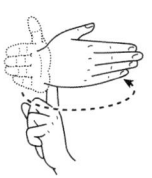

左手食指直立；右手食、中、无名、小指并拢，指尖朝前，手腕贴于左手食指，然后向左转腕，表示物体的平面旋转。

（可根据实际表示物体的旋转）

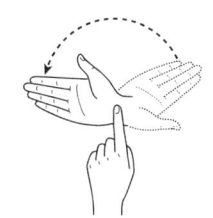

旋转❷　xuánzhuǎn ❷

左手食指直立；右手食、中、无名、小指并拢，指尖朝左，手腕贴于左手食指，然后向右转腕，表示物体的左右方向旋转（表示物体的前后方向旋转时，右手食、中、无名、小指并拢，指尖朝内，手腕贴于左手食指，然后向前转腕）。

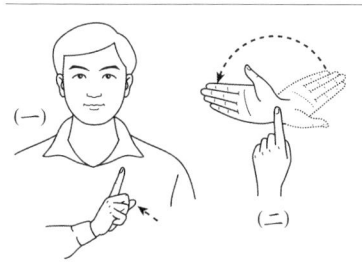

自旋　zìxuán

（一）右手食指直立，虎口朝内，贴向左胸部。
（二）左手食指直立；右手食、中、无名、小指并拢，指尖朝左，手腕贴于左手食指，然后向右转腕。

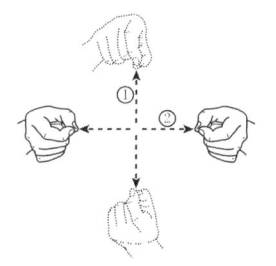

拉伸　lāshēn

双手拇、食指相捏，先上下再左右拉动。
（可根据实际表示拉伸的动作）

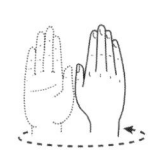

翻转　fānzhuǎn

一手直立，掌心向外，然后翻转为掌心向内。
（可根据实际表示翻转的动作）

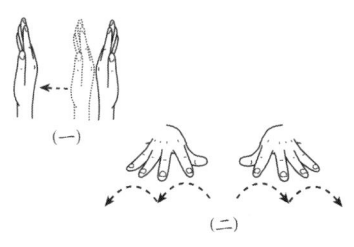

预设（预置）　yùshè（yùzhì）

（一）双手直立，手背前后相贴，左手在前不动，右手向后移动。
（二）双手五指张开，掌心向下，从中间向两侧按动两下。

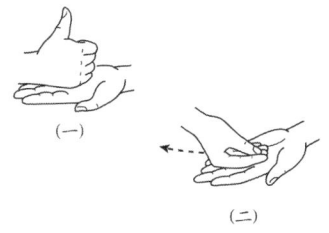

位图　wèitú

（一）左手横伸；右手伸拇指，置于左手掌心上。
（二）左手横伸；右手五指撮合，指背在左手掌心上抹一下。

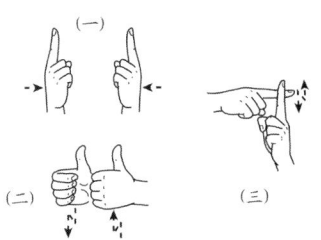

对比度 duìbǐdù
（一）双手食指直立，指面左右相对，从两侧向中间微移一下。
（二）双手伸拇指，上下交替动两下。
（三）左手食指直立；右手食指横贴在左手食指上，然后上下微动几下。

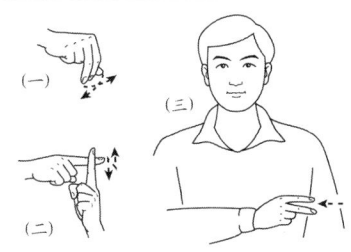

灰度值 huīdùzhí
（一）一手拇、食、中指相捏，指尖朝下，互捻几下。
（二）左手食指直立；右手食指横贴在左手食指上，然后上下微动几下。
（三）右手食、中指分开，手背向外，在左臂上向右横划一下。

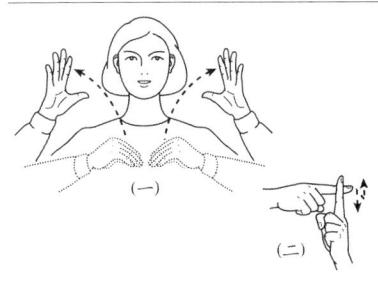

亮度 liàngdù
（一）双手五指撮合，手背向上，然后边向两侧上方移动边张开。
（二）左手食指直立；右手食指横贴在左手食指上，然后上下微动几下。

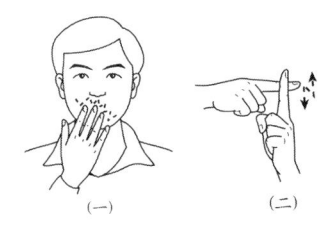

色度 sèdù
（一）一手直立，掌心向内，五指张开，在嘴唇部交替点动。
（二）左手食指直立；右手食指横贴在左手食指上，然后上下微动几下。

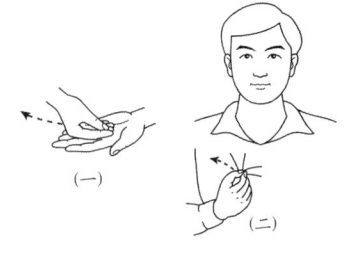

画布 huàbù
（一）左手横伸；右手五指撮合，指背在左手掌心上抹一下。
（二）一手拇、食指揪一下胸前衣服。

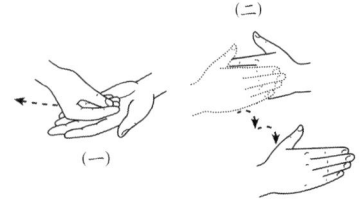

图层 túcéng
（一）左手横伸；右手五指撮合，指背在左手掌心上抹一下。
（二）双手横立，掌心向内，左手在后不动，右手边向前移动边向下切两下。

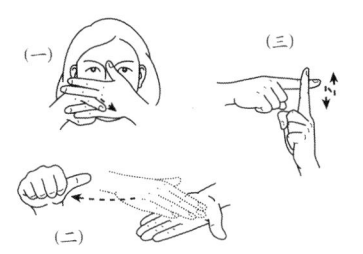

透明度 tòumíngdù

（一）左手横立，掌心向内；右手伸食指，指尖朝前，从左手中、无名指指缝间穿过。

（二）左手横伸；右手平伸，掌心向下，贴于左手掌心，边向左手指尖方向移动边食、中、无名、小指弯曲，指尖抵于掌心。

（三）左手食指直立；右手食指横贴在左手食指上，然后上下微动几下。

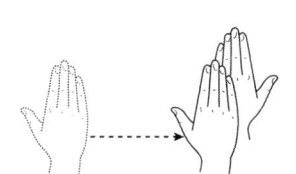

蒙版 méngbǎn

左手握拳，手背向外；右手直立，掌心向内，五指并拢，从一侧移至左手后。

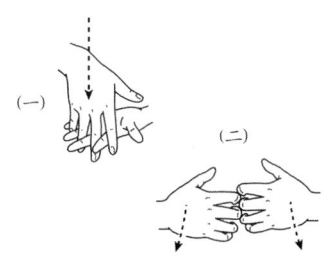

遮罩 zhēzhào

双手直立，掌心向内，左手在后不动，右手从右向左移至左手一半处停住。

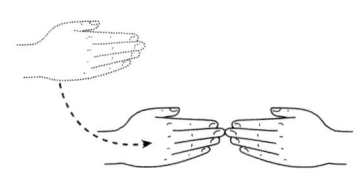

过滤器 guòlǜqì

（一）左手横伸，掌心向上，五指张开；右手五指张开，指尖朝下，插入左手各指指缝间。

（二）双手五指弯曲，食、中、无名、小指关节交错相触，向下转动一下。

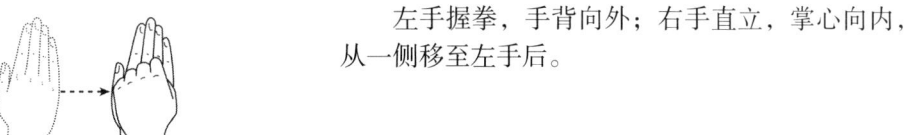

拼接 pīnjiē

双手横立，掌心向内，五指并拢，左手在下不动，右手从上向下移动，双手指尖相抵。

（可根据实际表示拼接的动作）

滤镜 lǜjìng

（一）双手五指张开，掌心向内，交叉相搭，在面前顺时针转动两下。

（二）一手直立，掌心向内，在面前晃动几下，如照镜子状。

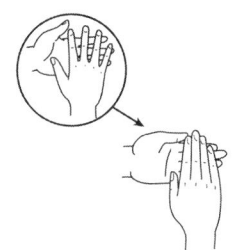

锐化 ruìhuà

双手五指张开,一横一竖搭成方格形,然后并拢。

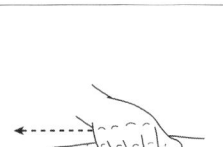

平滑 pínghuá

左手横伸;右手平伸,掌心向下,贴于左手背上,然后快速向左手指尖方向划动。

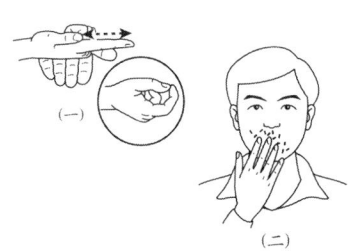

润色 rùnsè

(一)左手横伸;右手伸食指,指尖朝前,手背向下,置于左手掌心上,拇指在食指根部与食指尖之间来回移动,表示颜色变化由深到浅、由浅到深。
(二)一手直立,掌心向内,五指张开,在嘴唇部交替点动。

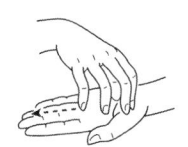

位移 wèiyí

左手横伸;右手五指弯曲,指尖朝下,从左手掌心移至指尖。
(可根据实际表示位移的动作)

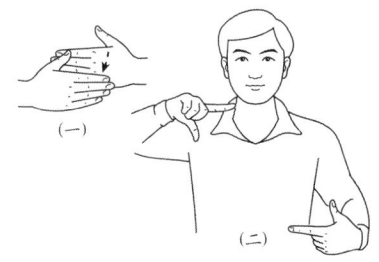

面板 miànbǎn

(一)左手横立,手背向外;右手摸一下左手背。
(二)双手拇、食指成"⊐"形,置于身前。

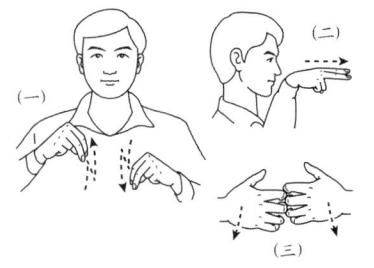

查看器 chákànqì

(一)双手拇、食、中指相捏,指尖朝下,上下交替动两下。
(二)一手食、中指分开,指尖朝前,手背向上,从眼部向前一指。
(三)双手五指弯曲,食、中、无名、小指关节交错相触,向下转动一下。

调色板 tiáosèbǎn

（一）双手五指撮合，指尖上下相对，交替平行转动两下。
（二）一手直立，掌心向内，五指张开，在嘴唇部交替点动。
（三）双手伸食指，指尖朝前，在面前划一个"囗"形。

前景色 qiánjǐngsè

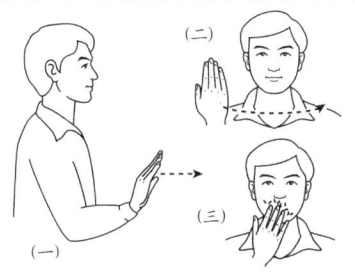

（一）一手直立，掌心向外，齐腰部向前移动一下。
（二）一手直立，掌心向内，从一侧向另一侧做弧形移动。
（三）一手直立，掌心向内，五指张开，在嘴唇部交替点动。

背景色 bèijǐngsè

（一）一手拍一下同侧背部。
（二）一手直立，掌心向内，从一侧向另一侧做弧形移动。
（三）一手直立，掌心向内，五指张开，在嘴唇部交替点动。

修饰 xiūshì

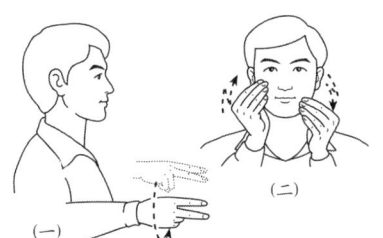

（一）一手食、中指分开，指尖朝前，手背向上，手腕翻转一下。
（二）双手五指撮合，在脸颊两侧交替做擦粉的动作。

点光源 diǎnguāngyuán

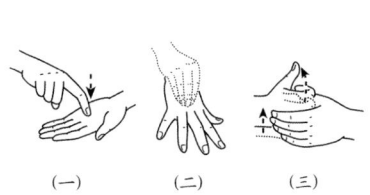

（一）左手横伸；右手伸食指，指尖朝下，在左手掌心上点一下。
（二）一手五指撮合，指尖朝下，然后张开。
（三）左手五指成半圆形，虎口朝上；右手拇、食指相捏，置于左手虎口内，然后边向上移动边弹出拇指。

光晕 guāngyùn

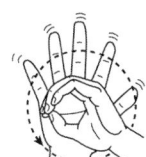

左手五指捏成圆形，虎口朝内；右手直立，掌心向外，五指张开，边晃动边绕左手转动一圈。

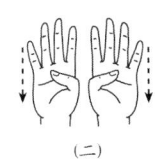

光栅 guāngshān

（一）一手五指撮合，指尖朝下，然后张开。
（二）双手拇指贴于掌心，其他四指直立分开，掌心向外，从上向下移动一下。

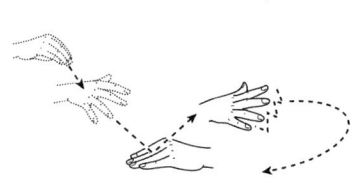

漫反射 mànfǎnshè

左手横伸，手背拱起；右手五指撮合，边从右上方向左手移动边张开，然后在左手指背上转腕，掌心向斜下方，边交替点动边向一侧做弧形移动。

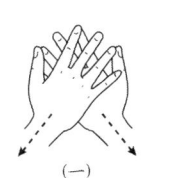 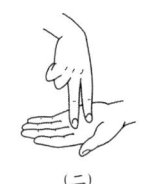

网站 wǎngzhàn

（一）双手五指张开，手背向外，交叉相搭，向两侧斜下方移动。
（二）左手横伸；右手食、中指分开，指尖朝下，立于左手掌心上。

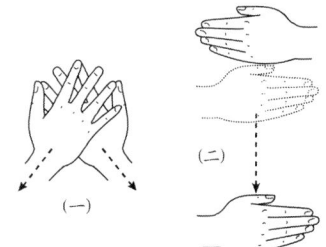

网页 wǎngyè

（一）双手五指张开，手背向外，交叉相搭，向两侧斜下方移动。
（二）双手横立，掌心向内，五指并拢，左手在上不动，右手向下移动一下。

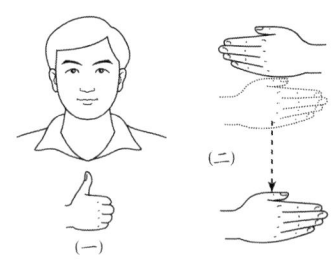

主页 zhǔyè

（一）一手伸拇指，贴于胸部。
（二）双手横立，掌心向内，五指并拢，左手在上不动，右手向下移动一下。

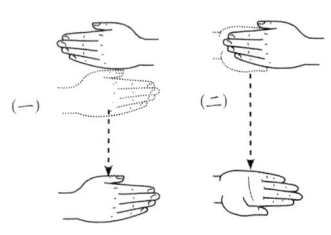

页面 yèmiàn

（一）双手横立，掌心向内，五指并拢，左手在上不动，右手向下移动一下。
（二）双手横立，掌心前后相贴，五指并拢，左手不动，右手向下移动一下。

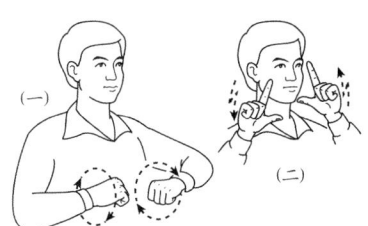

动态 dòngtài
（一）双手握拳屈肘，前后交替转动两下。
（二）双手拇、食指成"⌐ ⌐"形，置于脸颊两侧，上下交替动两下。

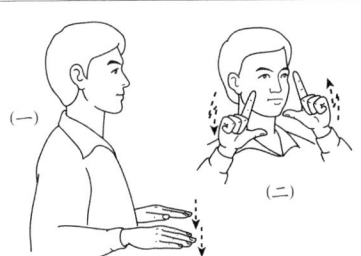

静态 jìngtài
（一）双手平伸，掌心向下，同时缓慢向下微按。
（二）双手拇、食指成"⌐ ⌐"形，置于脸颊两侧，上下交替动两下。

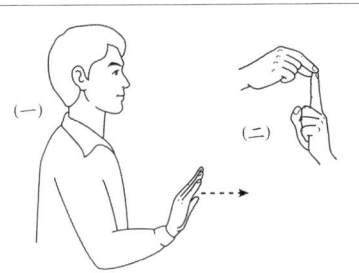

前端 qiánduān
（一）一手直立，掌心向外，齐腰部向前移动一下。
（二）左手食指直立；右手拇、食指捏住左手食指尖。

布局 bùjú
双手平伸，掌心向下，五指张开，前后交替移动两下。

框架 kuàngjià
（一）双手拇、食指成"⌐"形，置于身前。
（二）双手五指张开，指尖朝上，斜向交叉相搭。

定位 dìngwèi
（一）左手横伸；右手五指撮合，指尖朝下，按向左手掌心。
（二）左手横伸；右手伸拇指，置于左手掌心上。

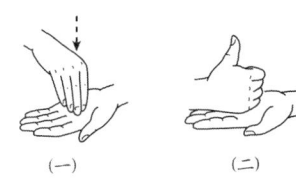

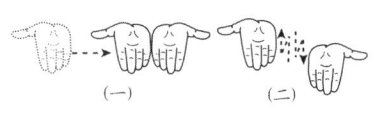
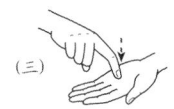

参考点 cānkǎodiǎn

（一）双手平伸，掌心向上，左手不动，右手移向左手并相碰。
（二）双手平伸，掌心向上，上下交替移动。
（三）左手横伸；右手伸食指，指尖朝下，在左手掌心上点一下。

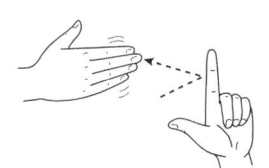

浮动 fúdòng

左手拇、食指成"⌐"形，手背向内；右手横立，手背向外，指尖碰一下左手食指，然后边微晃边向右上方移动，仿计算机处于屏幕保护时出现的浮动的图形。

导航 dǎoháng

左手握拳，手背向外；右手伸食指，在左手虎口上左右移动。

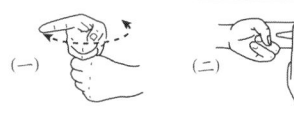

导航工具 dǎoháng gōngjù

（一）左手握拳，手背向外；右手伸食指，在左手虎口上左右移动。
（二）左手食、中指与右手食指搭成"工"字形。
（三）双手食指指尖朝前，手背向上，先互碰一下，再分开并张开五指。

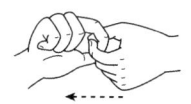

链接 liànjiē

双手拇、食指套环，向一侧移动。

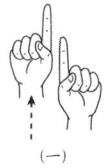
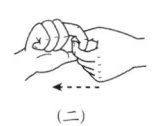

超链接 chāoliànjiē

（一）双手食指直立，掌心向外，左手不动，右手向上动一下。
（二）双手拇、食指套环，向一侧移动。

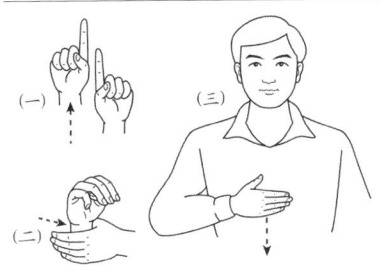

超媒体 chāoméitǐ
（一）双手食指直立，掌心向外，左手不动，右手向上动一下。
（二）左手五指成半圆形，虎口朝上；右手打手指字母"M"的指式，手腕碰一下左手虎口。
（三）一手掌心贴于胸部，向下移动一下。

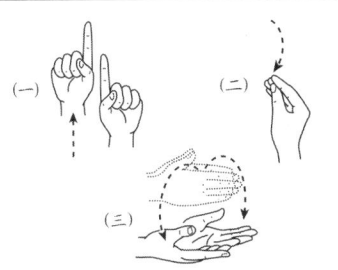

超文本 chāowénběn
（一）双手食指直立，掌心向外，左手不动，右手向上动一下。
（二）一手五指撮合，指尖朝前，撇动一下，如执毛笔写字状。
（三）双手侧立，掌心相贴，然后向两侧打开。

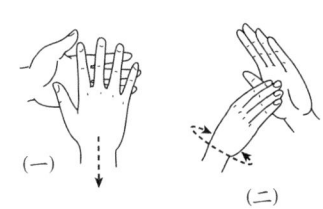

表单 biǎodān
（一）双手五指张开，一横一竖搭成方格形，然后左手不动，右手向下移动。
（二）双手斜伸，右手指尖抵于左手掌心，并转动两下。

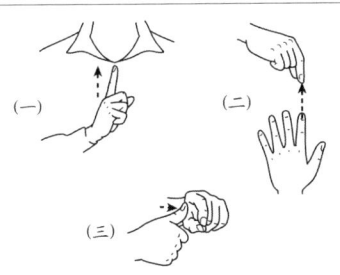

单选按钮 dānxuǎn ànniǔ
（一）一手食指直立，虎口贴于胸部，向上移动少许。
（二）左手直立，掌心向内，五指张开；右手拇、食指捏一下左手食指，然后向上移动。
（三）左手拇、食指捏成圆形，虎口朝右；右手伸拇指，朝左手虎口处按一下。

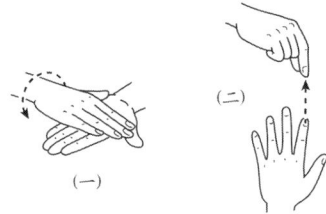

复选 fùxuǎn
（一）左手横伸；右手平伸，掌心向下，贴于左手掌心，然后翻转为掌心向上。
（二）左手直立，掌心向内，五指张开；右手拇、食指捏一下左手食指，然后向上移动。

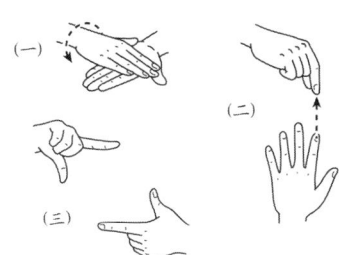

复选框 fùxuǎnkuàng
（一）左手横伸；右手平伸，掌心向下，贴于左手掌心，然后翻转为掌心向上。
（二）左手直立，掌心向内，五指张开；右手拇、食指捏一下左手食指，然后向上移动。
（三）双手拇、食指成"⌐"形。

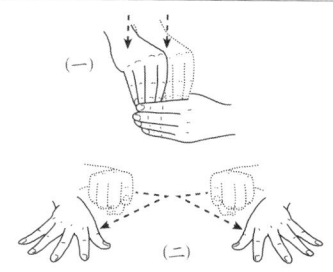

插件 chājiàn

（一）左手五指成"匚"形，虎口朝上；右手五指撮合，指尖朝下，朝左手虎口不同位置插两下，表示将计算机部件插到机槽中。

（二）双手食指指尖朝前，手背向上，先互碰一下，再分开并张开五指。

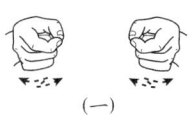

零件（部件） língjiàn (bùjiàn)

（一）双手拇、食指捏成圆形，虎口朝上，随意晃动几下。

（二）双手食指指尖朝前，手背向上，先互碰一下，再分开并张开五指。

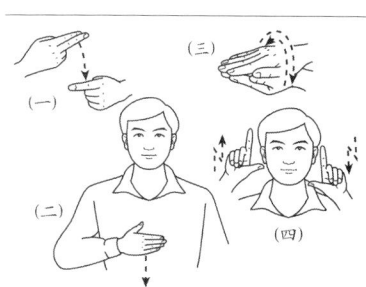

实体模型 shítǐ móxíng

（一）左手食指横伸；右手食、中指相叠，敲一下左手食指。

（二）一手掌心贴于胸部，向下移动一下。

（三）双手平伸，掌心相合，手背拱起，左右翻转两下。

（四）双手拇、食指成"⌐⌐"形，置于脸颊两侧，上下交替动两下。

横截面（截面） héngjiémiàn (jiémiàn)

（一）左手虚握，虎口朝上；右手横伸，掌心贴于左手虎口，用力向前一切。

（二）左手虚握，虎口朝上；右手横伸，掌心贴于左手虎口，平行转动一下。

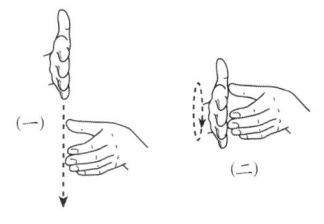

纵截面 zòngjiémiàn

（一）左手五指成半圆形，虎口朝上；右手侧立，在左手旁用力向下一切。

（二）左手五指成半圆形，虎口朝上；右手侧立，在左手旁前后转动一下。

图元 túyuán

（一）左手横伸；右手五指撮合，指背在左手掌心上抹一下。

（二）一手拇、食指捏成圆形，虎口朝上。

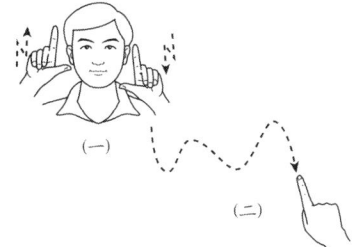

样条曲线　yàngtiáo qūxiàn
（一）双手拇、食指成"⌐⌐"形，置于脸颊两侧，上下交替动两下。
（二）一手伸食指，指尖朝前，从左向右划曲线。

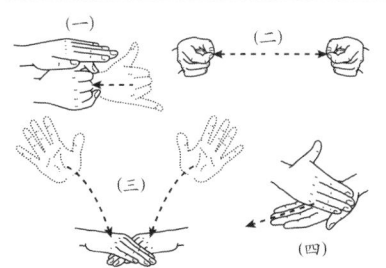

隐线消除　yǐnxiàn xiāochú
（一）左手平伸；右手拇、小指伸出，手背向右，边向左手掌心下移动边蜷曲。
（二）双手拇、食指相捏，虎口朝上，从中间向两侧拉开。
（三）双手五指张开，掌心向外，边交叉向下移动边撮合，右手掌压住左手背。
（四）左手横伸；右手侧立，置于左手掌心上，然后用力向左手指尖方向划动。

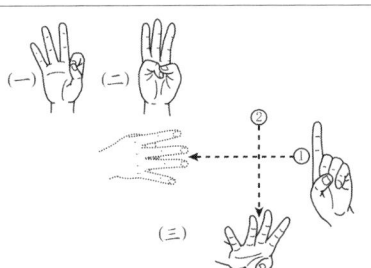

三维阵列　sānwéi zhènliè
（一）一手中、无名、小指直立分开，掌心向外。
（二）一手打手指字母"W"的指式。
（三）左手食指直立，掌心向外；右手横立，掌心向内，食、中、无名、小指分开，拇指弯回，在左手旁先横向移动一下，再指尖朝前上方，手背向上，纵向移动一下。
（可根据实际表示三维阵列的样式）

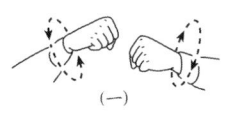
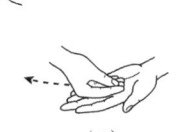

动画　dònghuà
（一）双手握拳屈肘，前后交替转动两下。
（二）左手横伸；右手五指撮合，指背在左手掌心上抹一下。

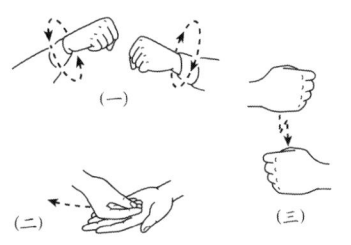

动画制作　dònghuà zhìzuò
（一）双手握拳屈肘，前后交替转动两下。
（二）左手横伸；右手五指撮合，指背在左手掌心上抹一下。
（三）双手握拳，一上一下，右拳向下砸两下左拳。

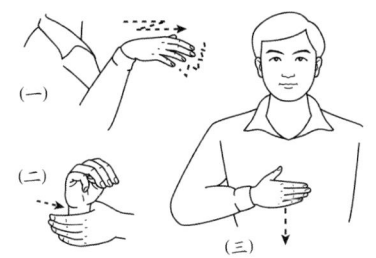

流媒体　liúméitǐ
（一）一手平伸，掌心向下，五指张开，边交替点动边向前移动两下。
（二）左手五指成半圆形，虎口朝上；右手打手指字母"M"的指式，手腕碰一下左手虎口。
（三）一手掌心贴于胸部，向下移动一下。

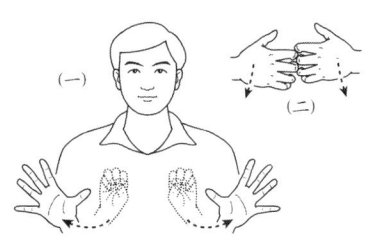

播放器 bōfàngqì

（一）双手五指撮合，指尖朝前，置于胸前，然后边向前移动边张开。

（二）双手五指弯曲，食、中、无名、小指关节交错相触，向下转动一下。

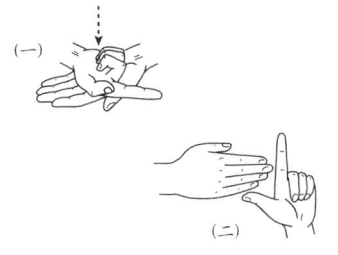

关键帧 guānjiànzhēn

（一）左手横伸；右手伸食指，拇指尖按于食指根部，手背向下，用力砸向左手掌心。

（二）左手拇、食指成"⌊"形，手背向内；右手横立，掌心向内，五指并拢，置于左手虎口处。

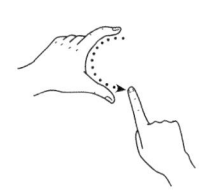

轨迹 guǐjì

左手拇、食指成半圆形，虎口朝内；右手伸食指，指尖朝前，边点动边从左手食指尖沿虎口移向拇指尖。

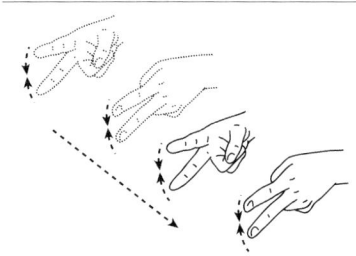

剪辑 jiǎnjí

双手食、中指分开，指尖朝前，边夹动边向一侧移动。

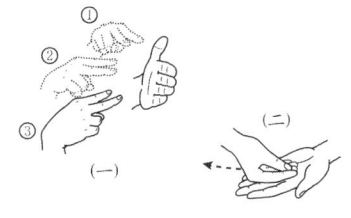

多视图 duōshìtú

（一）左手斜伸，掌心向斜后方；右手食、中指分开，指尖朝前，手背向上，从不同方向指向左手。

（二）左手横伸；右手五指撮合，指背在左手掌心上抹一下。

（可根据实际表示多视图）

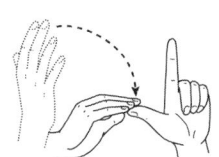

消隐 xiāoyǐn

左手拇、食指成"⌊"形，手背向内；右手直立，掌心向左，五指微曲，边向左手拇指移动边缓慢撮合。

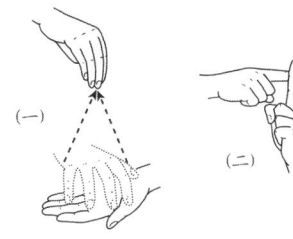

维度 wéidù
（一）左手横伸；右手五指张开，置于左手掌心上，然后边向上移动边撮合。
（二）左手食指直立；右手食指横贴在左手食指上，然后上下微动几下。

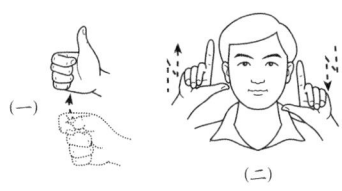

原型 yuánxíng
（一）一手拇、食指相捏，然后边向上移动边弹出拇指。
（二）双手拇、食指成"⌐ ⌐"形，置于脸颊两侧，上下交替动两下。

 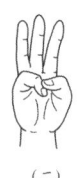

二维 èrwéi
（一）一手食、中指直立分开，掌心向外。
（二）一手打手指字母"W"的指式。

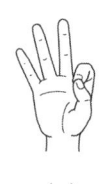 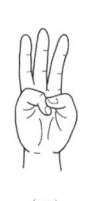

三维① sānwéi ①
（一）一手中、无名、小指直立分开，掌心向外。
（二）一手打手指字母"W"的指式。

三维②（3D） sānwéi ②
（一）一手中、无名、小指直立分开，掌心向外。
（二）一手打手指字母"D"的指式。

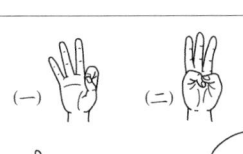
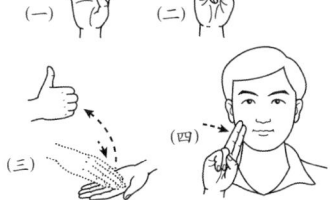

三维成像① sānwéi chéngxiàng ①
（一）一手中、无名、小指直立分开，掌心向外。
（二）一手打手指字母"W"的指式。
（三）左手横伸，掌心向上；右手先拍一下左手掌，再伸出拇指。
（四）一手食、中指直立并拢，掌心向斜前方，朝脸颊碰一下。

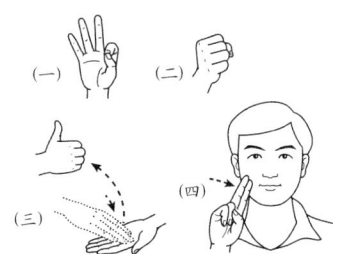

三维成像② sānwéi chéngxiàng ②
（一）一手中、无名、小指直立分开，掌心向外。
（二）一手打手指字母"D"的指式。
（三）左手横伸，掌心向上；右手先拍一下左手掌，再伸出拇指。
（四）一手食、中指直立并拢，掌心向斜前方，朝脸颊碰一下。

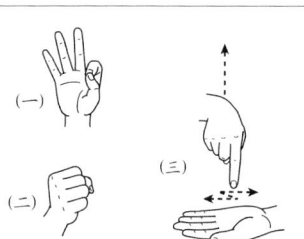

3D 打印（三维打印） 3D dǎyìn（sānwéi dǎyìn）
（一）一手中、无名、小指直立分开，掌心向外。
（二）一手打手指字母"D"的指式。
（三）左手横伸；右手伸食指，指尖朝下，在左手掌心上方边左右移动边向上移动。
（可根据实际表示 3D 打印的动作）

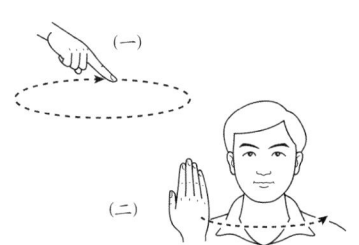

场景 chǎngjǐng
（一）一手伸食指，指尖朝下划一大圈。
（二）一手直立，掌心向内，从一侧向另一侧做弧形移动。

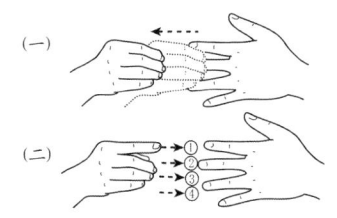

投影 tóuyǐng
（一）左手横立，手背向外，五指张开；右手五指弯曲，指尖朝左，边从左手指背向右移动边撮合。
（二）左手横立，手背向外，五指张开；右手五指撮合，手背向外，在左手旁依次伸出食、中、无名、小指。
（此手语表示数据库术语"投影"的意思）

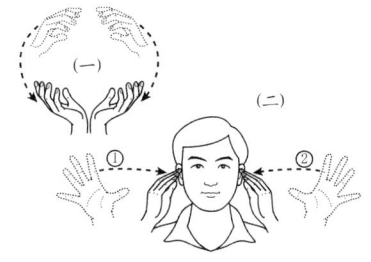

全息 quánxī
（一）双手五指微曲，指尖左右相对，然后向下做弧形移动，手腕靠拢。
（二）双手五指张开，掌心向外，边交替移向耳部边撮合，指尖抵于耳部。

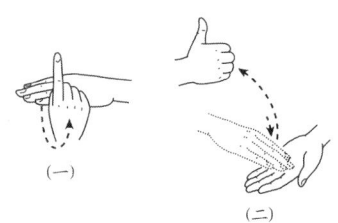

特效 tèxiào
（一）左手横伸，手背向上；右手伸食指，从左手小指外侧向上伸出。
（二）左手横伸，掌心向上；右手先拍一下左手掌，再伸出拇指。

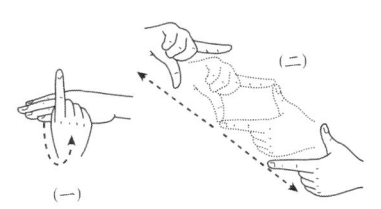

特写① tèxiě ①

（一）左手横伸，手背向上；右手伸食指，从左手小指外侧向上伸出。

（二）双手拇、食指搭成"⌐"形，从中间向两侧上下方移动，成"⌐"形。

（此手语表示将人或物的一部分特别放大的拍摄手法）

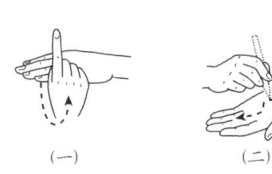

特写② tèxiě ②

（一）左手横伸，手背向上；右手伸食指，从左手小指外侧向上伸出。

（二）左手横伸；右手如执笔状，在左手掌心上做写字的动作。

（此手语表示写作手法）

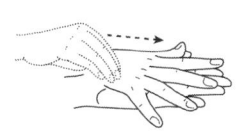

渲染 xuànrǎn

左手平伸，掌心向上；右手五指撮合，指尖朝前，置于左手腕，然后边向前移动边张开。

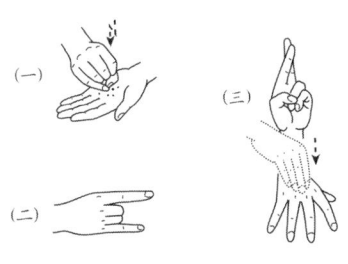

粒子系统 lìzǐ xìtǒng

（一）左手横伸；右手拇、小指相捏，指尖朝下，在左手掌心上点动两下。

（二）一手打手指字母"Z"的指式。

（三）左手打手指字母"X"的指式，在上不动；右手五指撮合，指尖朝下，边从左手腕向下移动边张开。

2. 程序设计

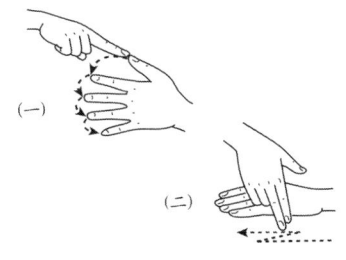

程序设计 chéngxù shèjì

（一）左手横立，掌心向内，五指张开；右手伸食指，从左手拇指依次向下点至小指。

（二）左手横伸，掌心向下；右手伸拇、食、中指，食、中指并拢，指尖朝下，沿左手小指外侧划动两下。

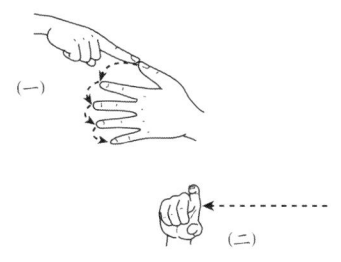

程序行　chéngxùháng

（一）左手横立，掌心向内，五指张开；右手伸食指，从左手拇指依次向下点至小指。

（二）一手拇、食指张开，指尖朝前，向一侧移动一下。

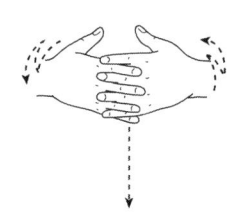

编程　biānchéng

双手斜立，五指交叉相搭，边交替扭动边向下移动。

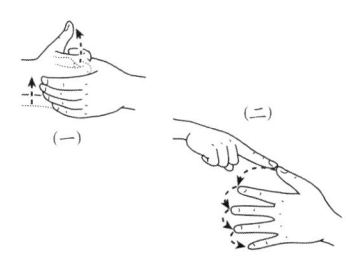

源程序　yuánchéngxù

（一）左手五指成半圆形，虎口朝上；右手拇、食指相捏，置于左手虎口内，然后边向上移动边弹出拇指。

（二）左手横立，掌心向内，五指张开；右手伸食指，从左手拇指依次向下点至小指。

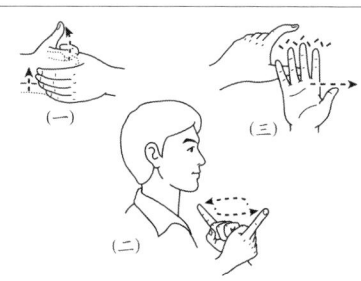

源代码　yuándàimǎ

（一）左手五指成半圆形，虎口朝上；右手拇、食指相捏，置于左手虎口内，然后边向上移动边弹出拇指。

（二）双手伸食指，手腕交叉相贴，然后前后转动，互换位置。

（三）左手拇、食指成"匚"形，虎口朝内；右手直立，手背向外，五指张开，在左手"匚"形内边连续点动边从左向右移动，表示一串数码。

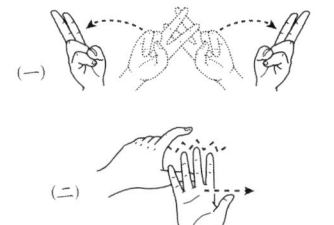

开源　kāiyuán

（一）双手食、中指分开，掌心向外，交叉搭成"开"字形，置于身前，然后向两侧打开，掌心向斜上方。

（二）左手拇、食指成"匚"形，虎口朝内；右手直立，手背向外，五指张开，在左手"匚"形内边连续点动边从左向右移动，表示一串数码。

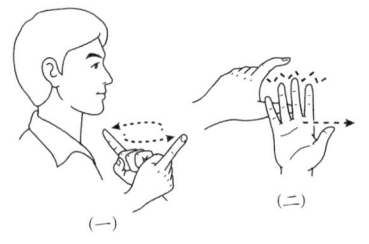

代码　dàimǎ

（一）双手伸食指，手腕交叉相贴，然后前后转动，互换位置。

（二）左手拇、食指成"匚"形，虎口朝内；右手直立，手背向外，五指张开，在左手"匚"形内边连续点动边从左向右移动，表示一串数码。

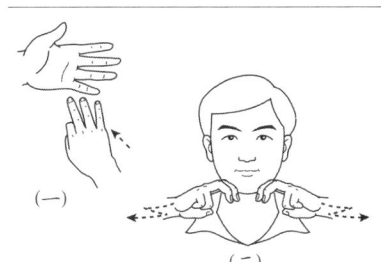

注释 zhùshì

（一）左手横立，掌心向内，五指张开；右手伸中、无名、小指，指尖朝前，手背向上，在左手下点一下。

（二）双手食、中指弯曲，手背向上，在嘴前同时从中间向两侧扒动两下。

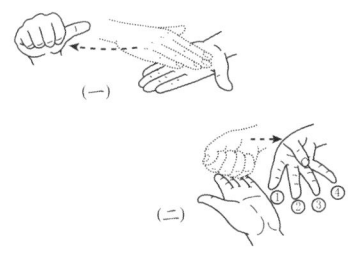

清单 qīngdān

（一）左手横伸；右手平伸，掌心向下，贴于左手掌心，边向左手指尖方向移动边食、中、无名、小指弯曲，指尖抵于掌心。

（二）左手斜伸，掌心向后上方；右手握拳，在左手掌心上边向后微移边依次伸出食、中、无名、小指。

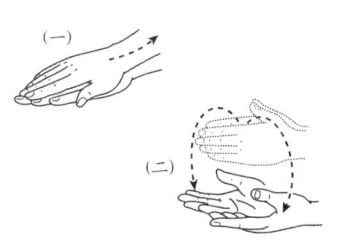

脚本 jiǎoběn

（一）双手平伸，手背向上，五指并拢，右手掌贴于左手背上，从前向后移动一下。

（二）双手侧立，掌心相贴，然后向两侧打开。

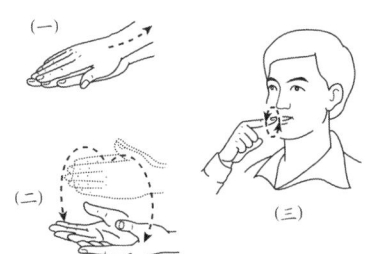

脚本语言 jiǎoběn yǔyán

（一）双手平伸，手背向上，五指并拢，右手掌贴于左手背上，从前向后移动一下。

（二）双手侧立，掌心相贴，然后向两侧打开。

（三）一手食指横伸，在嘴前前后转动两下。

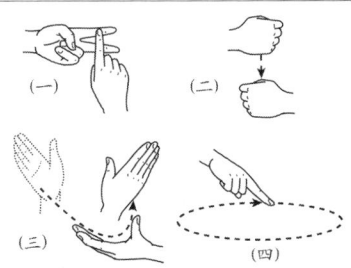

工作空间 gōngzuò kōngjiān

（一）左手食、中指与右手食指搭成"工"字形。

（二）双手握拳，一上一下，右拳向下砸一下左拳。

（三）左手斜伸，掌心向斜后方；右手食、中、无名、小指并拢，指尖朝前，小指外侧从右向左在左手虎口处刮一下。

（四）一手伸食指，指尖朝下划一大圈。

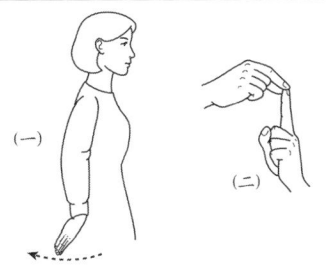

后端 hòuduān

（一）一手五指并拢，指尖朝下，向身后挥动一下。

（二）左手食指直立；右手拇、食指捏住左手食指尖。

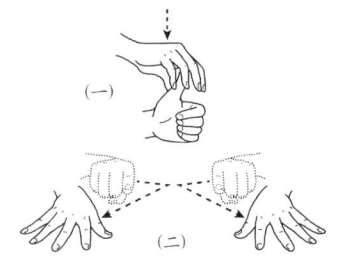

控件　kòngjiàn
（一）左手伸拇指；右手五指微曲，掌心向下，罩向左手拇指。
（二）双手食指指尖朝前，手背向上，先互碰一下，再分开并张开五指。

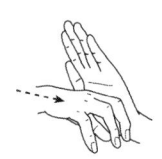

库　kù
左手斜伸，掌心向右下方；右手五指弯曲，指尖朝下，从后向前移入左手内。

例程　lìchéng
左手侧立，五指张开；右手打手指字母"L"的指式，从左手拇指转向左手小指。

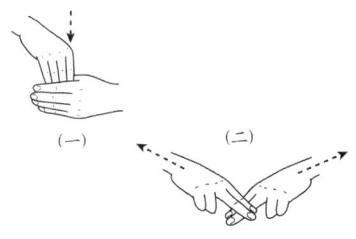

封装❶　fēngzhuāng ❶
（一）左手五指成"匚"形，虎口朝上；右手五指撮合，从上向下移入左手。
（二）双手食、中指并拢，手背向上，搭成"×"形，然后向两侧斜后方移动。

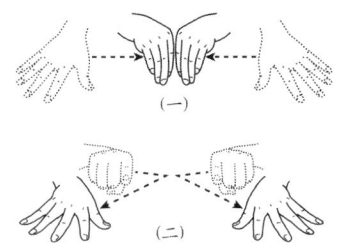

组件（构件）　zǔjiàn (gòujiàn)
（一）双手五指张开，指尖朝下，边从两侧向中间移动边撮合，表示把相关的零部件放在一起。
（二）双手食指指尖朝前，手背向上，先互碰一下，再分开并张开五指。

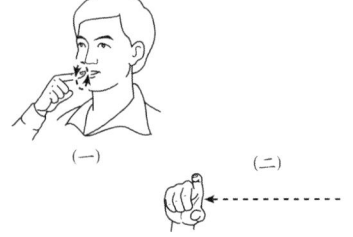

语句　yǔjù
（一）一手食指横伸，在嘴前前后转动两下。
（二）一手拇、食指张开，指尖朝前，向一侧移动一下。

三、软件开发　133

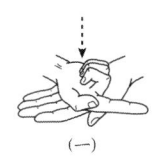 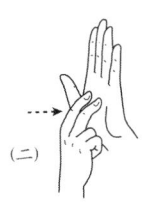

关键词　guānjiàncí
（一）左手横伸；右手伸食指，拇指尖按于食指根部，手背向下，用力砸向左手掌心。
（二）左手直立，掌心向外；右手食、中指弯曲，指尖朝内，点一下左手掌心。

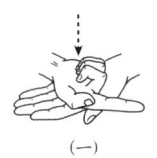 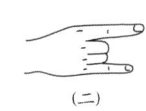

关键字　guānjiànzì
（一）左手横伸；右手伸食指，拇指尖按于食指根部，手背向下，用力砸向左手掌心。
（二）一手打手指字母"Z"的指式。

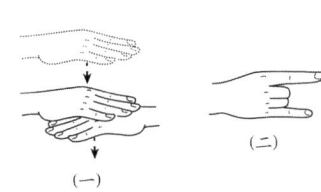

保留字　bǎoliúzì
（一）双手横伸，掌心向下，右手边拍一下左手背边向下一按。
（二）一手打手指字母"Z"的指式。

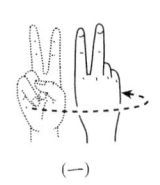 

变量　biànliàng
（一）一手食、中指直立分开，由掌心向外翻转为掌心向内。
（二）一手直立，掌心向内，五指张开，交替点动几下。

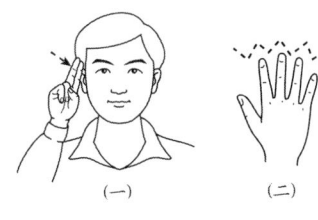

常量　chángliàng
（一）一手食、中指直立并拢，掌心向外，向太阳穴碰一下。
（二）一手直立，掌心向内，五指张开，交替点动几下。

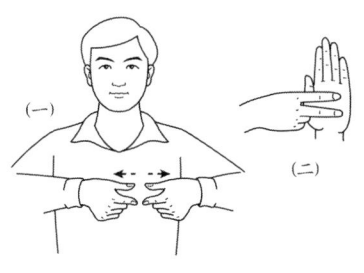

标识符　biāoshífú
（一）双手拇、食指张开，指尖朝内，虎口相对，在左胸部从中间向两侧移动少许距离，表示胸牌。
（二）左手直立，掌心向外；右手打手指字母"F"的指式，贴于左手掌心上。
（可根据实际表示标识符的样式）

声明 shēngmíng

（一）双手拇、食指成"┗┛"形，置于脸颊两侧，向前移动一下。

（二）左手横伸；右手平伸，掌心向下，贴于左手掌心，边向左手指尖方向移动边食、中、无名、小指弯曲，指尖抵于掌心。

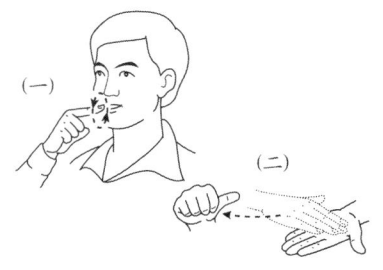

说明 shuōmíng

（一）一手食指横伸，在嘴前前后转动两下。

（二）左手横伸；右手平伸，掌心向下，贴于左手掌心，边向左手指尖方向移动边食、中、无名、小指弯曲，指尖抵于掌心。

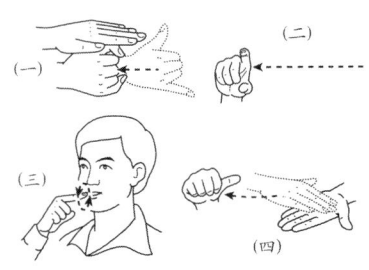

隐式说明 yǐnshì shuōmíng

（一）左手平伸；右手拇、小指伸出，手背向右，边向左手掌心下移动边蜷曲。

（二）一手拇、食指张开，指尖朝前，向一侧移动一下。

（三）一手食指横伸，在嘴前前后转动两下。

（四）左手横伸；右手平伸，掌心向下，贴于左手掌心，边向左手指尖方向移动边食、中、无名、小指弯曲，指尖抵于掌心。

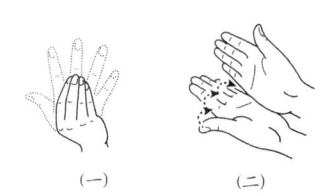

类型 lèixíng

（一）一手五指张开，指尖朝上，然后撮合。

（二）左手平伸；右手斜立于左手掌心上，然后向右一顿一顿做弧形移动。

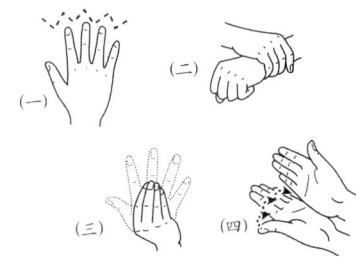

数据类型 shùjù lèixíng

（一）一手直立，掌心向内，五指张开，交替点动几下。

（二）左手握拳，手背向上；右手握住左手腕。

（三）一手五指张开，指尖朝上，然后撮合。

（四）左手平伸；右手斜立于左手掌心上，然后向右一顿一顿做弧形移动。

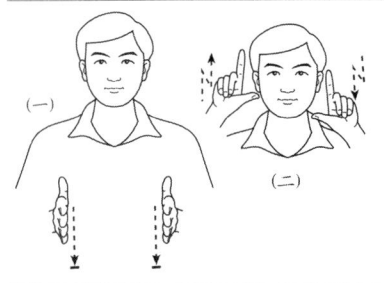

整型 zhěngxíng

（一）双手侧立，掌心相对，向下一顿。

（二）双手拇、食指成"┗┛"形，置于脸颊两侧，上下交替动两下。

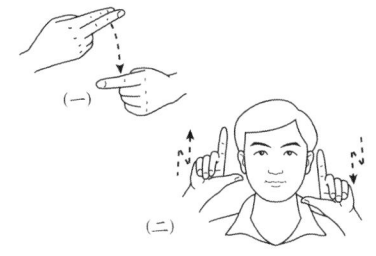

实型　shíxíng

（一）左手食指横伸；右手食、中指相叠，敲一下左手食指。
（二）双手拇、食指成"⌊ ⌋"形，置于脸颊两侧，上下交替动两下。

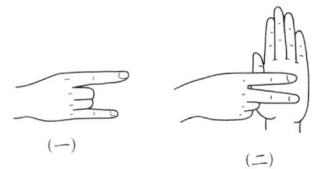

字符　zìfú

（一）一手打手指字母"Z"的指式。
（二）左手直立，掌心向外；右手打手指字母"F"的指式，贴于左手掌心上。

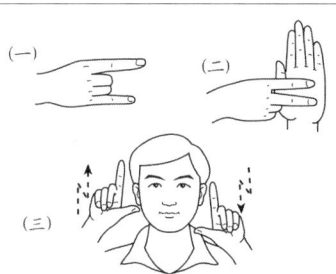

字符型　zìfúxíng

（一）一手打手指字母"Z"的指式。
（二）左手直立，掌心向外；右手打手指字母"F"的指式，贴于左手掌心上。
（三）双手拇、食指成"⌊ ⌋"形，置于脸颊两侧，上下交替动两下。

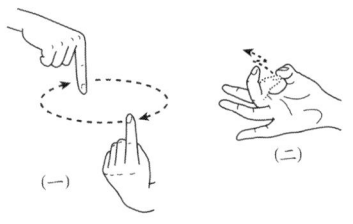

转义　zhuǎnyì

（一）双手伸食指，指尖上下相对，交替平行转动两圈。
（二）一手平伸，手背向下，拇、中指先相捏，然后弹动两下。

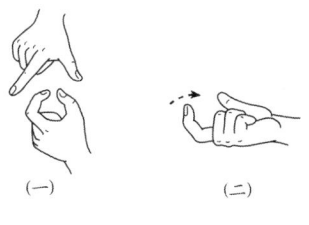

公有的　gōngyǒu·de

（一）双手拇、食指搭成"公"字形，虎口朝外。
（二）一手伸拇、食指，手背向下，拇指不动，食指向内弯动一下。

私有的　sīyǒu·de

（一）双手拇、中指相捏，虎口朝内，边碰向同侧胸部边张开。
（二）一手伸拇、食指，手背向下，拇指不动，食指向内弯动一下。

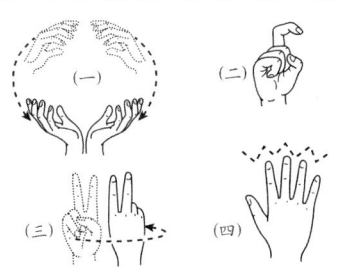

作用域 zuòyòngyù

（一）双手握拳，一上一下，右拳向下砸一下左拳。

（二）左手五指成"匚"形，虎口朝上；右手五指撮合，指尖朝下，从左手虎口内抽出。

（三）左手拇、食指成半圆形，虎口朝上；右手伸食指，指尖朝下，沿左手虎口划一圈。

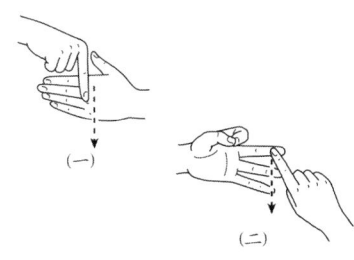

全局变量 quánjú biànliàng

（一）双手五指微曲，指尖左右相对，然后向下做弧形移动，手腕靠拢。

（二）一手打手指字母"J"的指式。

（三）一手食、中指直立分开，由掌心向外翻转为掌心向内。

（四）一手直立，掌心向内，五指张开，交替点动几下。

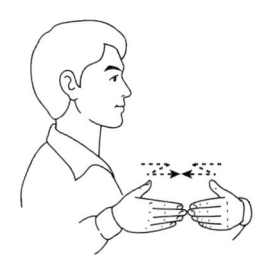

外部名 wàibùmíng

（一）左手横立；右手伸食指，指尖朝下，在左手背外向下指。

（二）左手中、无名、小指横伸分开，掌心向内；右手伸食指，自左手中指尖向下划动。

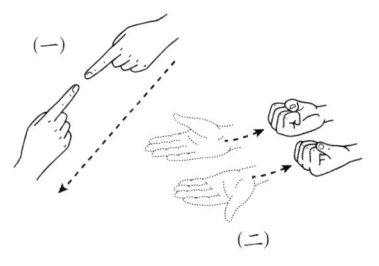

对象 duìxiàng

双手侧立，指尖相对，互碰两下。

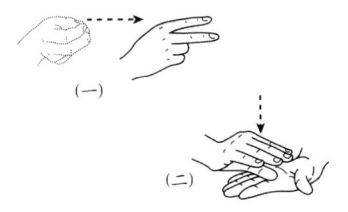

继承 jìchéng

（一）双手伸食指，指尖斜向相对，同时向斜下方移动。

（二）双手平伸，掌心向上，边向内移动边握拳。

重载 chóngzǎi

（一）右手拇、食、中指相捏，手背向外，边向左移动边伸出食、中指。

（二）左手横伸；右手五指成"冂"形，指尖朝前，从上向下移向左手掌心。

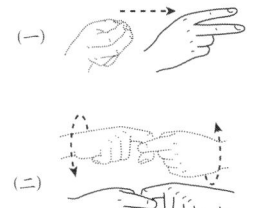

重构 chónggòu
（一）右手拇、食、中指相捏，手背向外，边向左移动边伸出食、中指。
（二）双手食指弯曲，互勾两下。

多义性 duōyìxìng
（一）一手侧立，五指张开，边抖动边向一侧移动，表示多。
（二）一手平伸，手背向下，拇、中指先相捏，然后弹动两下。
（三）左手食指直立；右手食、中指横伸，指背交替弹左手食指背。

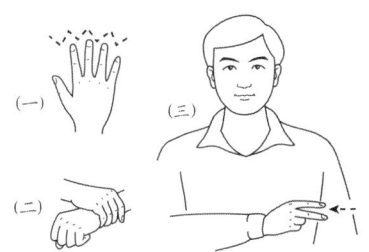

数据值 shùjùzhí
（一）一手直立，掌心向内，五指张开，交替点动几下。
（二）左手握拳，手背向上；右手握住左手腕。
（三）右手食、中指分开，手背向外，在左臂上向右横划一下。

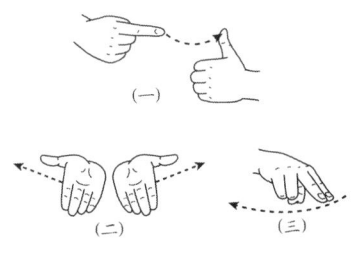

初始化 chūshǐhuà
（一）左手伸拇指；右手伸食指，碰一下左手拇指。
（二）双手斜伸，掌心向上，同时向两侧斜上方移动。
（三）一手打手指字母"H"的指式，指尖朝前斜下方，平行划动一下。

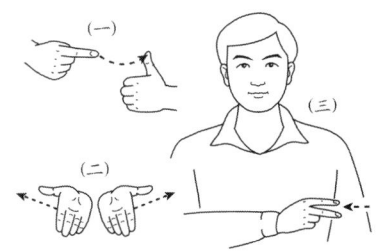

初始值 chūshǐzhí
（一）左手伸拇指；右手伸食指，碰一下左手拇指。
（二）双手斜伸，掌心向上，同时向两侧斜上方移动。
（三）右手食、中指分开，手背向外，在左臂上向右横划一下。

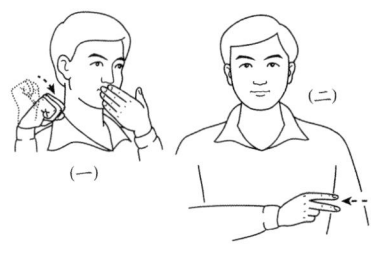

默认值（缺省值） mòrènzhí（quēshěngzhí）
（一）左手捂于嘴部；右手直立握拳，向前弯动一下。
（二）右手食、中指分开，手背向外，在左臂上向右横划一下。

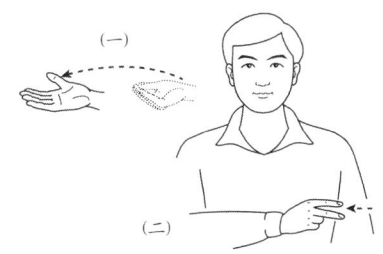

赋值 fùzhí

（一）一手五指撮合，掌心向上，边向外移动边变为手平伸，如给别人东西状。

（二）右手食、中指分开，手背向外，在左臂上向右横划一下。

复合 fùhé

（一）左手横伸；右手平伸，掌心向下，贴于左手掌心，然后翻转为掌心向上。

（二）双手直立，掌心左右相对，五指微曲，从两侧向中间移动。

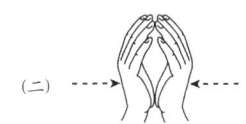

格式符 géshìfú

（一）双手五指张开，一横一竖搭成方格形，然后左手不动，右手向下移动。

（二）一手拇、食指张开，指尖朝前，向一侧移动一下。

（三）左手直立，掌心向外；右手打手指字母"F"的指式，贴于左手掌心上。

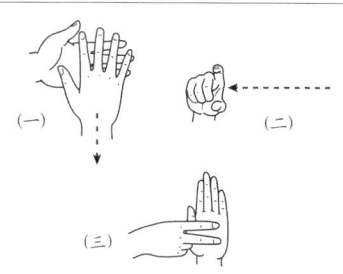

表达式 biǎodáshì

（一）双手拇、食指成"⌐⌐"形，置于脸颊两侧，向前移动一下。

（二）一手拇、食指张开，指尖朝前，向一侧移动一下。

判别式 pànbiéshì

（一）一手食、中指并拢，向下一挥。

（二）左手横伸；右手侧立，置于左手掌心上，手腕左右转动两下。

（三）一手拇、食指张开，指尖朝前，向一侧移动一下。

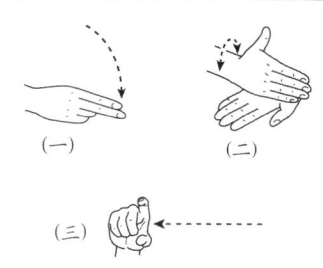

分支 fēnzhī

左手食、中指分开，指尖朝前，手背向上；右手伸食指，指尖朝下，从左手背移至食指根部，再沿食指向右移动。

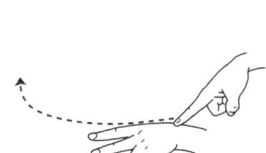

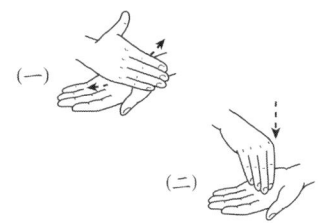

判定　pàndìng

（一）左手横伸；右手侧立，置于左手掌心上，并左右拨动两下。
（二）左手横伸；右手五指撮合，指尖朝下，按向左手掌心。

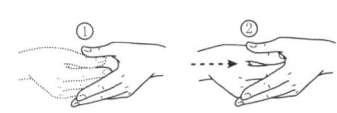

嵌套　qiàntào

左手五指成半圆形，虎口朝上；右手五指撮合，虎口朝上，卡在左手半圆形的空隙处，然后向左一插，指尖抵于左手掌心。

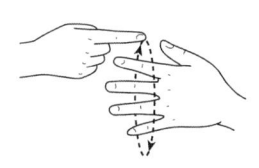

循环　xúnhuán

左手横立，手背向外，五指张开；右手食指横伸，手背向外，绕左手前后转动两圈。

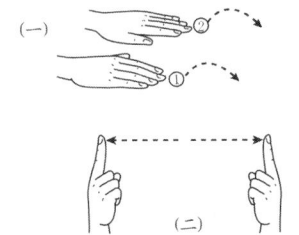

步长　bùcháng

（一）双手平伸，掌心向下，交替向前移动两下。
（二）双手食指直立，指面左右相对，从中间向两侧拉开。

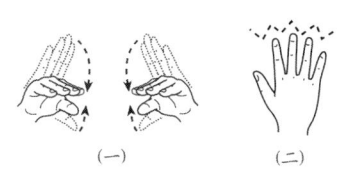

减量　jiǎnliàng

（一）双手直立，掌心向斜前方，拇指张开，其他四指向下弯动。
（二）一手直立，掌心向内，五指张开，交替点动几下。

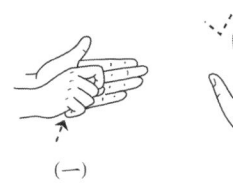

增量　zēngliàng

（一）左手侧立；右手拇、食指捏成圆形，虎口朝左，贴向左手掌心。
（二）一手直立，掌心向内，五指张开，交替点动几下。

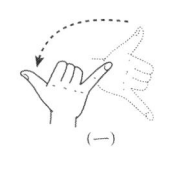 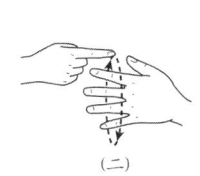

死循环 sǐxúnhuán

（一）右手伸拇、小指，先直立，再向右转腕。
（二）左手横立，手背向外，五指张开；右手食指横伸，手背向外，绕左手前后转动两圈。

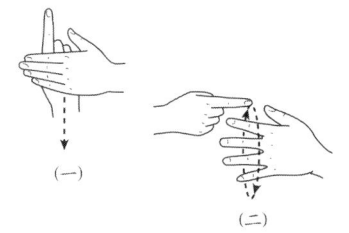

内循环 nèixúnhuán

（一）左手横立；右手食指直立，在左手掌心内从上向下移动。
（二）左手横立，手背向外，五指张开；右手食指横伸，手背向外，绕左手前后转动两圈。

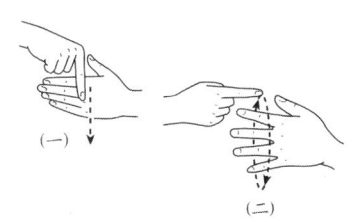

外循环 wàixúnhuán

（一）左手横立；右手伸食指，指尖朝下，在左手背外向下指。
（二）左手横立，手背向外，五指张开；右手食指横伸，手背向外，绕左手前后转动两圈。

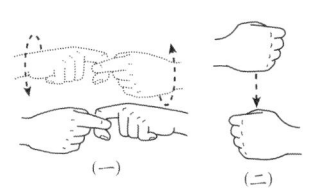

构造 gòuzào

（一）双手食指弯曲，互勾两下。
（二）双手握拳，一上一下，右拳向下砸一下左拳。

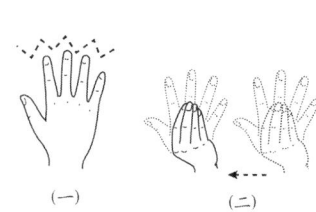

数组 shùzǔ

（一）一手直立，掌心向内，五指张开，交替点动几下。
（二）一手五指张开，指尖朝上，然后撮合，再移向一侧，重复一次。

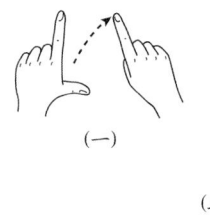

函数 hánshù

（一）左手拇、食指成"⌐"形，手背向内；右手伸食指，从左手虎口旁向右上方做弧形移动。
（二）一手直立，掌心向内，五指张开，交替点动几下。

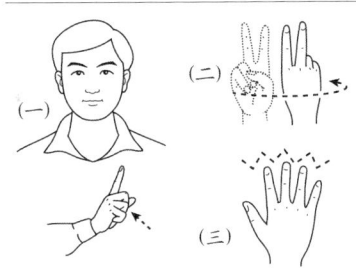

自变量（变元） zìbiànliàng（biànyuán）
（一）右手食指直立，虎口朝内，贴向左胸部。
（二）一手食、中指直立分开，由掌心向外翻转为掌心向内。
（三）一手直立，掌心向内，五指张开，交替点动几下。

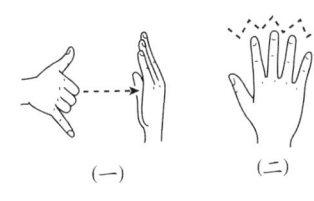

参数 cānshù
（一）左手直立，掌心向右；右手伸拇、小指，手背向外，移至左手掌心。
（二）一手直立，掌心向内，五指张开，交替点动几下。

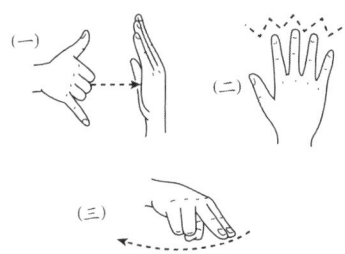

参数化 cānshùhuà
（一）左手直立，掌心向右；右手伸拇、小指，手背向外，移至左手掌心。
（二）一手直立，掌心向内，五指张开，交替点动几下。
（三）一手打手指字母"H"的指式，指尖朝前斜下方，平行划动一下。

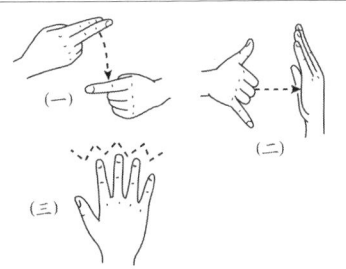

实在参数 shízài cānshù
（一）左手食指横伸；右手食、中指相叠，敲一下左手食指。
（二）左手直立，掌心向右；右手伸拇、小指，手背向外，移至左手掌心。
（三）一手直立，掌心向内，五指张开，交替点动几下。

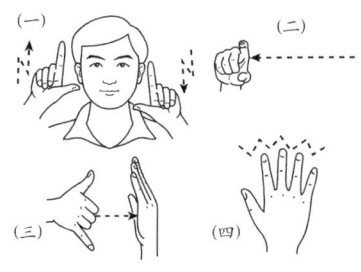

形式参数 xíngshì cānshù
（一）双手拇、食指成"⌐"形，置于脸颊两侧，上下交替动两下。
（二）一手拇、食指张开，指尖朝前，向一侧移动一下。
（三）左手直立，掌心向右；右手伸拇、小指，手背向外，移至左手掌心。
（四）一手直立，掌心向内，五指张开，交替点动几下。

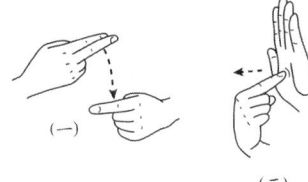

实例 shílì
（一）左手食指横伸；右手食、中指相叠，敲一下左手食指。
（二）左手直立，掌心向前；右手伸食指，抵于左手掌心，双手同时向前移动一下。

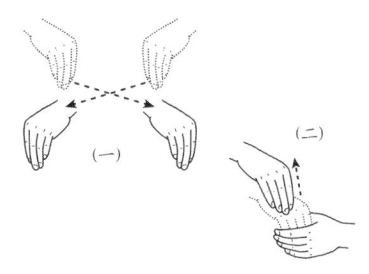

调用　diàoyòng
（一）双手五指撮合，指尖朝下，然后手腕交叉，互换位置。
（二）左手五指成"匚"形，虎口朝上；右手五指撮合，指尖朝下，从左手虎口内抽出。

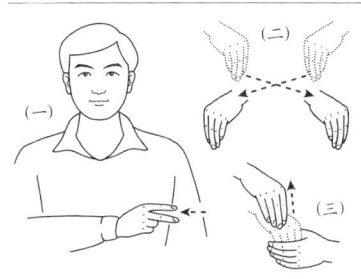

值调用　zhídiàoyòng
（一）右手食、中指分开，手背向外，在左臂上向右横划一下。
（二）双手五指撮合，指尖朝下，然后手腕交叉，互换位置。
（三）左手五指成"匚"形，虎口朝上；右手五指撮合，指尖朝下，从左手虎口内抽出。

指针　zhǐzhēn
左手拇、食指捏成圆形，虎口朝上；右手伸食指，指尖朝前，置于左手圆形上，左右转动两下。

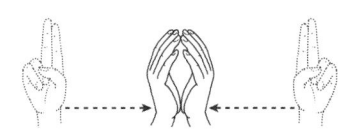

宏　hóng
双手打手指字母"H"的指式，然后五指微曲，掌心左右相对，从两侧向中间移动。

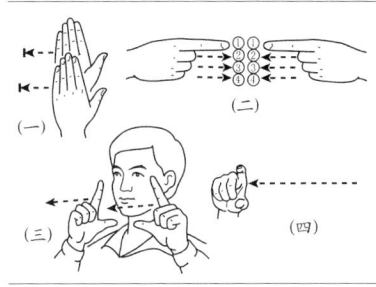

正则表达式　zhèngzé biǎodáshì
（一）双手直立，掌心左右相对，向前一顿。
（二）双手握拳，手背向外，虎口朝上，同时依次伸出食、中、无名、小指。
（三）双手拇、食指成"凵"形，置于脸颊两侧，向前移动一下。
（四）一手拇、食指张开，指尖朝前，向一侧移动一下。

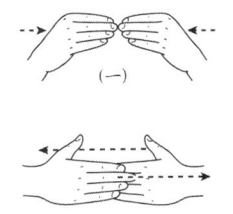

匹配　pǐpèi
（一）双手五指撮合，手背向外，指尖互碰一下。
（二）双手横立，掌心向内，指尖相对，从两侧向中间交错移动至双手相叠。

三、软件开发　143

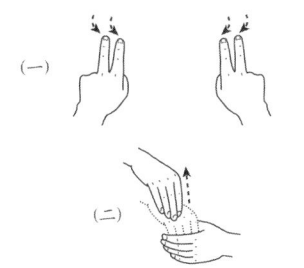

引用　yǐnyòng

（一）双手伸食、中指，指尖朝前，同时手腕向内微转，仿双引号的形状。

（二）左手五指成"⊏"形，虎口朝上；右手五指撮合，指尖朝下，从左手虎口内抽出。

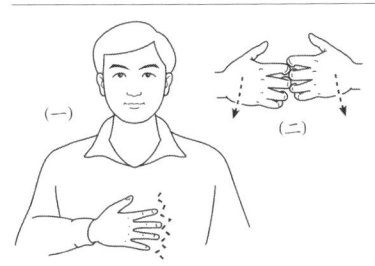

随机　suíjī

（一）一手横立，掌心向内，五指张开，在胸前交替点动几下。

（二）双手五指弯曲，食、中、无名、小指关节交错相触，向下转动一下。

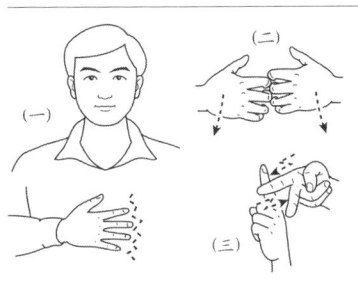

随机性　suíjīxìng

（一）一手横立，掌心向内，五指张开，在胸前交替点动几下。

（二）双手五指弯曲，食、中、无名、小指关节交错相触，向下转动一下。

（三）左手食指直立；右手食、中指横伸，指背交替弹左手食指背。

跟踪　gēnzōng

双手伸拇、小指，一前一后，同时向前做曲线形移动。

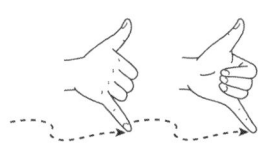

追踪　zhuīzōng

双手伸食指，指尖朝前，一前一后，同时向前做曲线形移动。

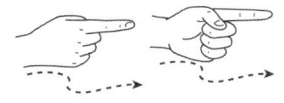

警告　jǐnggào

左手食指直立；右手五指微曲，指尖朝下，置于左手上，双手同时用力向前一顿，面露严肃的表情。

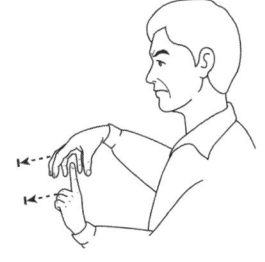

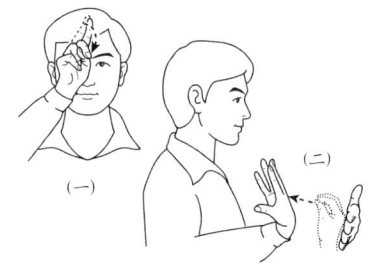

报错 bàocuò

（一）一手食、中指直立相叠，掌心向外，置于前额，中指向下弯动一下。

（二）左手横立，掌心向内；右手五指撮合，指尖朝内，置于左手后，边向内移动边张开。

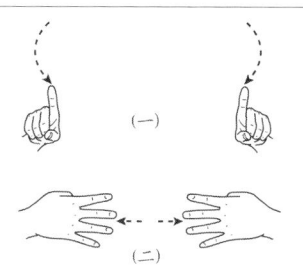

矩阵 jǔzhèn

（一）双手伸食指，指尖朝前，书空"( )"形。

（二）双手横立，掌心向内，食、中、无名、小指分开，拇指弯回，从中间向两侧拉开。

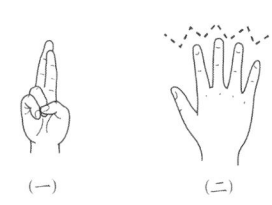

系数 xìshù

（一）一手打手指字母"X"的指式。

（二）一手直立，掌心向内，五指张开，交替点动几下。

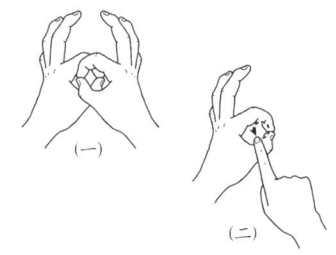

交集 jiāojí

（一）双手拇、食指捏成圆形，虎口朝内，左右交错相搭，其他三指伸出。

（二）左手拇、食指捏成圆形，虎口朝内，其他三指伸出；右手伸食指，指尖朝前，在左手拇、食指处划一圈，表示两个圆形重叠的地方是交集。

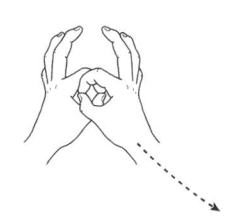

差集 chājí

双手拇、食指捏成圆形，虎口朝内，左右交错相搭，其他三指伸出，然后左手不动，右手向斜下方移出。

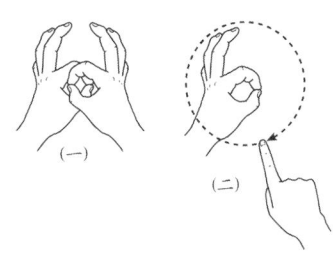

并集 bìngjí

（一）双手拇、食指捏成圆形，虎口朝内，左右交错相搭，其他三指伸出。

（二）左手拇、食指捏成圆形，虎口朝内，其他三指伸出；右手伸食指，指尖朝前，绕左手划一大圈，表示左右交错相搭的两个圆形是并集。

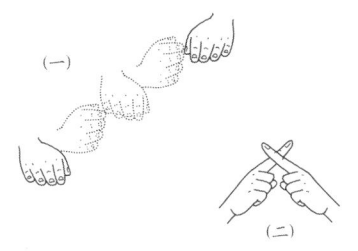

阶乘 jiēchéng

（一）左手平伸，掌心向下；右手侧立，置于左手边，然后连续做横折的动作，仿台阶形状。

（二）双手食指交叉相搭，指尖朝上，仿乘号形状。

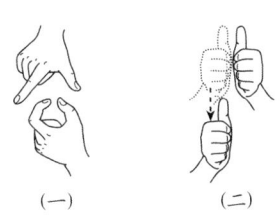

公差 gōngchā

（一）双手拇、食指搭成"公"字形，虎口朝外。

（二）双手伸拇指，左手不动，右手向下移动一下。

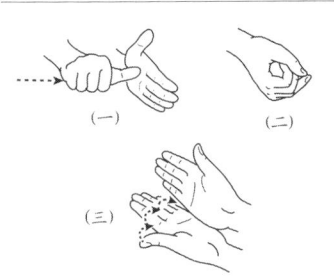

最小项 zuìxiǎoxiàng

（一）左手侧立；右手伸拇指，手背向上，顶向左手掌心。

（二）一手拇、小指相捏，指尖朝上。

（三）左手平伸；右手斜立于左手掌心上，然后向右一顿一顿做弧形移动。

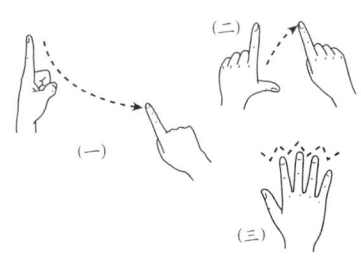

单调函数 dāndiào hánshù

（一）左手食指直立，指面向右；右手伸食指，在左手食指旁向右下方做弧形移动。

（二）左手拇、食指成"⌐"形，手背向内；右手伸食指，从左手虎口旁向右上方做弧形移动。

（三）一手直立，掌心向内，五指张开，交替点动几下。

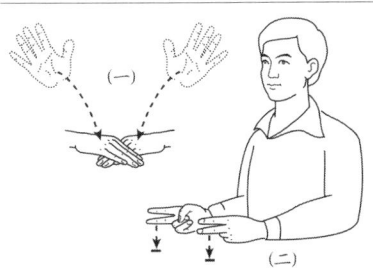

消去法 xiāoqùfǎ

（一）双手五指张开，掌心向外，边交叉向下移动边撮合，右手掌压住左手背。

（二）双手打手指字母"F"的指式，指尖朝前，向下一顿。

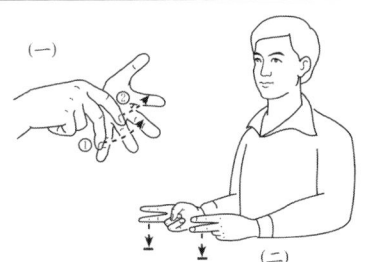

梯度法 tīdùfǎ

（一）左手斜伸，掌心向后上方，五指张开；右手食、中指分开，指尖朝下，从左手小指交替向上移动，如登楼梯状。

（二）双手打手指字母"F"的指式，指尖朝前，向下一顿。

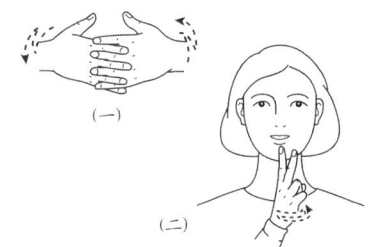

编译　biānyì
（一）双手斜立，五指交叉相搭，交替扭动两下。
（二）右手食、中指直立分开，食指尖外侧贴于下唇，然后向左转动90度，手背向外，重复一次，表示将一种语言译成另一种语言。

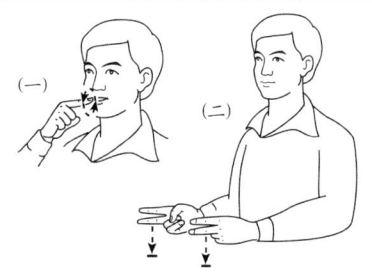

语法　yǔfǎ
（一）一手食指横伸，在嘴前前后转动两下。
（二）双手打手指字母"F"的指式，指尖朝前，向下一顿。

语义　yǔyì
（一）一手食指横伸，在嘴前前后转动两下。
（二）一手平伸，手背向下，拇、中指先相捏，然后弹动两下。

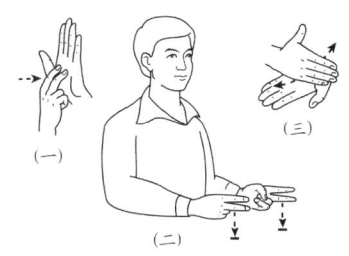

词法分析　cífǎ fēnxī
（一）左手直立，掌心向外；右手食、中指弯曲，指尖朝内，点一下左手掌心。
（二）双手打手指字母"F"的指式，指尖朝前，向下一顿。
（三）左手横伸；右手侧立，置于左手掌心上，并左右拨动两下。

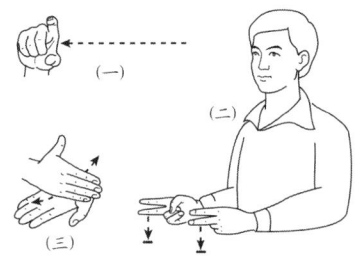

句法分析　jùfǎ fēnxī
（一）一手拇、食指张开，指尖朝前，向一侧移动一下。
（二）双手打手指字母"F"的指式，指尖朝前，向下一顿。
（三）左手横伸；右手侧立，置于左手掌心上，并左右拨动两下。

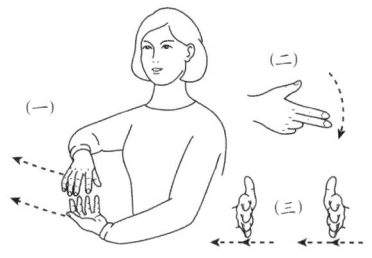

批处理　pīchǔlǐ
（一）双手横伸，掌心相对，五指微曲，同时向外移动。
（二）一手伸拇、食、中指，食、中指并拢，向下一挥。
（三）双手侧立，掌心相对，向一侧一顿一顿移动几下。

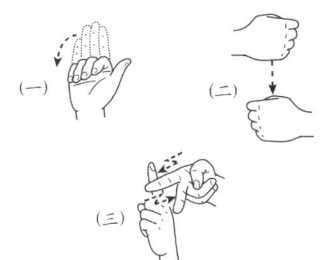

可行性 kěxíngxìng

（一）一手直立，掌心向外，然后食、中、无名、小指弯动一下。

（二）双手握拳，一上一下，右拳向下砸一下左拳。

（三）左手食指直立；右手食、中指横伸，指背交替弹左手食指背。

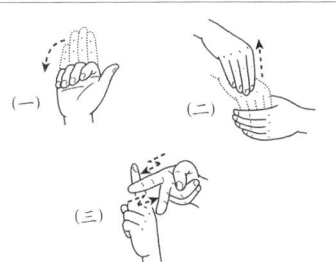

可用性 kěyòngxìng

（一）一手直立，掌心向外，然后食、中、无名、小指弯动一下。

（二）左手五指成"匚"形，虎口朝上；右手五指撮合，指尖朝下，从左手虎口内抽出。

（三）左手食指直立；右手食、中指横伸，指背交替弹左手食指背。

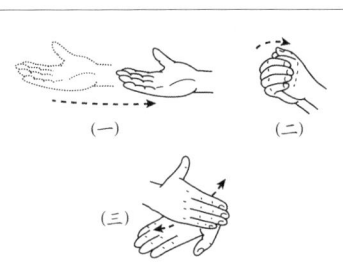

需求分析 xūqiú fēnxī

（一）一手平伸，掌心向上，向后移动一下。

（二）双手抱拳，向后晃动一下。

（三）左手横伸；右手侧立，置于左手掌心上，并左右拨动两下。

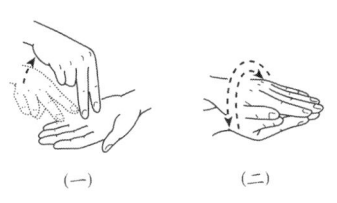

建模 jiànmó

（一）左手横伸；右手食、中指分开，先平放于左手掌心上，然后竖立起来。

（二）双手平伸，掌心相合，手背拱起，左右翻转两下。

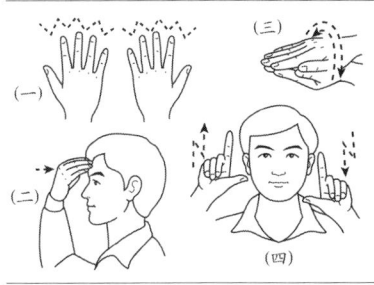

数学模型 shùxué móxíng

（一）双手直立，掌心向内，五指张开，交替点动几下。

（二）一手五指撮合，指尖朝内，按向前额。

（三）双手平伸，掌心相合，手背拱起，左右翻转两下。

（四）双手拇、食指成"凵"形，置于脸颊两侧，上下交替动两下。

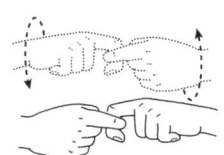

结构 jiégòu

双手食指弯曲，互勾两下。

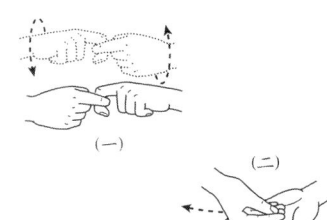

结构图 jiégòutú
（一）双手食指弯曲，互勾两下。
（二）左手横伸；右手五指撮合，指背在左手掌心上抹一下。

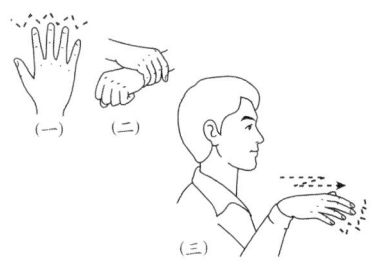

数据流 shùjùliú
（一）一手直立，掌心向内，五指张开，交替点动几下。
（二）左手握拳，手背向上；右手握住左手腕。
（三）一手平伸，掌心向下，五指张开，边交替点动边向前移动两下。

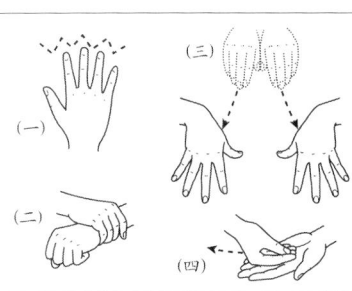

数据流图 shùjùliútú
（一）一手直立，掌心向内，五指张开，交替点动几下。
（二）左手握拳，手背向上；右手握住左手腕。
（三）双手并排垂立，手背向外，边向两侧斜下方移动边张开五指。
（四）左手横伸；右手五指撮合，指背在左手掌心上抹一下。

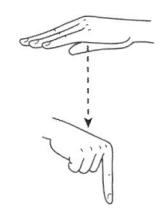

自顶向下 zìdǐngxiàngxià
左手横伸；右手伸食指，指尖朝下，置于左手掌心下，然后向下移动。

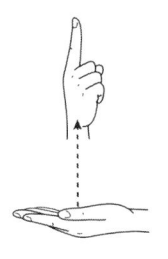

自底向上 zìdǐxiàngshàng
左手横伸；右手食指直立，置于左手掌心上，然后向上移动。

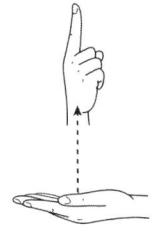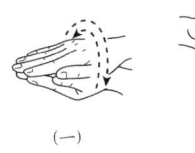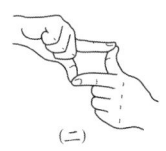

模块 mókuài
（一）双手平伸，掌心相合，手背拱起，左右翻转两下。
（二）双手拇、食指搭成小"囗"形。

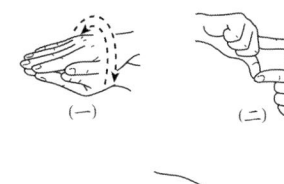

模块化 mókuàihuà
（一）双手平伸，掌心相合，手背拱起，左右翻转两下。
（二）双手拇、食指搭成小"□"形。
（三）一手打手指字母"H"的指式，指尖朝前斜下方，平行划动一下。

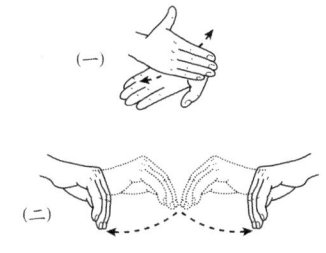

分解 fēnjiě
（一）左手横伸；右手侧立，置于左手掌心上，并左右拨动一下。
（二）双手手背拱起，指背相对，分别向两侧扒动一下。

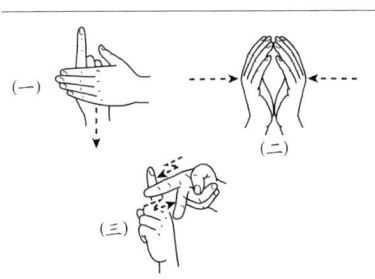

内聚性 nèijùxìng
（一）左手横立；右手食指直立，在左手掌心内从上向下移动。
（二）双手直立，掌心左右相对，五指微曲，从两侧向中间移动。
（三）左手食指直立；右手食、中指横伸，指背交替弹左手食指背。

耦合 ǒuhé
　　双手五指弯曲，指背左右相贴，掌心向上，虎口朝外，表示两个及多个对象之间互有依赖。

紧密耦合 jǐnmì ǒuhé
　　双手五指弯曲，食、中、无名、小指交叉相搭，掌心向上，虎口朝外，表示两个及多个对象之间依赖性强。

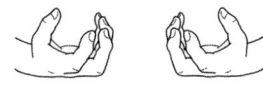

松散耦合 sōngsǎn ǒuhé
　　双手五指弯曲，掌心向上，虎口朝外，双手之间有一定距离，表示两个及多个对象之间依赖性弱。

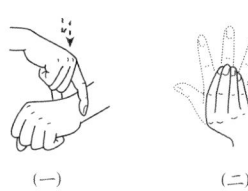

基本类 jīběnlèi

（一）左手握拳，手背向上；右手拇、食指张开，指尖朝下，朝左手腕两侧插两下。
（二）一手五指张开，指尖朝上，然后撮合。

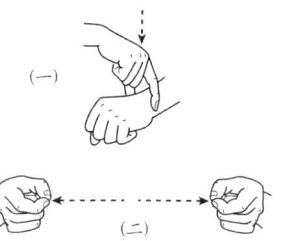

基线 jīxiàn

（一）左手握拳，手背向上；右手拇、食指张开，指尖朝下，插向左手腕两侧。
（二）双手拇、食指相捏，虎口朝上，从中间向两侧拉开。

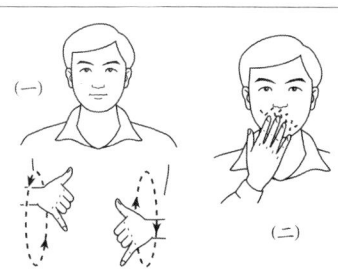

角色 juésè

（一）双手伸拇、小指，手背向外，前后交替转动两下。
（二）一手直立，掌心向内，五指张开，在嘴唇部交替点动。

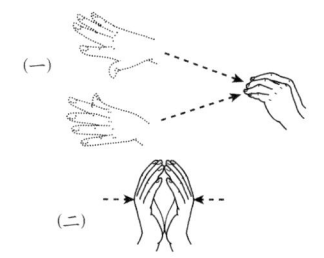

聚集 jùjí

（一）双手五指张开，掌心向前下方，边向内移动边撮合。
（二）双手直立，掌心左右相对，五指微曲，从两侧向中间移动。

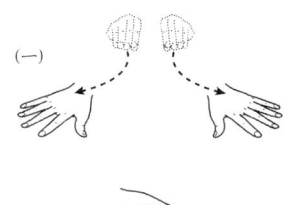

泛化 fànhuà

（一）双手五指撮合，指尖朝前，手背向上，边向两侧做弧形移动边张开。
（二）一手打手指字母"H"的指式，指尖朝前斜下方，平行划动一下。

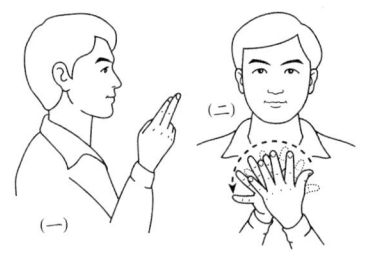

事件① shìjiàn①

（一）一手食、中指相叠，指尖朝前上方。
（二）双手直立，掌心前后相贴，五指张开，左手不动，右手向右转动一下。

事件② shìjiàn ②

左手握拳,虎口朝上;右手伸拇、食指,食指尖朝左,向下砸一下左拳。

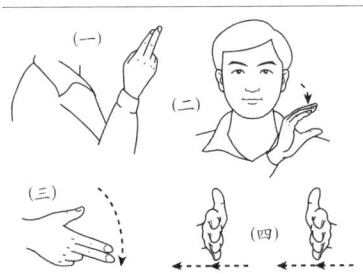

事务处理 shìwù chǔlǐ

(一)一手食、中指相叠,指尖朝前上方。
(二)右手五指成"⊐"形,按向左肩。
(三)一手伸拇、食、中指,食、中指并拢,向下一挥。
(四)双手侧立,掌心相对,向一侧一顿一顿移动几下。

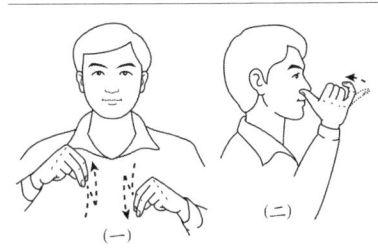

检测(测试) jiǎncè(cèshì)

(一)双手拇、食、中指相捏,指尖朝下,上下交替动两下。
(二)一手伸拇、小指,指尖朝上,拇指置于鼻翼一侧,小指弯动一下。

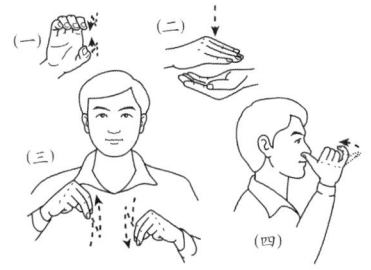

白盒测试 báihé cèshì

(一)一手五指弯曲,掌心向外,指尖弯动两下。
(二)双手手背拱起,掌心上下相对,左手在下不动,右手向下移动一下。
(三)双手拇、食、中指相捏,指尖朝下,上下交替动两下。
(四)一手伸拇、小指,指尖朝上,拇指置于鼻翼一侧,小指弯动一下。

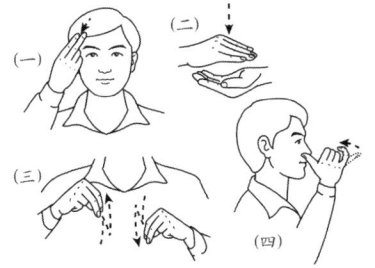

黑盒测试 hēihé cèshì

(一)一手打手指字母"H"的指式,摸一下头发。
(二)双手手背拱起,掌心上下相对,左手在下不动,右手向下移动一下。
(三)双手拇、食、中指相捏,指尖朝下,上下交替动两下。
(四)一手伸拇、小指,指尖朝上,拇指置于鼻翼一侧,小指弯动一下。

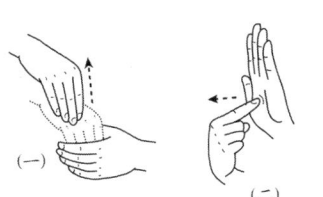

用例 yònglì

(一)左手五指成"⊏"形,虎口朝上;右手五指撮合,指尖朝下,从左手虎口内抽出。
(二)左手直立,掌心向前;右手伸食指,抵于左手掌心,双手同时向前移动一下。

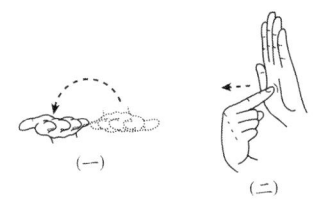
反例 fǎnlì
（一）一手平伸，掌心向下，然后翻转为掌心向上。
（二）左手直立，掌心向前；右手伸食指，抵于左手掌心，双手同时向前移动一下。

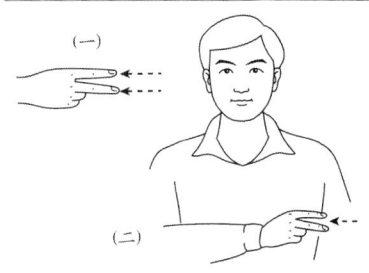
等价 děngjià
（一）右手食、中指横伸分开，仿等号形状，从左向右微移一下。
（二）右手食、中指分开，手背向外，在左臂上向右横划一下。

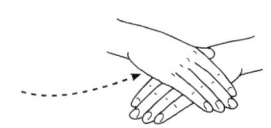
覆盖 fùgài
左手横伸，手背向上；右手平伸，掌心向下，从右向左划过左手。

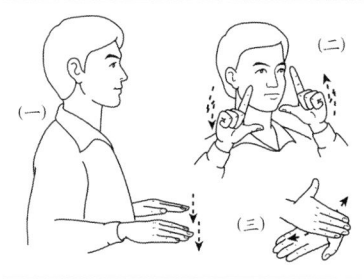
静态分析 jìngtài fēnxī
（一）双手平伸，掌心向下，同时缓慢向下微按。
（二）双手拇、食指成"⌊⌋"形，置于脸颊两侧，上下交替动两下。
（三）左手横伸；右手侧立，置于左手掌心上，并左右拨动两下。

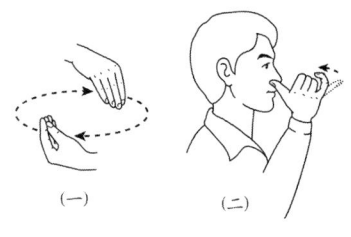
调试 tiáoshì
（一）双手五指撮合，指尖上下相对，交替平行转动两下。
（二）一手伸拇、小指，指尖朝上，拇指置于鼻翼一侧，小指弯动一下。

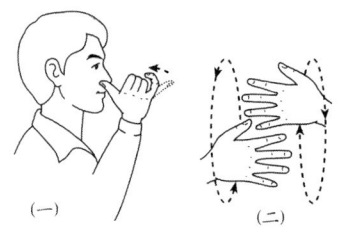
试运行 shìyùnxíng
（一）一手伸拇、小指，指尖朝上，拇指置于鼻翼一侧，小指弯动一下。
（二）双手横立，手背向外，五指张开，上下交替转动两下。

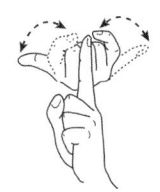

评价（评估） píngjià (pínggū)

左手食指直立；右手伸拇、小指，指尖朝上，在左手食指后交替弯动两下。

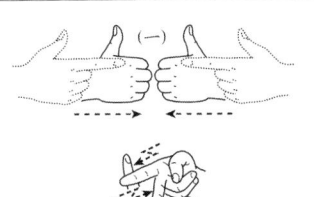

适应性 shìyìngxìng

（一）双手伸拇、食指，手背向外，食指尖互碰一下，然后缩回，拇指直立。

（二）左手食指直立；右手食、中指横伸，指背交替弹左手食指背。

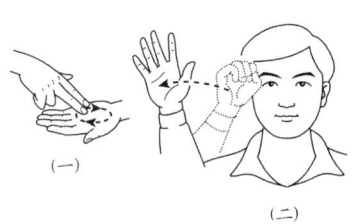

研发 yánfā

（一）左手横伸；右手伸拇、食、中指，食、中指并拢，在左手掌心上转动两下。

（二）一手握拳，虎口贴于太阳穴，然后边向前移动边张开五指。

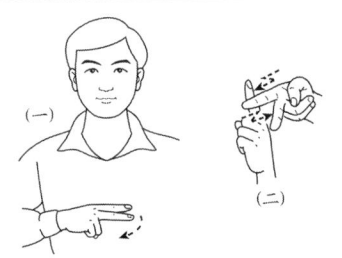

一致性 yīzhìxìng

（一）一手食、中指横伸分开，手背向上，向前移动一下。

（二）左手食指直立；右手食、中指横伸，指背交替弹左手食指背。

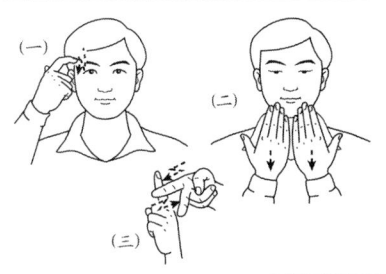

易读性 yìdúxìng

（一）一手伸拇、食指，食指尖在太阳穴向下弯动两下。

（二）双手斜伸，掌心向内，置于身前，然后向下微动一下，眼睛注视双手，如读书状。

（三）左手食指直立；右手食、中指横伸，指背交替弹左手食指背。

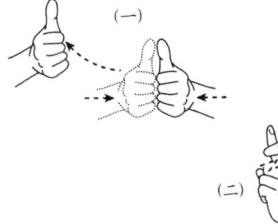

友好性 yǒuhǎoxìng

（一）双手伸拇指，先互碰一下，然后左手不动，右手向右上方移动一下。

（二）左手食指直立；右手食、中指横伸，指背交替弹左手食指背。

3. 算法与数据结构

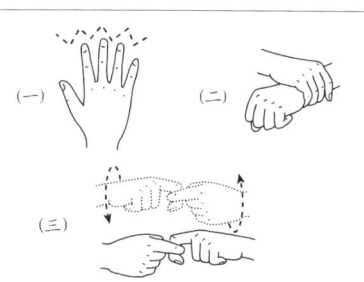

数据结构 shùjù jiégòu
（一）一手直立，掌心向内，五指张开，交替点动几下。
（二）左手握拳，手背向上；右手握住左手腕。
（三）双手食指弯曲，互勾两下。

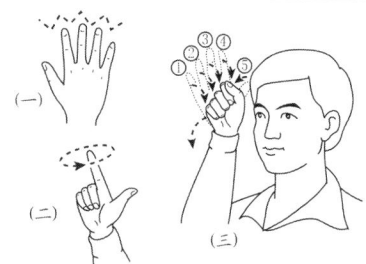

数理逻辑 shùlǐ luó·jí
（一）一手直立，掌心向内，五指张开，交替点动几下。
（二）一手打手指字母"L"的指式，逆时针平行转动一下。
（三）右手直立，掌心向左，五指张开，置于头一侧，然后边向前转腕边依次弯回小、无名、中、食、拇指。

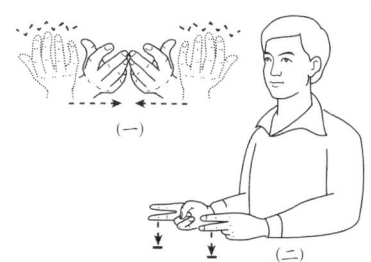

算法 suànfǎ
（一）双手五指微曲，掌心向上，边交替点动边互碰。
（二）双手打手指字母"F"的指式，指尖朝前，向下一顿。

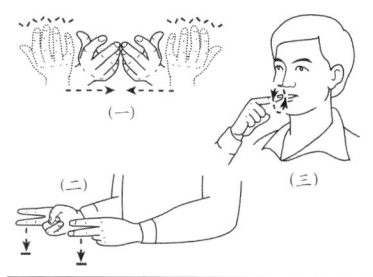

算法语言 suànfǎ yǔyán
（一）双手五指微曲，掌心向上，边交替点动边互碰。
（二）双手打手指字母"F"的指式，指尖朝前，向下一顿。
（三）一手食指横伸，在嘴前前后转动两下。

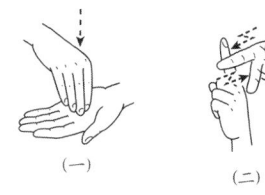

确定性 quèdìngxìng
（一）左手横伸；右手五指撮合，指尖朝下，按向左手掌心。
（二）左手食指直立；右手食、中指横伸，指背交替弹左手食指背。

三、软件开发　155

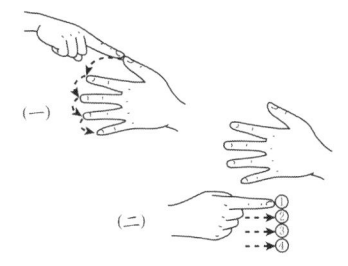

序列　xùliè
（一）左手横立，掌心向内，五指张开；右手伸食指，从左手拇指依次向下点至小指。
（二）左手横立，掌心向内，五指张开；右手握拳，手背向外，虎口朝上，在左手下依次伸出食、中、无名、小指。

集合　jíhé
　　双手直立，掌心左右相对，五指微曲，从两侧向中间移动。

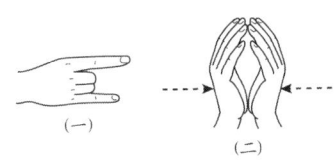

子集　zǐjí
（一）一手打手指字母"Z"的指式。
（二）双手直立，掌心左右相对，五指微曲，从两侧向中间移动。

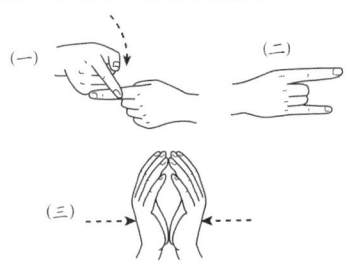

真子集　zhēnzǐjí
（一）左手食指横伸；右手食指直立，向下敲一下左手食指。
（二）一手打手指字母"Z"的指式。
（三）双手直立，掌心左右相对，五指微曲，从两侧向中间移动。

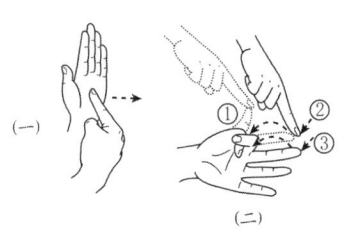

枚举　méijǔ
（一）左手直立，掌心向前；右手伸食指，抵于左手掌心，双手同时向前移动一下。
（二）左手平伸，掌心向上，五指张开；右手伸食指，依次点左手拇、食、中指指尖，左手拇、食、中指随之弯动。

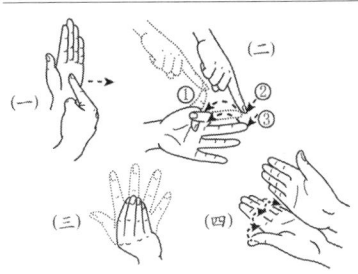

枚举类型　méijǔ lèixíng
（一）左手直立，掌心向前；右手伸食指，抵于左手掌心，双手同时向前移动一下。
（二）左手平伸，掌心向上，五指张开；右手伸食指，依次点左手拇、食、中指指尖，左手拇、食、中指随之弯动。
（三）一手五指张开，指尖朝上，然后撮合。
（四）左手平伸；右手斜立于左手掌心上，然后向右一顿一顿做弧形移动。

结点（节点） jiédiǎn (jiédiǎn)

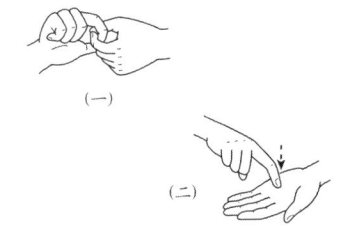

（一）双手拇、食指套环。
（二）左手横伸；右手伸食指，指尖朝下，在左手掌心上点一下。

结点度 jiédiǎndù

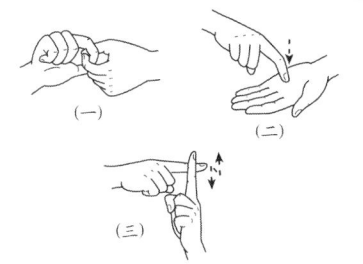

（一）双手拇、食指套环。
（二）左手横伸；右手伸食指，指尖朝下，在左手掌心上点一下。
（三）左手食指直立；右手食指横贴在左手食指上，然后上下微动几下。

链表 liànbiǎo

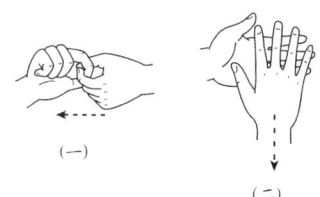

（一）双手拇、食指套环，向一侧移动。
（二）双手五指张开，一横一竖搭成方格形，然后左手不动，右手向下移动。

堆栈 duīzhàn

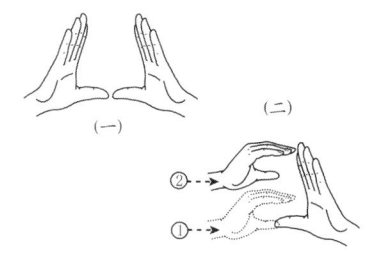

（一）双手五指成"⌊ ⌋"形，虎口朝内。
（二）左手五指成"⌊"形，虎口朝内；右手五指成"⊐"形，虎口朝内，从下向上朝左手移动两下，仿堆栈的数据排列结构。

队列 duìliè

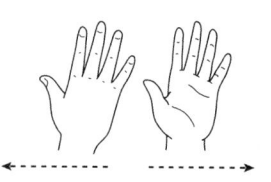

双手直立，五指张开，一前一后排成一列，然后分别向前后方向移动。

二叉树 èrchāshù

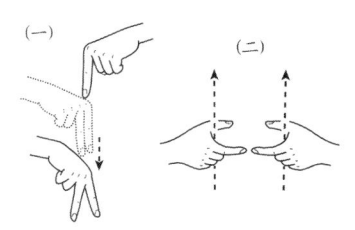

（一）左手伸食指，指尖朝下；右手食、中指并拢，指尖朝下，根部置于左手食指尖，然后边向下移动边分开。
（二）双手拇、食指成大圆形，虎口朝上，同时向上移动。
（可根据实际表示二叉树）

递归 dìguī

　　双手拇、食指成"⌐"形,置于身前,从两侧上下方一顿一顿向中间移动。

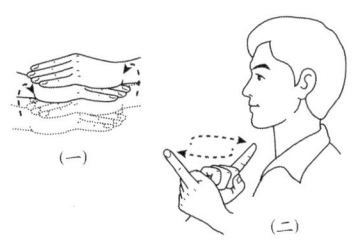

迭代 diédài

　　(一)双手横伸,掌心向下,交替向上移动,一手掌心与另一手手背相贴。
　　(二)双手伸食指,手腕交叉相贴,然后前后转动,互换位置。

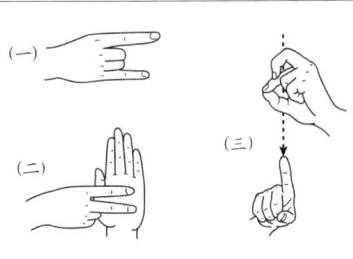

字符串 zìfúchuàn

　　(一)一手打手指字母"Z"的指式。
　　(二)左手直立,掌心向外;右手打手指字母"F"的指式,贴于左手掌心上。
　　(三)左手拇、食指相捏,中指弯曲,搭在食指上,虎口朝内;右手食指直立,掌心向外,在左手后从上向下一划,仿"串"字形。

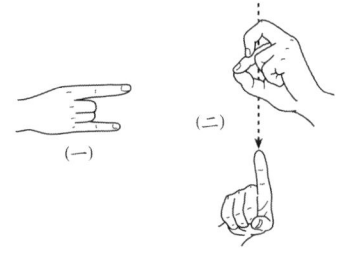

子串 zǐchuàn

　　(一)一手打手指字母"Z"的指式。
　　(二)左手拇、食指相捏,中指弯曲,搭在食指上,虎口朝内;右手食指直立,掌心向外,在左手后从上向下一划,仿"串"字形。

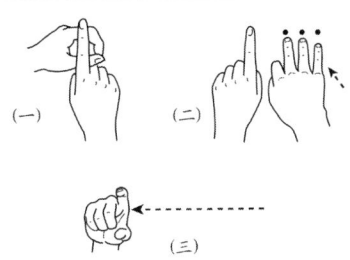

中缀式 zhōngzhuìshì

　　(一)左手拇、食指与右手食指搭成"中"字形。
　　(二)左手食指直立,手背向内;右手伸中、无名、小指,指尖朝前,手背向上,在左手食指右侧点一下。
　　(三)一手拇、食指张开,指尖朝前,向一侧移动一下。

图论 túlùn

　　(一)左手横伸;右手五指撮合,指背在左手掌心上抹一下。
　　(二)一手打手指字母"L"的指式,逆时针平行转动一下。

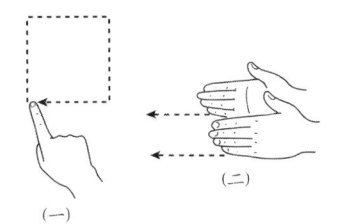

回路 huílù
（一）一手伸食指，指尖朝前，划一个"□"形。
（二）双手侧立，掌心相对，向前移动。

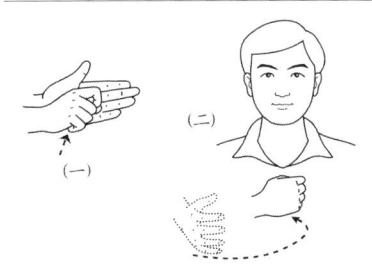

加权 jiāquán
（一）左手侧立；右手拇、食指捏成圆形，虎口朝左，贴向左手掌心。
（二）右手侧立，五指微曲张开，边向左做弧形移动边握拳。

遍历（过程） biànlì（guòchéng）
左手侧立，五指张开；右手伸拇、小指，从左手拇指转向左手小指。

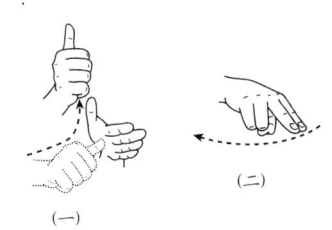

优化 yōuhuà
（一）左手侧立；右手伸拇指，边指尖顶向左手掌心边竖起。
（二）一手打手指字母"H"的指式，指尖朝前斜下方，平行划动一下。

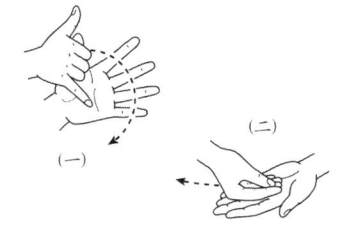

流程图 liúchéngtú
（一）左手侧立，五指张开；右手伸拇、小指，从左手拇指转向左手小指。
（二）左手横伸；右手五指撮合，指背在左手掌心上抹一下。

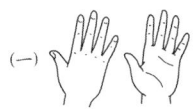

排序 páixù
（一）双手直立，五指张开，一前一后排成一列。
（二）左手横立，掌心向内，五指张开；右手伸食指，从左手拇指依次向下点至小指。

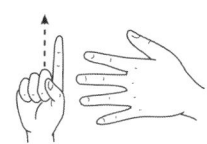
升序 shēngxù
左手横立,掌心向内,五指张开;右手食指直立,掌心向外,在左手旁向上移动。

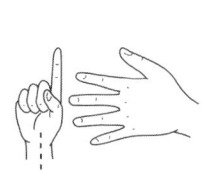
降序 jiàngxù
左手横立,掌心向内,五指张开;右手食指直立,掌心向外,在左手旁向下移动。

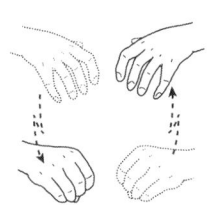
冒泡 màopào
双手五指捏成球形,手背向上,边上下移动边交替做开合的动作。

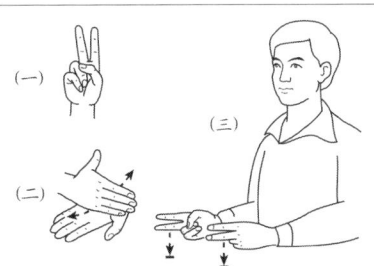
二分法(折半法) èrfēnfǎ(zhébànfǎ)
(一)一手食、中指直立分开,掌心向外。
(二)左手横伸;右手侧立,置于左手掌心上,并左右拨动一下。
(三)双手打手指字母"F"的指式,指尖朝前,向下一顿。

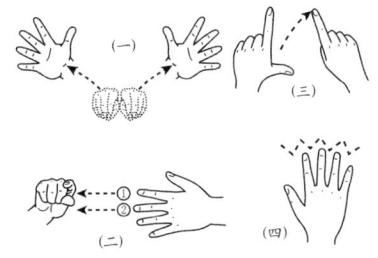
散列函数 sǎnliè hánshù
(一)双手五指撮合,虎口左右相贴,边向两侧斜上方移动边张开。
(二)左手横立,手背向外,五指张开;右手拇、食指张开,指尖朝前,在左手旁从上向下依次向右划动两下。
(三)左手拇、食指成"⌐"形,手背向内;右手伸食指,从左手虎口旁向右上方做弧形移动。
(四)一手直立,掌心向内,五指张开,交替点动几下。

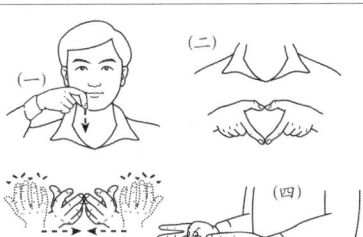
贪心算法 tānxīn suànfǎ
(一)一手伸食指,指尖朝下,沿嘴角向下划动。
(二)双手拇、食指张开仿"♡"形,手背向外,置于胸部。
(三)双手五指微曲,掌心向上,边交替点动边互碰。
(四)双手打手指字母"F"的指式,指尖朝前,向下一顿。

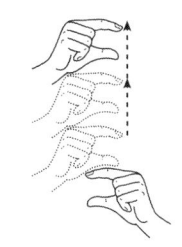

倍增 bèizēng
　　双手拇、食指张开,虎口朝内,上下相叠,左手不动,右手向上移动两下。

逼近 bījìn
　　双手拇、食指相捏,虎口朝上,左手在前不动,右手向前靠近左手。

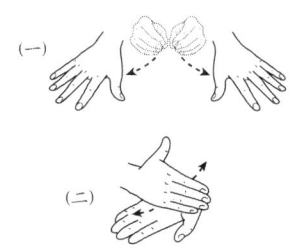

拆分 chāifēn
　　(一)双手五指撮合,指尖斜向相对,边向两侧移动边张开。
　　(二)左手横伸;右手侧立,置于左手掌心上,并左右拨动一下。

4. 数据库

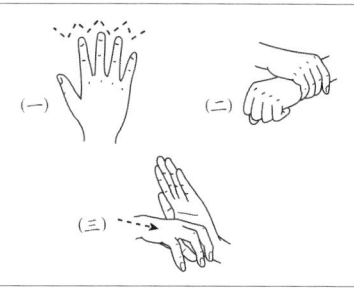

数据库 shùjùkù
　　(一)一手直立,掌心向内,五指张开,交替点动几下。
　　(二)左手握拳,手背向上;右手握住左手腕。
　　(三)左手斜伸,掌心向右下方;右手五指弯曲,指尖朝下,从后向前移入左手内。

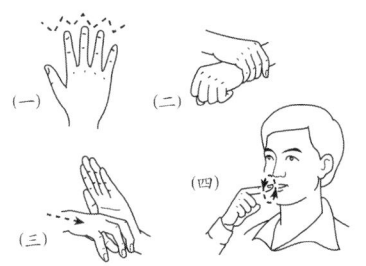

数据库语言 shùjùkù yǔyán
　　(一)一手直立,掌心向内,五指张开,交替点动几下。
　　(二)左手握拳,手背向上;右手握住左手腕。
　　(三)左手斜伸,掌心向右下方;右手五指弯曲,指尖朝下,从后向前移入左手内。
　　(四)一手食指横伸,在嘴前前后转动两下。

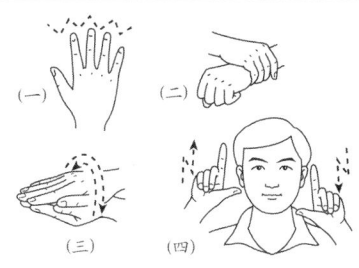

数据模型　shùjù móxíng
（一）一手直立，掌心向内，五指张开，交替点动几下。
（二）左手握拳，手背向上；右手握住左手腕。
（三）双手平伸，掌心相合，手背拱起，左右翻转两下。
（四）双手拇、食指成"⌊⌋"形，置于脸颊两侧，上下交替动两下。

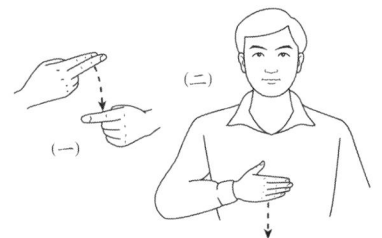

实体　shítǐ
（一）左手食指横伸；右手食、中指相叠，敲一下左手食指。
（二）一手掌心贴于胸部，向下移动一下。

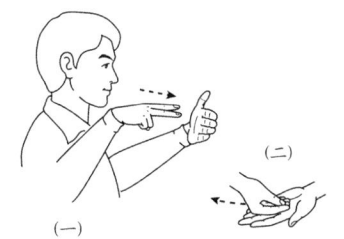

视图　shìtú
（一）左手斜伸，掌心向斜后方；右手食、中指分开，指尖朝前，手背向上，朝左手一指。
（二）左手横伸；右手五指撮合，指背在左手掌心上抹一下。

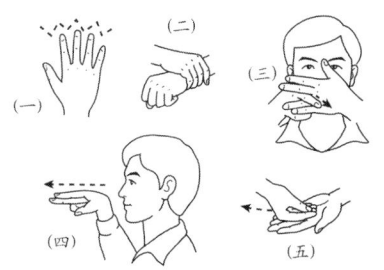

数据透视图　shùjù tòushìtú
（一）一手直立，掌心向内，五指张开，交替点动几下。
（二）左手握拳，手背向上；右手握住左手腕。
（三）左手横立，掌心向内；右手伸食指，指尖朝前，从左手中、无名指指缝间穿过。
（四）一手食、中指分开，指尖朝前，手背向上，从眼部向前一指。
（五）左手横伸；右手五指撮合，指背在左手掌心上抹一下。

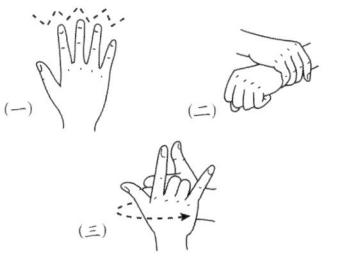

数据保护　shùjù bǎohù
（一）一手直立，掌心向内，五指张开，交替点动几下。
（二）左手握拳，手背向上；右手握住左手腕。
（三）左手伸拇指；右手拇、食、小指直立，绕左手转动半圈。

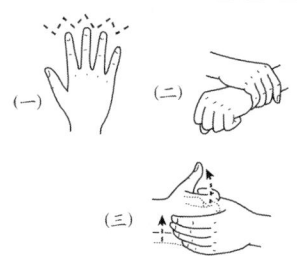

数据源　shùjùyuán
（一）一手直立，掌心向内，五指张开，交替点动几下。
（二）左手握拳，手背向上；右手握住左手腕。
（三）左手五指成半圆形，虎口朝上；右手拇、食指相捏，置于左手虎口内，然后边向上移动边弹出拇指。

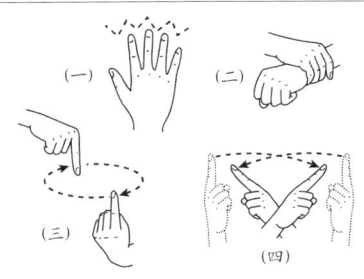

数据转换 shùjù zhuǎnhuàn

（一）一手直立，掌心向内，五指张开，交替点动几下。
（二）左手握拳，手背向上；右手握住左手腕。
（三）双手伸食指，指尖上下相对，交替平行转动两圈。
（四）双手食指直立，然后左右交叉，互换位置。

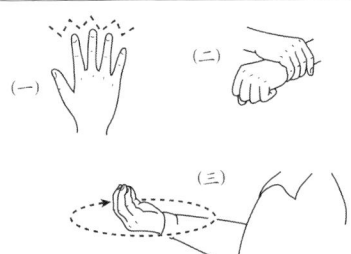

数据组织 shùjù zǔzhī

（一）一手直立，掌心向内，五指张开，交替点动几下。
（二）左手握拳，手背向上；右手握住左手腕。
（三）一手五指撮合，指尖朝上，平行转动一圈。

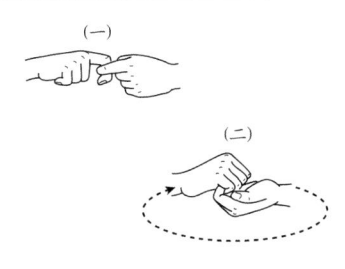

协同 xiétóng

（一）双手食指相互勾住。
（二）双手五指弯曲，相互握住，顺时针平行转动一圈。

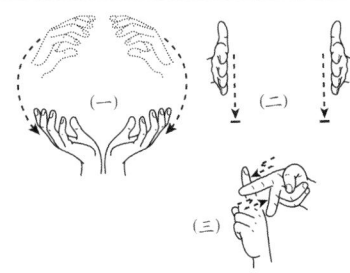

完整性 wánzhěngxìng

（一）双手五指微曲，指尖左右相对，然后向下做弧形移动，手腕靠拢。
（二）双手侧立，掌心相对，向下一顿。
（三）左手食指直立；右手食、中指横伸，指背交替弹左手食指背。

约束（限制） yuēshù (xiànzhì)

左手伸拇指；右手拇、食指张开，指尖朝前，从后向下套向左手拇指。

范式 fànshì

（一）左手伸拇指，手背向外；右手五指张开，指尖对着左手，置于左手旁，然后边向右移动边撮合。
（二）一手拇、食指张开，指尖朝前，向一侧移动一下。

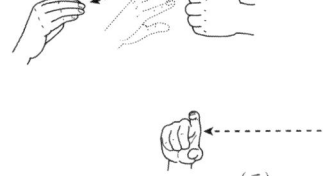

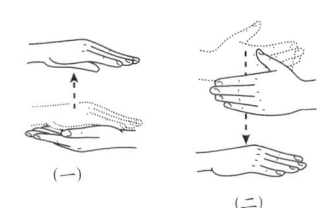

冗余 rǒngyú

（一）双手横伸，掌心相贴，左手在下不动，右手向上移动，表示积累的意思。

（二）双手横立，左手在前不动，右手边在左手掌心内向下刮一下边转腕，掌心向下，表示剩余的东西。

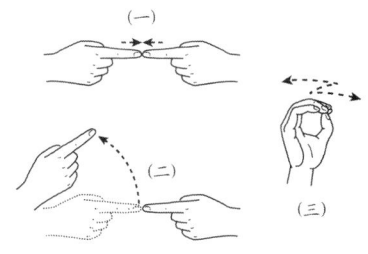

无损连接 wúsǔn liánjiē

（一）双手食指横伸，手背向外，指尖互碰一下。

（二）双手食指横伸，手背向外，指尖相抵，左手不动，右手向上一挑。

（三）一手五指捏成圆形，虎口朝内，左右晃动几下。

行 háng

一手拇、食指张开，指尖朝前，向一侧移动一下。

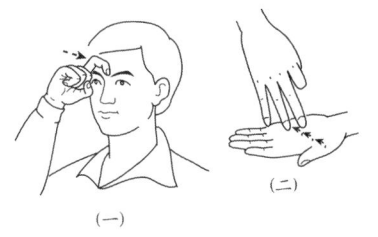

记录 jìlù

（一）一手打手指字母"J"的指式，碰一下前额。

（二）左手横伸；右手伸中、无名、小指，指尖朝下，在左手掌心上从上向下点几下。

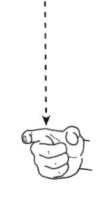

列 liè

一手拇、食指张开，指尖朝前，虎口朝上，向下移动一下。

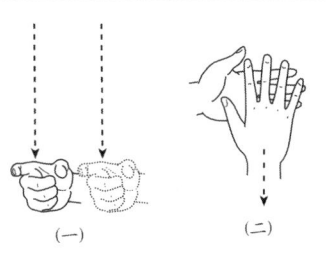

列表 lièbiǎo

（一）一手拇、食指张开，指尖朝前，虎口朝上，从上向下、从左向右移动两下。

（二）双手五指张开，一横一竖搭成方格形，然后左手不动，右手向下移动。

（可根据实际表示列表的样式）

段② duàn②
双手食指直立,指面左右相对,向一侧一顿一顿移动几下,表示字段、时间段。

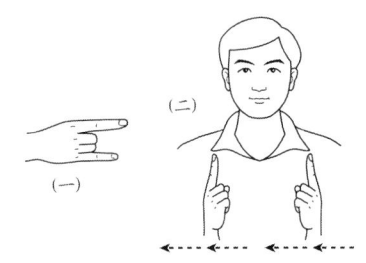

字段 zìduàn
(一)一手打手指字母"Z"的指式。
(二)双手食指直立,指面左右相对,向一侧一顿一顿移动几下。

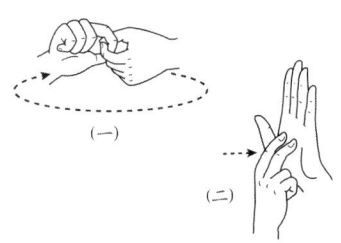

关联词 guānliáncí
(一)双手拇、食指套环,顺时针平行转动一圈。
(二)左手直立,掌心向外;右手食、中指弯曲,指尖朝内,点一下左手掌心。

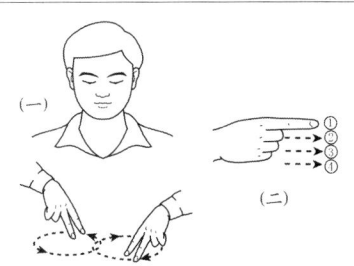

索引 suǒyǐn
(一)双手食、中指分开,指尖朝下,左右交替转动两下,头微低,眼睛注视手的动作。
(二)一手握拳,手背向外,虎口朝上,依次伸出食、中、无名、小指。

报表 bàobiǎo
(一)双手横伸,掌心上下相对,从嘴前向前上方移出。
(二)双手五指张开,一横一竖搭成方格形,然后左手不动,右手向下移动。

四、计算机网络

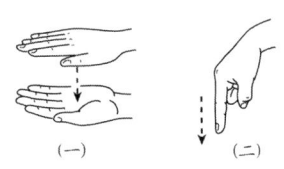

本地 běndì
（一）双手平伸，掌心相对，左手在下不动，右手向下拍一下左手。
（二）一手伸食指，指尖朝下一指。

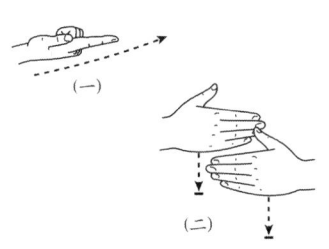

远程 yuǎnchéng
（一）一手拇指尖按于食指根部，食指尖朝前，手背向下，向前上方移动。
（二）双手横立，掌心向内，一前一后，同时向下一顿。

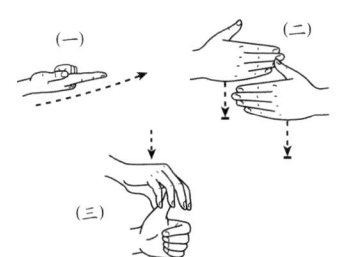

远程控制 yuǎnchéng kòngzhì
（一）一手拇指尖按于食指根部，食指尖朝前，手背向下，向前上方移动。
（二）双手横立，掌心向内，一前一后，同时向下一顿。
（三）左手伸拇指；右手五指微曲，掌心向下，罩向左手拇指。

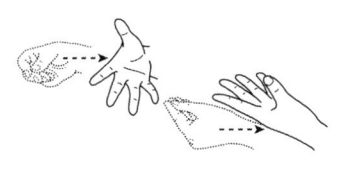
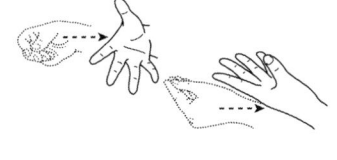

传送（传输） chuánsòng（chuánshū）
双手五指撮合，指尖斜向相对，边从外向内移动边张开。（可根据实际决定手的移动方向）

流量 liúliàng
双手伸食指，指尖上下交错，移动两下，表示电信流量的"↑↓"符号。

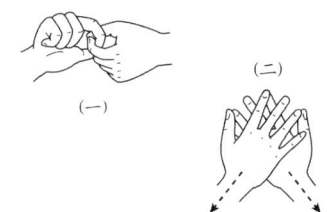

连网 liánwǎng
（一）双手拇、食指套环。
（二）双手五指张开，手背向外，交叉相搭，向两侧斜下方移动。

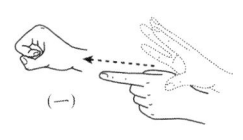

专线 zhuānxiàn
（一）左手伸食指，指尖朝前，虎口朝上；右手五指张开，掌心向前下方，置于左手食指根部，然后边向前移动边握拳。
（二）双手拇、食指相捏，虎口朝上，从中间向两侧拉开。

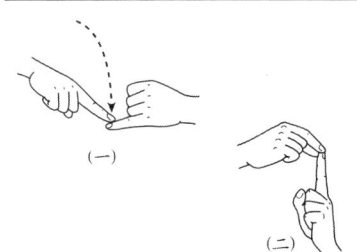

终端 zhōngduān
（一）左手伸小指；右手伸食指，敲一下左手小指。
（二）左手食指直立；右手拇、食指捏住左手食指尖。

呼叫 hūjiào
一手五指成"⌐"形，虎口贴于嘴边，口张开。

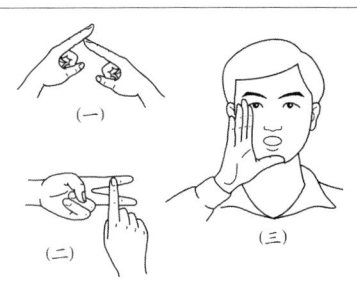

人工呼叫 réngōng hūjiào
（一）双手食指搭成"人"字形。
（二）左手食、中指与右手食指搭成"工"字形。
（三）一手五指成"⌐"形，虎口贴于嘴边，口张开。

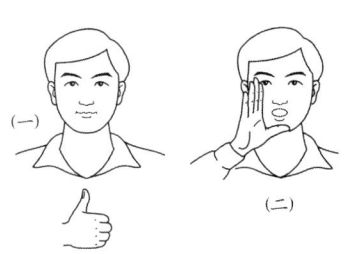

主叫 zhǔjiào
（一）一手伸拇指，贴于胸部。
（二）一手五指成"⌐"形，虎口贴于嘴边，口张开。

应答 yìngdá
　　一手直立,掌心向外,置于嘴前,然后食、中、无名、小指弯动一下,同时点头。
　　(可根据实际决定手的朝向)

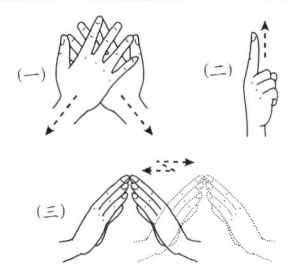
网上邻居 wǎngshàng línjū
　　(一)双手五指张开,手背向外,交叉相搭,向两侧斜下方移动。
　　(二)一手食指直立,向上一指。
　　(三)双手搭成"∧"形,左右微动几下。

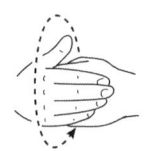
包 bāo
　　左手握拳,虎口朝上;右手手背拱起,从上向下绕左拳转动半圈。

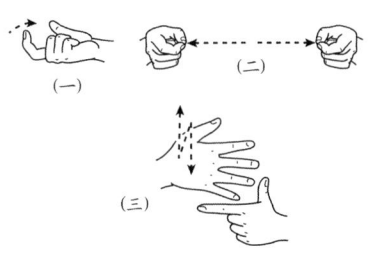
有线电视 yǒuxiàn diànshì
　　(一)一手伸拇、食指,手背向下,拇指不动,食指向内弯动一下。
　　(二)双手拇、食指相捏,虎口朝上,从中间向两侧拉开。
　　(三)左手伸拇、食指,食指尖朝右,手背向外;右手横立,手背向外,五指张开,在左手食指上方上下晃动几下。

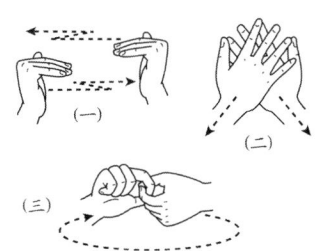
通信网络 tōngxìn wǎngluò
　　(一)双手五指与手掌成"⌐⌐"形,交错移动两下,表示彼此通讯往来。
　　(二)双手五指张开,手背向外,交叉相搭,向两侧斜下方移动。
　　(三)双手拇、食指套环,顺时针平行转动一圈。

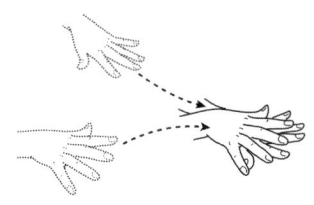
融合 rónghé
　　双手平伸,掌心向下,五指张开,从后方两侧向前方中间移动至双手上下相叠。

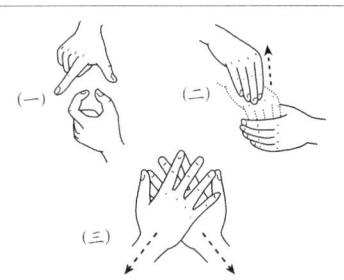

因特网 yīntèwǎng

（一）一手打手指字母"Y"的指式。

（二）左手横伸，手背向上；右手伸食指，从左手小指外侧向上伸出。

（三）双手五指张开，手背向外，交叉相搭，向两侧斜下方移动。

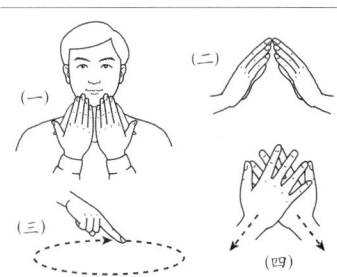

公用网 gōngyòngwǎng

（一）双手拇、食指搭成"公"字形，虎口朝外。

（二）左手五指成"匚"形，虎口朝上；右手五指撮合，指尖朝下，从左手虎口内抽出。

（三）双手五指张开，手背向外，交叉相搭，向两侧斜下方移动。

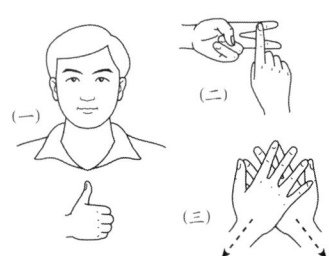

校园网 xiàoyuánwǎng

（一）双手斜伸，掌心向内，置于身前。

（二）双手搭成"∧"形。

（三）一手伸食指，指尖朝下划一大圈。

（四）双手五指张开，手背向外，交叉相搭，向两侧斜下方移动。

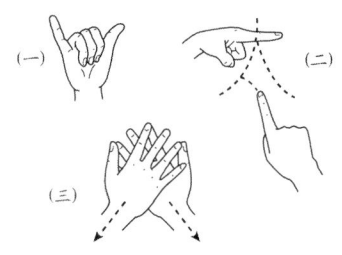

主干网 zhǔgànwǎng

（一）一手伸拇指，贴于胸部。

（二）左手食、中指与右手食指搭成"干"字形。

（三）双手五指张开，手背向外，交叉相搭，向两侧斜下方移动。

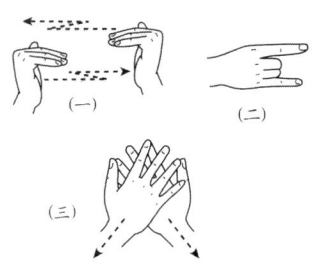

以太网 yǐtàiwǎng

（一）一手打手指字母"Y"的指式。

（二）左手食指横伸，手背向上；右手伸食指，指尖朝前，在左手食指上先书空"人"字，再书空"、"，仿"太"字形。

（三）双手五指张开，手背向外，交叉相搭，向两侧斜下方移动。

通信子网 tōngxìn zǐwǎng

（一）双手五指与手掌成"┌┐"形，交错移动两下，表示彼此通讯往来。

（二）一手打手指字母"Z"的指式。

（三）双手五指张开，手背向外，交叉相搭，向两侧斜下方移动。

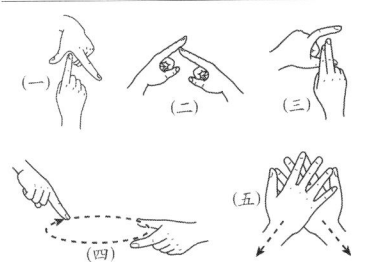

个人区域网 gèrén qūyùwǎng

（一）左手伸拇、食指，虎口朝外，与右手食指搭成"个"字形。
（二）双手食指搭成"人"字形。
（三）左手拇、食指成"⊏"形，虎口朝内；右手食、中指相叠，手背向内，置于左手"⊏"形中，仿"区"字形。
（四）左手拇、食指成半圆形，虎口朝上；右手伸食指，指尖朝下，沿左手虎口划一圈。
（五）双手五指张开，手背向外，交叉相搭，向两侧斜下方移动。

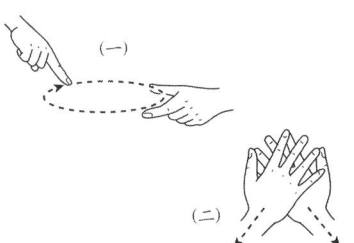

局域网 júyùwǎng

（一）左手拇、食指成半圆形，虎口朝上；右手伸食指，指尖朝下，沿左手虎口划一圈。
（二）双手五指张开，手背向外，交叉相搭，向两侧斜下方移动。

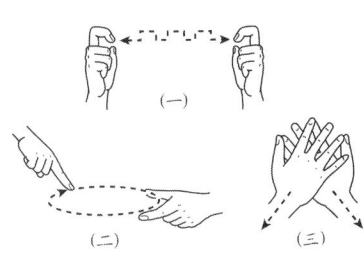

城域网 chéngyùwǎng

（一）双手食指直立，指面相对，从中间向两侧弯动（或弯动一下）。
（二）左手拇、食指成半圆形，虎口朝上；右手伸食指，指尖朝下，沿左手虎口划一圈。
（三）双手五指张开，手背向外，交叉相搭，向两侧斜下方移动。

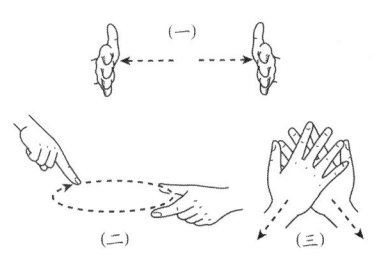

广域网 guǎngyùwǎng

（一）双手侧立，掌心相对，同时向两侧移动，幅度相对于"大"的手势要小些。
（二）左手拇、食指成半圆形，虎口朝上；右手伸食指，指尖朝下，沿左手虎口划一圈。
（三）双手五指张开，手背向外，交叉相搭，向两侧斜下方移动。

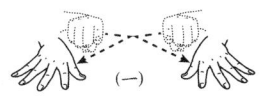
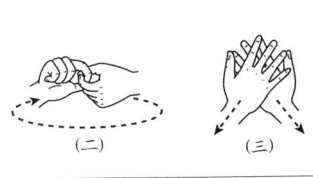

物联网 wùliánwǎng

（一）双手食指指尖朝前，手背向上，先互碰一下，再分开并张开五指。
（二）双手拇、食指套环，顺时针平行转动一圈。
（三）双手五指张开，手背向外，交叉相搭，向两侧斜下方移动。

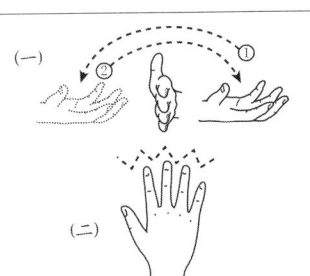

吞吐量 tūntǔliàng

（一）左手横立，掌心向内；右手五指弯曲，指尖朝上，先从外移入左手内，再从内移至左手外。
（二）一手直立，掌心向内，五指张开，交替点动几下。

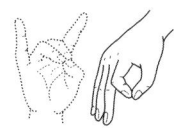

拓扑 tuòpū

一手连续打手指字母"T""P"的指式。

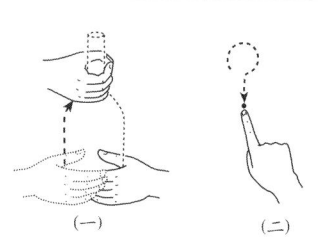

瓶颈问题 píngjǐng wèntí

（一）双手五指搭成圆形，虎口朝上，左手不动，右手边向上移动边虚握，仿腹大口小的瓶子外形。

（二）一手伸食指，指尖朝前，书空"？"。

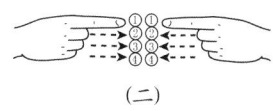

协议 xiéyì

（一）双手食指相互勾住。

（二）双手握拳，手背向外，虎口朝上，同时依次伸出食、中、无名、小指。

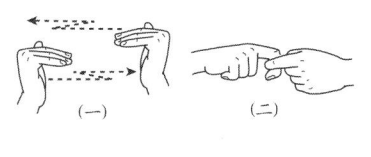
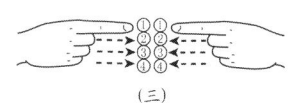

通信协议 tōngxìn xiéyì

（一）双手五指与手掌成"⌐⌐"形，交错移动两下，表示彼此通讯往来。

（二）双手食指相互勾住。

（三）双手握拳，手背向外，虎口朝上，同时依次伸出食、中、无名、小指。

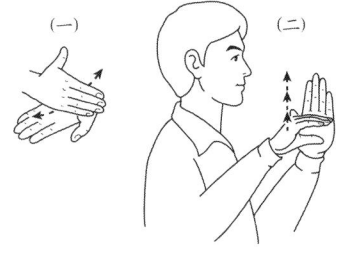

分层 fēncéng

（一）左手横伸；右手侧立，置于左手掌心上，并左右拨动一下。

（二）左手直立，掌心向右；右手五指成"⊐"形，指尖朝前，虎口贴于左手掌心，向上一顿一顿移动几下。

封装❷ fēngzhuāng ❷

左手拇、食指张开，指尖朝上，虎口朝外；右手拇、食指张开，指尖朝前，虎口朝上，先置于左手左侧，再置于左手右侧。

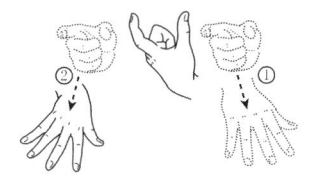

解封装 jiěfēngzhuāng

左手拇、食指张开，指尖朝上，虎口朝外；右手拇、食指张开，指尖朝前，虎口朝上，先置于左手左侧，然后向下一甩，五指张开，再置于左手右侧，然后向下一甩，五指张开。

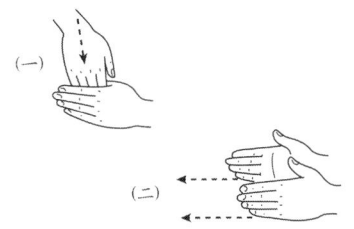

信道 xìndào

（一）左手五指成"匚"形，虎口朝上；右手五指并拢，指尖朝下，插入左手虎口内。
（二）双手侧立，掌心相对，向前移动。

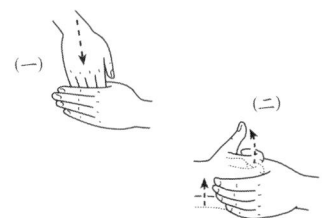

信源 xìnyuán

（一）左手五指成"匚"形，虎口朝上；右手五指并拢，指尖朝下，插入左手虎口内。
（二）左手五指成半圆形，虎口朝上；右手拇、食指相捏，置于左手虎口内，然后边向上移动边弹出拇指。

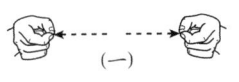
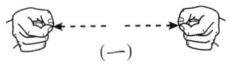

端点 duāndiǎn

（一）双手拇、食指相捏，虎口朝上，从中间向两侧拉开。
（二）双手伸食指，指尖朝前，同时向前点一下，表示线段两端的端点。

端节点 duānjiédiǎn

（一）左手食指直立；右手拇、食指捏住左手食指尖。
（二）左手食指横伸，手背向外；右手拇、食指张开，先抵于左手食指根部和中部，再抵于左手食指中部和指尖。

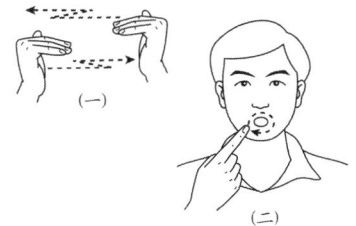

通信口 tōngxìnkǒu

（一）双手五指与手掌成"⌐⌐"形，交错移动两下，表示彼此通讯往来。
（二）一手伸食指，沿嘴部转动一圈，口张开。

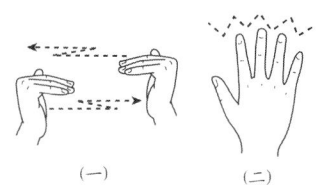

通信量　tōngxìnliàng

（一）双手五指与手掌成"┏┓"形，交错移动两下，表示彼此通讯往来。

（二）一手直立，掌心向内，五指张开，交替点动几下。

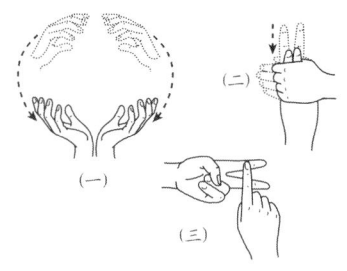

全双工　quánshuānggōng

（一）双手五指微曲，指尖左右相对，然后向下做弧形移动，手腕靠拢。

（二）左手五指微曲，虎口朝上；右手食、中指直立分开，手背向外，边从上向下移入左手掌心内边并拢，左手握住右手食、中指。

（三）左手食、中指与右手食指搭成"工"字形。

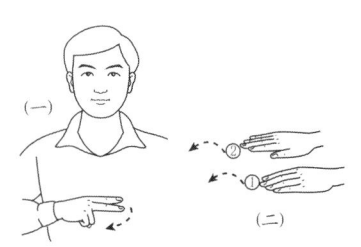

同步　tóngbù

（一）一手食、中指横伸分开，手背向上，向前移动一下。

（二）双手平伸，掌心向下，交替向前移动两下。

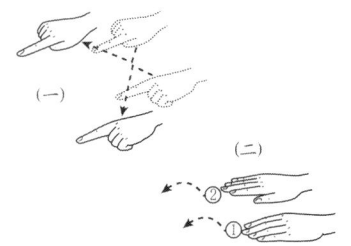

异步的　yìbù·de

（一）双手伸食指，指尖朝前，手背向上，先互碰一下，再分别向两侧移动。

（二）双手平伸，掌心向下，交替向前移动两下。

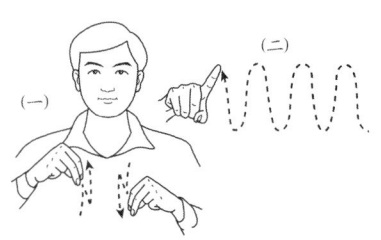

检波　jiǎnbō

（一）双手拇、食、中指相捏，指尖朝下，上下交替动两下。

（二）一手伸食指，指尖朝前，向一侧做曲线形移动。

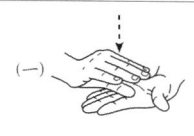

载波　zàibō

（一）左手横伸；右手五指成"⊐"形，指尖朝前，从上向下移向左手掌心。

（二）一手伸食指，指尖朝前，向一侧做曲线形移动。

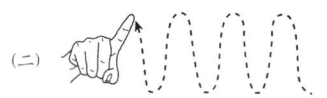

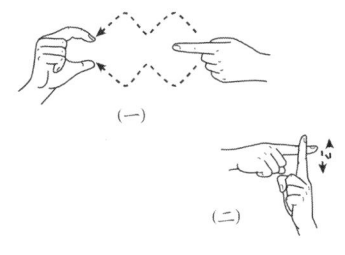

幅度　fúdù

（一）左手食指横伸，手背向外；右手拇、食指张开，指尖朝左，虎口朝内，置于左手食指上下方，然后边弯动边向右移动。

（二）左手食指直立；右手食指横贴在左手食指上，然后上下微动几下。

（可根据实际表示幅度的情况）

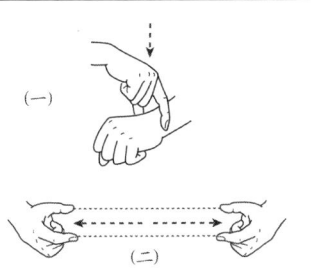

基带　jīdài

（一）左手握拳，手背向上；右手拇、食指张开，指尖朝下，插向左手腕两侧。

（二）双手拇、食指张开，指尖相对，虎口朝上，从中间向两侧拉开。

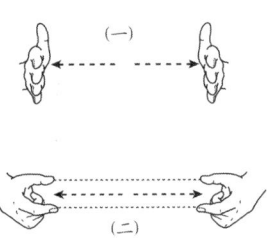

宽带　kuāndài

（一）双手侧立，掌心相对，同时向两侧移动，幅度相对于"大"的手势要小些。

（二）双手拇、食指张开，指尖相对，虎口朝上，从中间向两侧拉开。

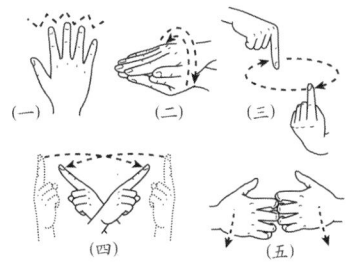

数模转换器　shùmó zhuǎnhuànqì

（一）一手直立，掌心向内，五指张开，交替点动几下。
（二）双手平伸，掌心相合，手背拱起，左右翻转两下。
（三）双手伸食指，指尖上下相对，交替平行转动两圈。
（四）双手食指直立，然后左右交叉，互换位置。
（五）双手五指弯曲，食、中、无名、小指关节交错相触，向下转动一下。

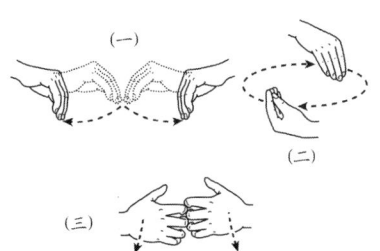

解调器　jiětiáoqì

（一）双手手背拱起，指背相对，分别向两侧扒动一下。
（二）双手五指撮合，指尖上下相对，交替平行转动两下。
（三）双手五指弯曲，食、中、无名、小指关节交错相触，向下转动一下。

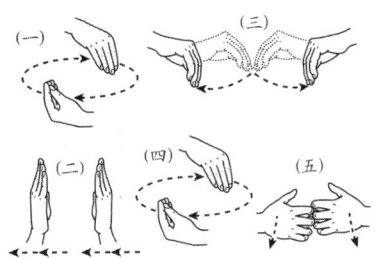

调制解调器①　tiáozhì jiětiáoqì ①

（一）双手五指撮合，指尖上下相对，交替平行转动两下。
（二）双手直立，掌心左右相对，向一侧一顿一顿移动几下。
（三）双手手背拱起，指背相对，分别向两侧扒动一下。
（四）双手五指撮合，指尖上下相对，交替平行转动两下。
（五）双手五指弯曲，食、中、无名、小指关节交错相触，向下转动一下。

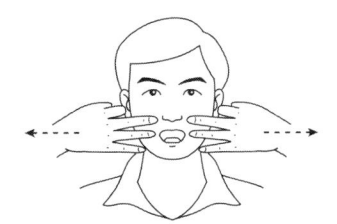

调制解调器②（猫） tiáozhì jiětiáoqì ②（māo）
双手拇、食指相捏，其他三指横伸，指尖相对，手背向外，在嘴边分别向两侧横划一下，仿猫的胡须。

拨号 bōhào
左手伸拇、小指，拇指置于耳边，小指置于嘴前，如打电话状；右手伸食指，指尖朝下，随意点动几下。
（可根据实际表示拨号的方式）

速率 sùlǜ
（一）一手拇、食指捏成圆形，向一侧微晃几下。
（二）左手食指横伸；右手直立，手背向外，手腕贴于左手食指，五指张开，交替点动几下。

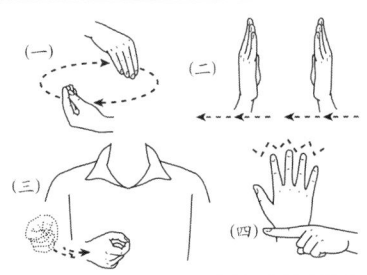

调制速率 tiáozhì sùlǜ
（一）双手五指撮合，指尖上下相对，交替平行转动两下。
（二）双手直立，掌心左右相对，向一侧一顿一顿移动几下。
（三）一手拇、食指捏成圆形，向一侧微晃几下。
（四）左手食指横伸；右手直立，手背向外，手腕贴于左手食指，五指张开，交替点动几下。

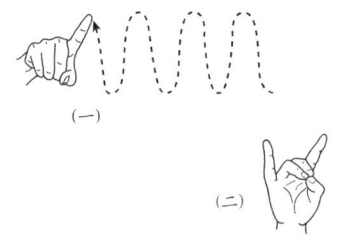

波特 bōtè
（一）一手伸食指，指尖朝前，向一侧做曲线形移动。
（二）一手打手指字母"T"的指式。

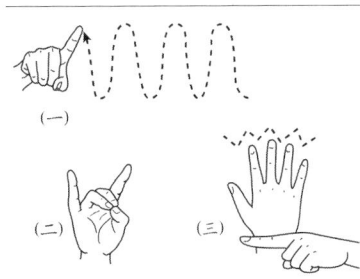

波特率 bōtèlǜ
（一）一手伸食指，指尖朝前，向一侧做曲线形移动。
（二）一手打手指字母"T"的指式。
（三）左手食指横伸；右手直立，手背向外，手腕贴于左手食指，五指张开，交替点动几下。

四、计算机网络　175

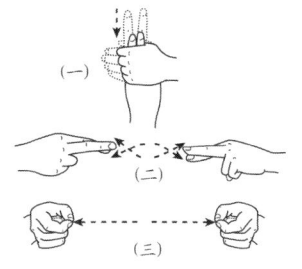

双绞线　shuāngjiǎoxiàn

（一）左手五指微曲，虎口朝上；右手食、中指直立分开，手背向外，边从上向下移入左手掌心内边并拢，左手握住右手食、中指。

（二）双手食、中指相叠，指尖相对，边向相反方向扭动边向两侧移动。

（三）双手拇、食指相捏，虎口朝上，从中间向两侧拉开。

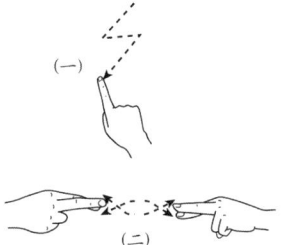

电缆　diànlǎn

（一）一手食指书空"彡"形。

（二）双手食、中指相叠，指尖相对，边向相反方向扭动边向两侧移动。

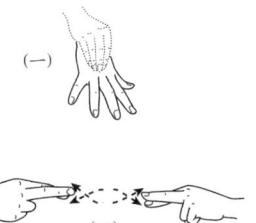

光缆　guānglǎn

（一）一手五指撮合，指尖朝下，然后张开。

（二）双手食、中指相叠，指尖相对，边向相反方向扭动边向两侧移动。

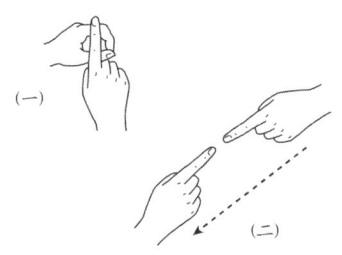

中继　zhōngjì

（一）左手拇、食指与右手食指搭成"中"字形。

（二）双手伸食指，指尖斜向相对，同时向斜下方移动。

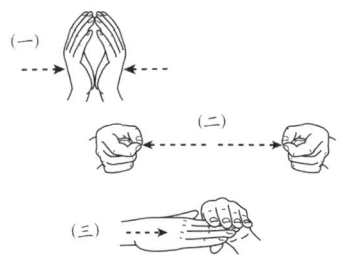

集线器　jíxiànqì

（一）双手直立，掌心左右相对，五指微曲，从两侧向中间移动。

（二）双手拇、食指相捏，虎口朝上，从中间向两侧拉开。

（三）左手五指成"匚"形，虎口朝内；右手平伸，手背向上，向前插入左手虎口内。

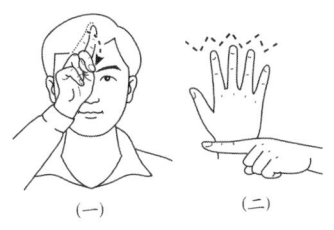

差错率　chācuòlǜ

（一）一手食、中指直立相叠，掌心向外，置于前额，中指向下弯动一下。

（二）左手食指横伸；右手直立，手背向外，手腕贴于左手食指，五指张开，交替点动几下。

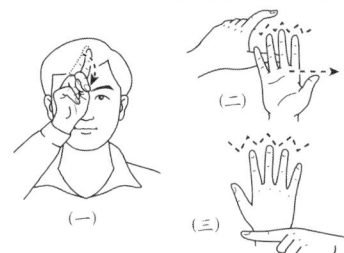

误码率 wùmǎlǜ

（一）一手食、中指直立相叠，掌心向外，置于前额，中指向下弯动一下。
（二）左手拇、食指成"匚"形，虎口朝内；右手直立，手背向外，五指张开，在左手"匚"形内边连续点动边从左向右移动，表示一串数码。
（三）左手食指横伸；右手直立，手背向外，手腕贴于左手食指，五指张开，交替点动几下。

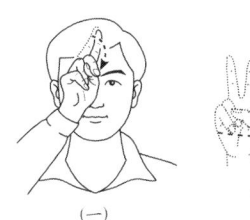

纠错 jiūcuò

（一）一手食、中指直立相叠，掌心向外，置于前额，中指向下弯动一下。
（二）一手食、中指直立分开，由掌心向外翻转为掌心向内。

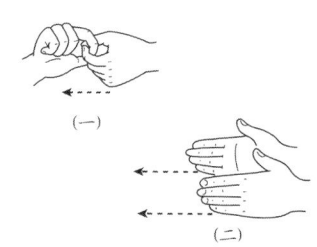

链路 liànlù

（一）双手拇、食指套环，向一侧移动。
（二）双手侧立，掌心相对，向前移动。

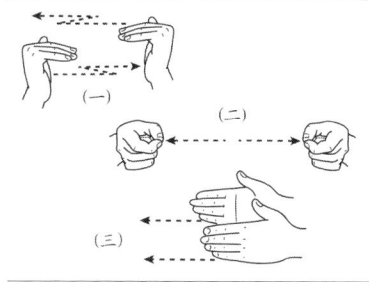

通信线路（通信链路） tōngxìn xiànlù（tōngxìn liànlù）

（一）双手五指与手掌成"⌐⌐"形，交错移动两下，表示彼此通讯往来。
（二）双手拇、食指相捏，虎口朝上，从中间向两侧拉开。
（三）双手侧立，掌心相对，向前移动。

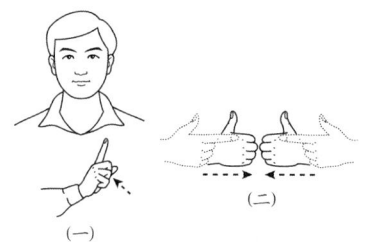

自适应 zìshìyìng

（一）右手食指直立，虎口朝内，贴向左胸部。
（二）双手伸拇、食指，手背向外，食指尖互碰一下，然后缩回，拇指直立。

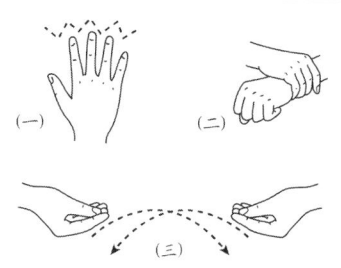

数据交换 shùjù jiāohuàn

（一）一手直立，掌心向内，五指张开，交替点动几下。
（二）左手握拳，手背向上；右手握住左手腕。
（三）双手五指撮合，指尖左右相对，掌心向上，然后左右互换位置。

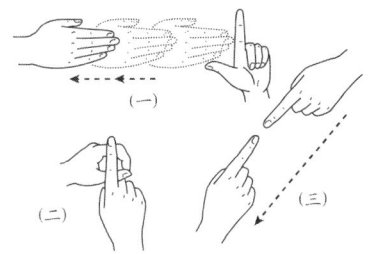

帧中继 zhēnzhōngjì

（一）左手拇、食指成"匚"形，手背向内；右手横立，掌心向内，五指并拢，从左手旁向右一顿一顿移动两下。
（二）左手拇、食指与右手食指搭成"中"字形。
（三）双手伸食指，指尖斜向相对，同时向斜下方移动。

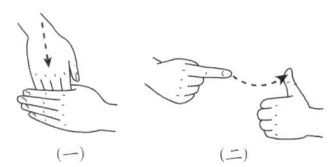

信头 xìntóu

（一）左手五指成"匚"形，虎口朝上；右手五指并拢，指尖朝下，插入左手虎口内。
（二）左手伸拇指；右手伸食指，碰一下左手拇指。

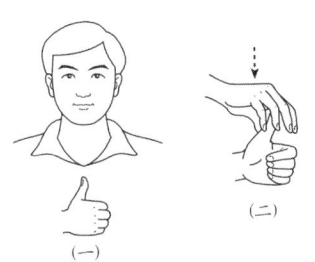

主控 zhǔkòng

（一）一手伸拇指，贴于胸部。
（二）左手伸拇指；右手五指微曲，掌心向下，罩向左手拇指。

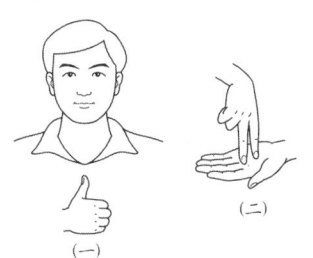

主站 zhǔzhàn

（一）一手伸拇指，贴于胸部。
（二）左手横伸；右手食、中指分开，指尖朝下，立于左手掌心上。

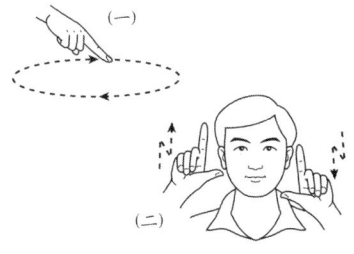

环形 huánxíng

（一）一手伸食指，指尖朝下转动两圈。
（二）双手拇、食指成"匚 匚"形，置于脸颊两侧，上下交替动两下。

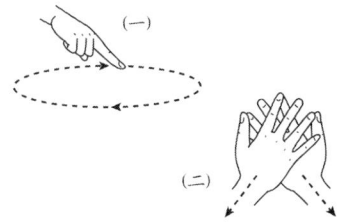

环网 huánwǎng

（一）一手伸食指，指尖朝下转动两圈。
（二）双手五指张开，手背向外，交叉相搭，向两侧斜下方移动。

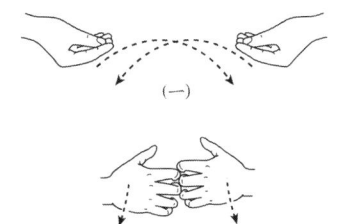

交换机 jiāohuànjī

（一）双手五指撮合，指尖左右相对，掌心向上，然后左右互换位置。
（二）双手五指弯曲，食、中、无名、小指关节交错相触，向下转动一下。

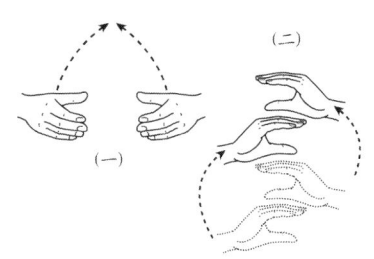

堆叠 duīdié

（一）双手五指弯曲，掌心相对，从下向上做弧形移动。
（二）双手五指成"⊏⊐"形，虎口朝内，交替上叠。

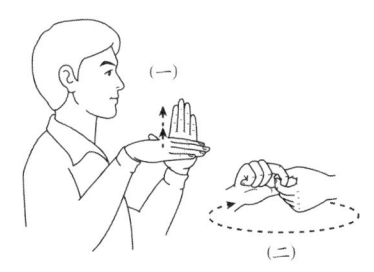

级联 jílián

（一）左手直立，掌心向右；右手平伸，掌心向下，在左手掌心上向上一顿一顿移动几下。
（二）双手拇、食指套环，顺时针平行转动一圈。

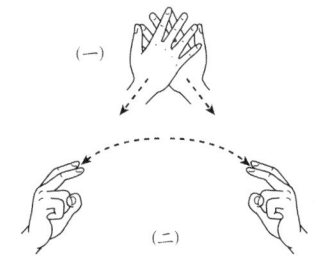

网桥 wǎngqiáo

（一）双手五指张开，手背向外，交叉相搭，向两侧斜下方移动。
（二）双手食、中指微曲分开，指尖相对，指背向上，从中间向两侧下方做弧形移动。

广播 guǎngbō

双手五指成"⌊ ⌋"形，虎口贴于嘴边，向前方两侧移动两下，口张开。

冲突 chōngtū

双手握拳，手背向外，用力互碰一下。

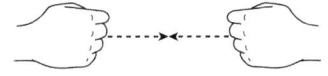

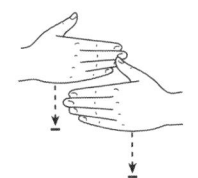
隔离 gélí
双手横立,掌心向内,一前一后,同时向下一顿。

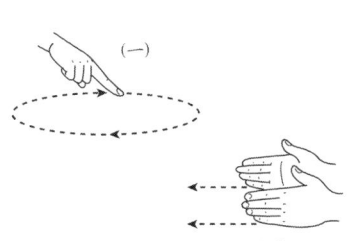
环路 huánlù
(一)一手伸食指,指尖朝下转动两圈。
(二)双手侧立,掌心相对,向前移动。

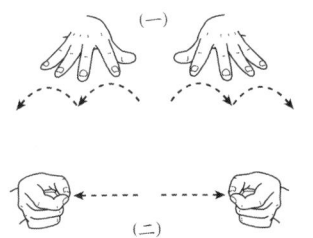
布线 bùxiàn
(一)双手五指张开,掌心向下,从中间向两侧按动两下。
(二)双手拇、食指相捏,虎口朝上,从中间向两侧拉开。

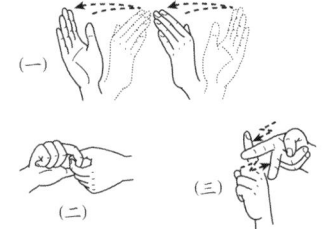
互连性 hùliánxìng
(一)双手直立,掌心左右相对,左右晃动一下。
(二)双手拇、食指套环。
(三)左手食指直立;右手食、中指横伸,指背交替弹左手食指背。

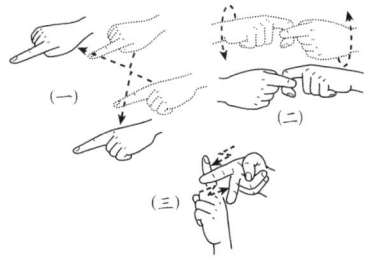
异构性 yìgòuxìng
(一)双手伸食指,指尖朝前,手背向上,先互碰一下,再分别向两侧移动。
(二)双手食指弯曲,互勾两下。
(三)左手食指直立;右手食、中指横伸,指背交替弹左手食指背。

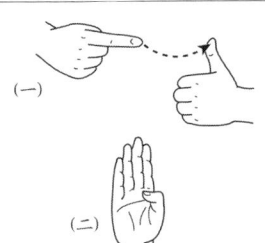
首部 shǒubù
(一)左手伸拇指;右手伸食指,碰一下左手拇指。
(二)一手打手指字母"B"的指式。

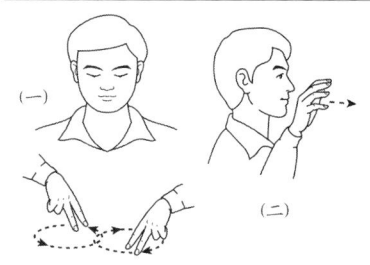

探询 tànxún
（一）双手食、中指分开，指尖朝下，左右交替转动两下，头微低，眼睛注视手的动作。
（二）一手五指微曲，掌心向外，从嘴前向外微移一下。

负载 fùzài
右手五指成"⊐"形，压向左肩，左肩随之向左一歪。

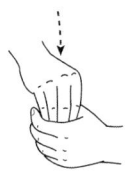

阻塞 zǔsè
左手五指成圆形，虎口朝上；右手五指撮合，指尖朝下，插入左手虎口内。

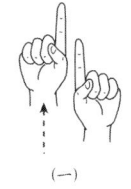 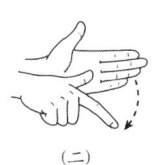

超时 chāoshí
（一）双手食指直立，掌心向外，左手不动，右手向上动一下。
（二）左手侧立；右手伸拇、食指，拇指尖抵于左手掌心，食指向下转动。

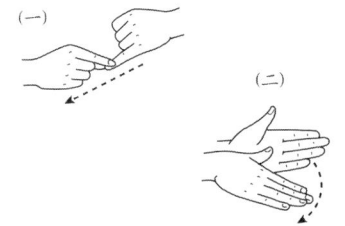

延迟 yánchí
（一）左手伸小指，手背向外；右手拇、食指捏住左手小指，向右下方拉动。
（二）左手侧立；右手平伸，拇指尖抵于左手掌心，其他四指向下转动，表示时间已迟。

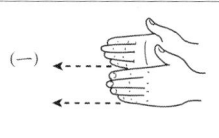
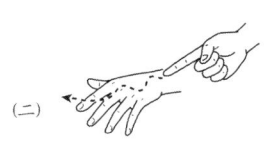

路由 lùyóu
（一）双手侧立，掌心相对，向前移动。
（二）左手平伸，五指张开；右手伸食指，在左手背上向前做曲线形移动。

无线路由器 wúxiàn lùyóuqì

　　双手食指直立，拇、中、无名、小指指尖相抵，搭成"⊏⊐"形，虎口朝内，仿有两个天线的无线路由器外形。

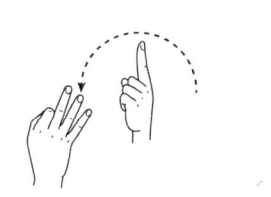

Wi-Fi（无线通信技术） wúxiàn tōngxìn jìshù

　　左手食指直立，手背向左；右手中、无名、小指分开，掌心向内，在左手上从左向右做弧形移动。

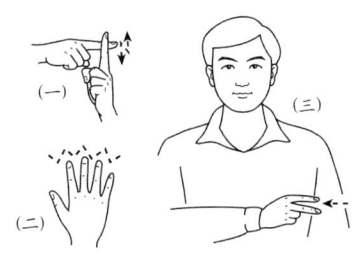

度量值 dùliàngzhí

　　（一）左手食指直立；右手食指横贴在左手食指上，然后上下微动几下。
　　（二）一手直立，掌心向内，五指张开，交替点动几下。
　　（三）右手食、中指分开，手背向外，在左臂上向右横划一下。

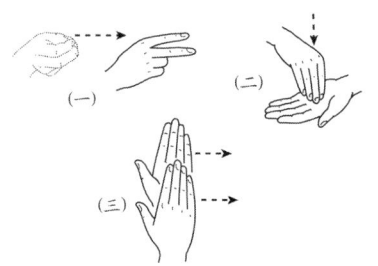

重定向 chóngdìngxiàng

　　（一）右手拇、食、中指相捏，手背向外，边向左移动边伸出食、中指。
　　（二）左手横伸；右手五指撮合，指尖朝下，按向左手掌心。
　　（三）双手直立，掌心左右相对，向前移动一下。

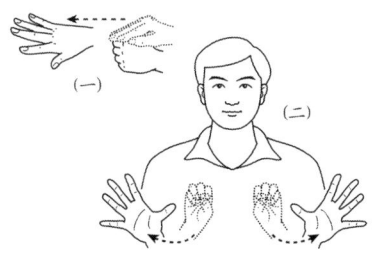

多播（组播） duōbō（zǔbō）

　　（一）左手握拳，虎口朝上；右手五指撮合，手背向上，置于左手虎口上，然后边向前移动边张开，表示多播是一点对多点的通信。
　　（二）双手五指撮合，指尖朝前，置于胸前，然后边向前移动边张开。

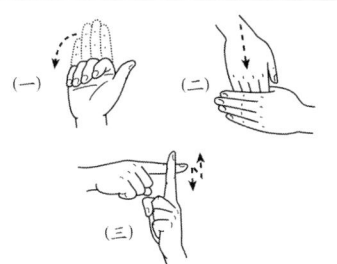

可信度 kěxìndù

　　（一）一手直立，掌心向外，然后食、中、无名、小指弯动一下。
　　（二）左手五指成"⊏"形，虎口朝上；右手五指并拢，指尖朝下，插入左手虎口内。
　　（三）左手食指直立；右手食指横贴在左手食指上，然后上下微动几下。

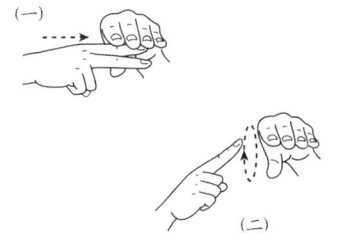

端口 duānkǒu

（一）左手五指成"匚"形，虎口朝内；右手食、中指分开，指尖朝前，手背向上，插入左手虎口内。
（二）左手五指成"匚"形，虎口朝内；右手伸食指，指尖朝前，沿左手虎口转动一圈。

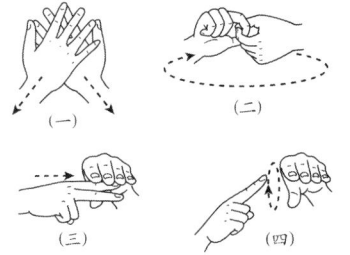

网络端口 wǎngluò duānkǒu

（一）双手五指张开，手背向外，交叉相搭，向两侧斜下方移动。
（二）双手拇、食指套环，顺时针平行转动一圈。
（三）左手五指成"匚"形，虎口朝内；右手食、中指分开，指尖朝前，手背向上，插入左手虎口内。
（四）左手五指成"匚"形，虎口朝内；右手伸食指，指尖朝前，沿左手虎口转动一圈。

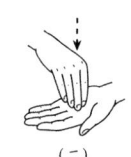

绑定 bǎngdìng

（一）左手五指撮合，指尖朝上；右手拇、食、中指相捏，在左手上绕两圈。
（二）左手横伸；右手五指撮合，指尖朝下，按向左手掌心。

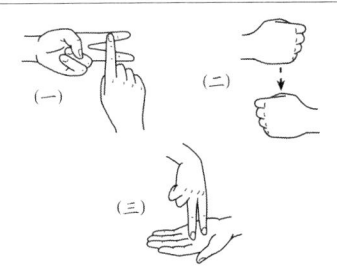

工作站 gōngzuòzhàn

（一）左手食、中指与右手食指搭成"工"字形。
（二）双手握拳，一上一下，右拳向下砸一下左拳。
（三）左手横伸；右手食、中指分开，指尖朝下，立于左手掌心上。

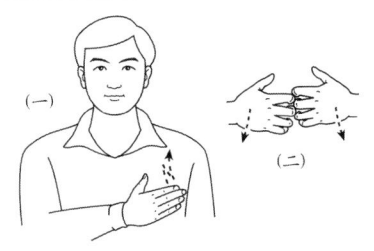

服务器 fúwùqì

（一）右手横立，掌心向内，在左胸部向上划动两下。
（二）双手五指弯曲，食、中、无名、小指关节交错相触，向下转动一下。

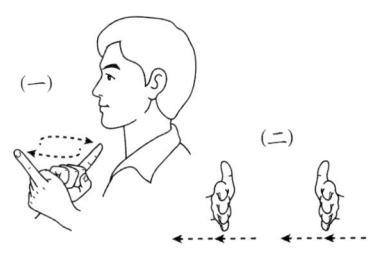

代理 dàilǐ

（一）双手伸食指，手腕交叉相贴，然后前后转动，互换位置。
（二）双手侧立，掌心相对，向一侧一顿一顿移动几下。

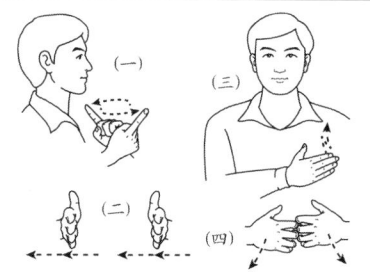

代理服务器 dàilǐ fúwùqì

（一）双手伸食指，手腕交叉相贴，然后前后转动，互换位置。

（二）双手侧立，掌心相对，向一侧一顿一顿移动几下。

（三）右手横立，掌心向内，在左胸部向上划动两下。

（四）双手五指弯曲，食、中、无名、小指关节交错相触，向下转动一下。

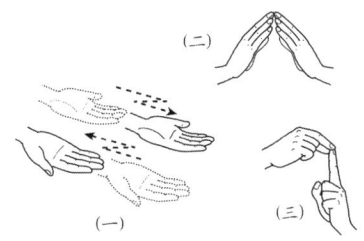

客户端 kèhùduān

（一）双手平伸，掌心向上，前后交替移动两下。

（二）双手搭成"∧"形。

（三）左手食指直立；右手拇、食指捏住左手食指尖。

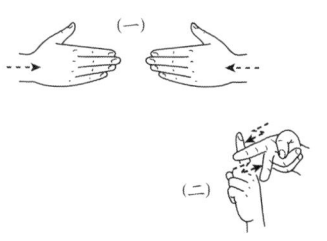

对称性 duìchènxìng

（一）双手横立，掌心向内，从两侧向中间微移一下。

（二）左手食指直立；右手食、中指横伸，指背交替弹左手食指背。

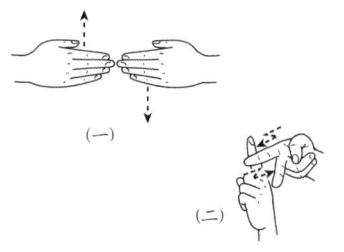

不对称性 bùduìchènxìng

（一）双手横立，掌心向内，分别向上下方向移动一下。

（二）左手食指直立；右手食、中指横伸，指背交替弹左手食指背。

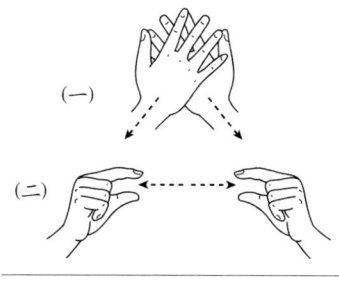

网址 wǎngzhǐ

（一）双手五指张开，手背向外，交叉相搭，向两侧斜下方移动。

（二）双手拇、食指张开，指尖相对，虎口朝内，从中间向两侧拉开。

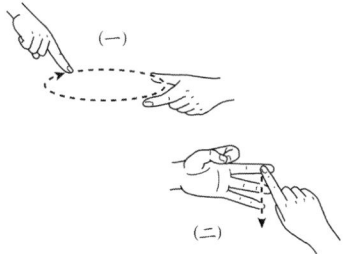

域名 yùmíng

（一）左手拇、食指成半圆形，虎口朝上；右手伸食指，指尖朝下，沿左手虎口划一圈。

（二）左手中、无名、小指横伸分开，掌心向内；右手伸食指，自左手中指尖向下划动。

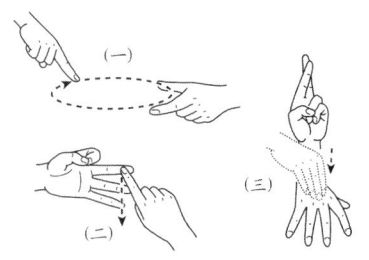

域名系统 yùmíng xìtǒng

（一）左手拇、食指成半圆形，虎口朝上；右手伸食指，指尖朝下，沿左手虎口划一圈。

（二）左手中、无名、小指横伸分开，掌心向内；右手伸食指，自左手中指尖向下划动。

（三）左手打手指字母"X"的指式，在上不动；右手五指撮合，指尖朝下，边从左手腕向下移动边张开。

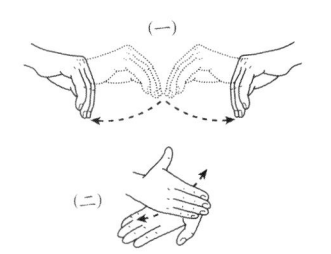

解析 jiěxī

（一）双手手背拱起，指背相对，分别向两侧扒动一下。

（二）左手横伸；右手侧立，置于左手掌心上，并左右拨动两下。

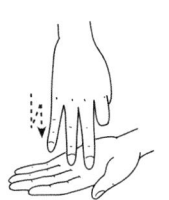

注册 zhùcè

左手横伸；右手伸中、无名、小指，指尖朝下，在左手掌心上点两下。

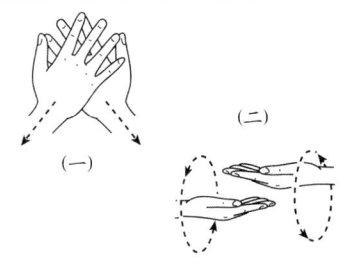

电子商务 diànzǐ shāngwù

（一）双手五指张开，手背向外，交叉相搭，向两侧斜下方移动。

（二）双手横伸，掌心向上，前后交替转动两下。

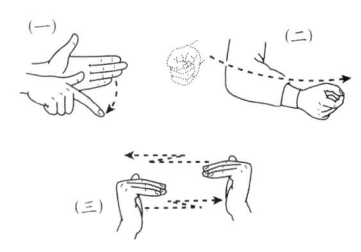

即时通信 jíshí tōngxìn

（一）左手侧立；右手伸拇、食指，拇指尖抵于左手掌心，食指向下转动。

（二）一手拇、食指捏成圆形，向一侧快速划动。

（三）双手五指与手掌成"⌐⌐"形，交错移动两下，表示彼此通讯往来。

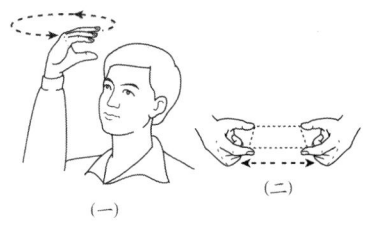

云盘 yúnpán

（一）一手五指成"⊐"形，虎口朝内，在头前上方平行转动两下。

（二）双手拇、食指张开，指尖相对，虎口朝上，从中间向两侧移动。

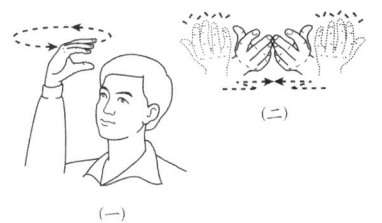

云计算 yúnjìsuàn
（一）一手五指成"⊃"形，虎口朝内，在头前上方平行转动两下。
（二）双手五指微曲，掌心向上，边交替点动边互碰两下。

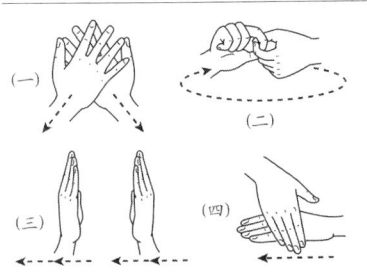

网络规划 wǎngluò guīhuà
（一）双手五指张开，手背向外，交叉相搭，向两侧斜下方移动。
（二）双手拇、食指套环，顺时针平行转动一圈。
（三）双手直立，掌心左右相对，向一侧一顿一顿移动几下。
（四）左手横伸，掌心向下；右手食、中、无名、小指并拢，指尖朝下，沿左手小指外侧划一下。

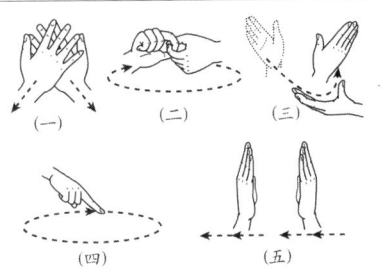

网络空间秩序 wǎngluò kōngjiān zhìxù
（一）双手五指张开，手背向外，交叉相搭，向两侧斜下方移动。
（二）双手拇、食指套环，顺时针平行转动一圈。
（三）左手斜伸，掌心向斜后方；右手食、中、无名、小指并拢，指尖朝前，小指外侧从右向左在左手虎口处刮一下。
（四）一手伸食指，指尖朝下划一大圈。
（五）双手直立，掌心左右相对，向一侧一顿一顿移动几下。

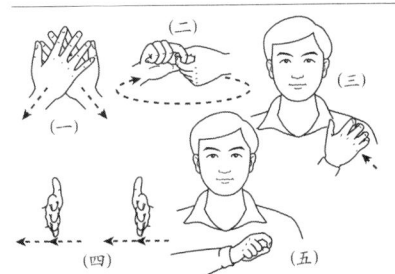

网络管理员 wǎngluò guǎnlǐyuán
（一）双手五指张开，手背向外，交叉相搭，向两侧斜下方移动。
（二）双手拇、食指套环，顺时针平行转动一圈。
（三）右手五指微曲，指尖朝内，按向左肩。
（四）双手侧立，掌心相对，向一侧一顿一顿移动几下。
（五）右手拇、食指捏成圆形，虎口朝内，贴于左胸部。

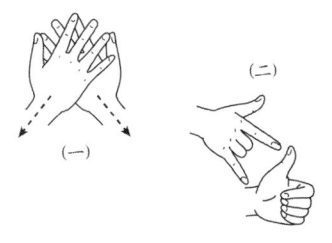

网监 wǎngjiān
（一）双手五指张开，手背向外，交叉相搭，向两侧斜下方移动。
（二）左手伸拇指，在前；右手伸拇、食、小指，在后上方，指尖对着左手拇指。

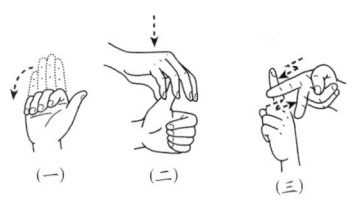

可控性 kěkòngxìng
（一）一手直立，掌心向外，然后食、中、无名、小指弯动一下。
（二）左手伸拇指；右手五指微曲，掌心向下，罩向左手拇指。
（三）左手食指直立；右手食、中指横伸，指背交替弹左手食指背。

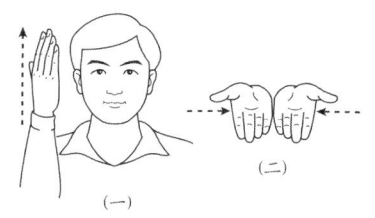

权限 quánxiàn

（一）右手侧立，五指微曲张开，边向左做弧形移动边握拳。

（二）左手伸拇指；右手拇、食指张开，指尖朝前，从后向下套向左手拇指，表示限定了范围。

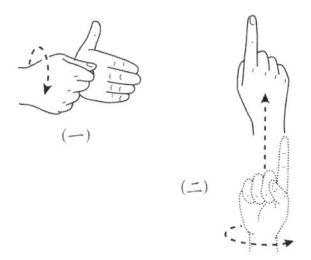

认证 rènzhèng

（一）右手直立，掌心向左，向上一伸。

（二）双手平伸，掌心向上，从两侧向中间移动并互碰。

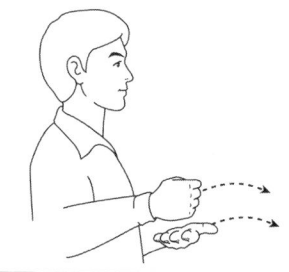

激活 jīhuó

（一）左手侧立；右手拇、食指相捏，在左手掌心上转动一下。

（二）一手食指直立，边转动手腕边向上移动。

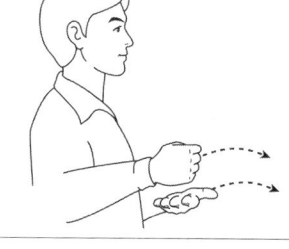

授权 shòuquán

左手横伸；右手握拳，置于左手掌心上方，双手同时向前做弧形移动。

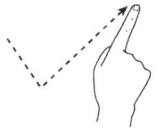

许可 xǔkě

一手伸食指，指尖朝前，划"√"形。

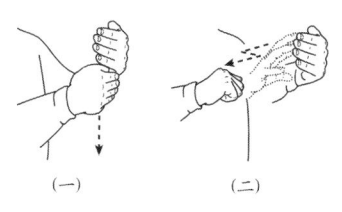

爬取 páqǔ

（一）双手横立，掌心向内，五指并拢，左手在上不动，右手向下移动一下。

（二）左手横立，掌心向内，五指并拢，在前；右手五指张开，指尖朝前，边从左手掌心上向后移动边握拳，重复一次。

（此手语表示从网页上获取信息）

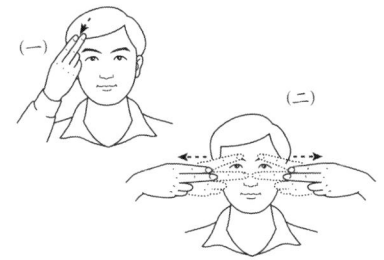

黑客 hēikè

（一）一手打手指字母"H"的指式，摸一下头发。

（二）双手食、中指分开，掌心向内，置于眼部，然后分别向两侧移动并并拢。

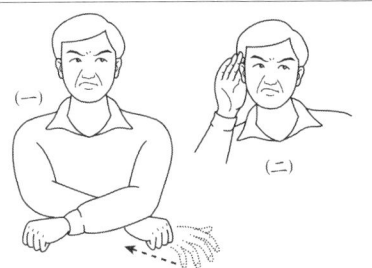

窃听 qiètīng

（一）左臂横伸，左手握拳，手背向上；右手五指张开，掌心向下，边从左臂下向右移动边握拳，眼睛朝左斜视，表示暗中偷窃。

（二）一手直立，掌心向外，五指微曲，贴于耳部，眼睛朝左斜视，面露专注的表情。

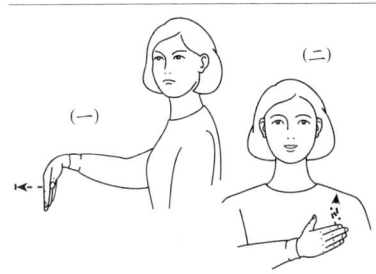

拒绝服务 jùjué fúwù

（一）一手五指并拢，指尖朝下，掌心向内，用力向前一顿，头歪向一侧，面露严肃的表情。

（二）右手横立，掌心向内，在左胸部向上划动两下。

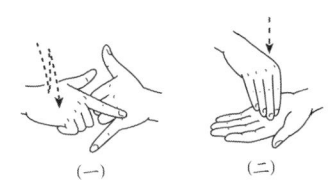

身份鉴定 shēnfèn jiàndìng

（一）左手伸拇、小指，手背向外；右手伸拇、食指，指尖对着左手，向下移动两下。

（二）左手横伸；右手五指撮合，指尖朝下，按向左手掌心。

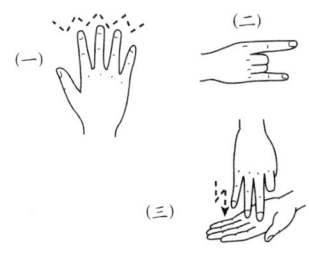

数字签名 shùzì qiānmíng

（一）一手直立，掌心向内，五指张开，交替点动几下。

（二）一手打手指字母"Z"的指式。

（三）左手横伸；右手伸中、无名、小指，指尖朝下，在左手掌心上点两下。

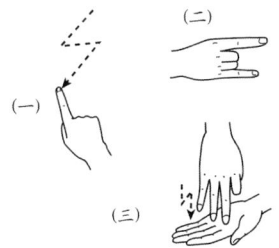

电子签名 diànzǐ qiānmíng

（一）一手食指书空"ㄣ"形。

（二）一手打手指字母"Z"的指式。

（三）左手横伸；右手伸中、无名、小指，指尖朝下，在左手掌心上点两下。

反向链接 fǎnxiàng liànjiē

（一）左手伸食指，指尖朝前，手背向上；右手侧立，指尖朝内，在左手食指旁向内移动一下。

（二）双手拇、食指套环，向一侧移动。

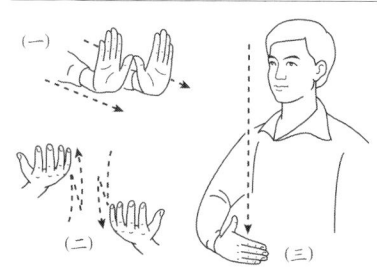

防火墙 fánghuǒqiáng

（一）双手直立，掌心向外一推。

（二）双手五指微曲，指尖朝上，上下交替动几下，如火苗跳动状。

（三）一手横立，掌心向内，从上向下移动。

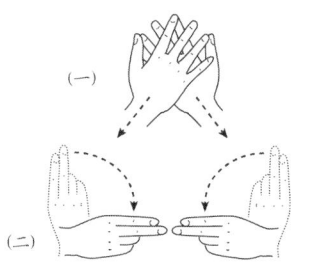

网关 wǎngguān

（一）双手五指张开，手背向外，交叉相搭，向两侧斜下方移动。

（二）双手食、中指直立并拢，手背向外，然后转腕，指尖相对。

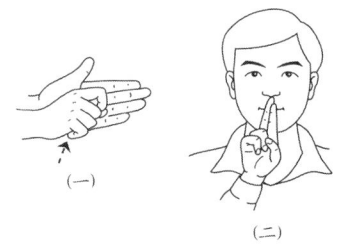

加密 jiāmì

（一）左手侧立；右手拇、食指捏成圆形，虎口朝左，贴向左手掌心。

（二）一手食、中指直立相叠，手背向斜后方，贴于嘴部，嘴闭拢。

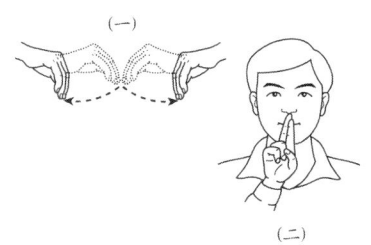

解密 jiěmì

（一）双手手背拱起，指背相对，分别向两侧扒动一下。

（二）一手食、中指直立相叠，手背向斜后方，贴于嘴部，嘴闭拢。

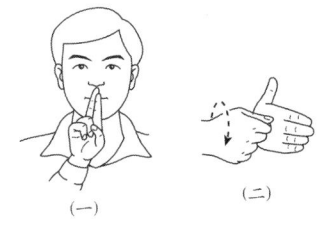

密钥 mìyào

（一）一手食、中指直立相叠，手背向斜后方，贴于嘴部，嘴闭拢。

（二）左手侧立；右手拇、食指相捏，在左手掌心上转动一下。

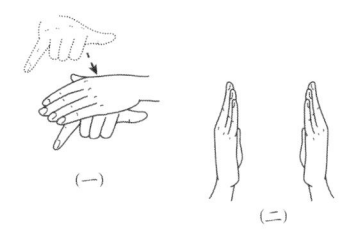

潜伏期 qiánfúqī

（一）左手横伸；右手伸拇、小指，手背向上，从后向前移入左手掌心下。

（二）双手直立，掌心左右相对。

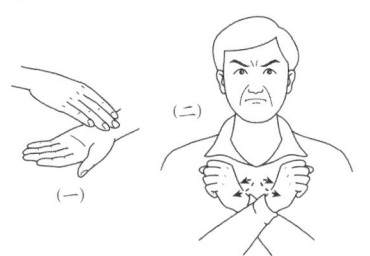

病毒 bìngdú

（一）左手平伸，掌心向上；右手五指并拢，食、中、无名指指尖按于左手腕的脉门处。

（二）双手握拳屈肘，手腕交叉相搭，置于身前，前后微转两下。

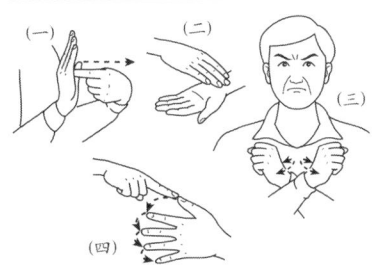

反病毒程序 fǎnbìngdú chéngxù

（一）左手伸食指，指尖朝内；右手直立，掌心抵于左手食指，用力向外一推。

（二）左手平伸，掌心向上；右手五指并拢，食、中、无名指指尖按于左手腕的脉门处。

（三）双手握拳屈肘，手腕交叉相搭，置于身前，前后微转两下。

（四）左手横立，掌心向内，五指张开；右手伸食指，从左手拇指依次向下点至小指。

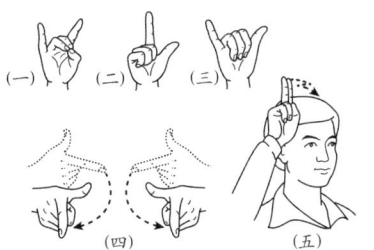

特洛伊木马① Tèluòyī mùmǎ ①

（一）一手打手指字母"T"的指式。

（二）一手打手指字母"L"的指式。

（三）一手打手指字母"Y"的指式。

（四）双手伸拇、食指，虎口朝上，手腕向前转动一下。

（五）一手食、中指直立并拢，虎口贴于太阳穴，向前微动两下，仿马的耳朵。

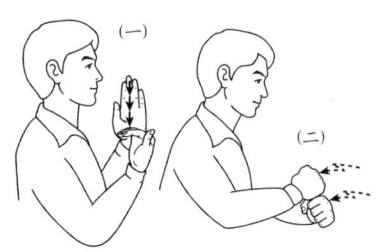

特洛伊木马② Tèluòyī mùmǎ ②

（一）左手直立，掌心向右；右手食、中、无名、小指并拢弯曲，指尖朝内，小指外侧贴于左手指面，拇指伸出，向下一顿一顿移动几下。

（二）双手握拳，左手在下，右手在上，同时向后移动几下，模仿手握缰绳骑马的动作。

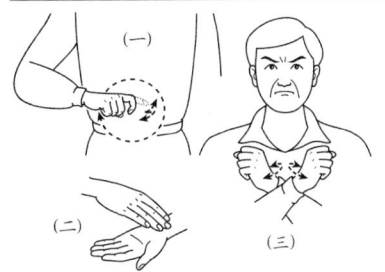

蠕虫病毒 rúchóng bìngdú

（一）一手食指横伸，手背向上，边弯动边在腹部转动一圈。

（二）左手平伸，掌心向上；右手五指并拢，食、中、无名指指尖按于左手腕的脉门处。

（三）双手握拳屈肘，手腕交叉相搭，置于身前，前后微转两下。

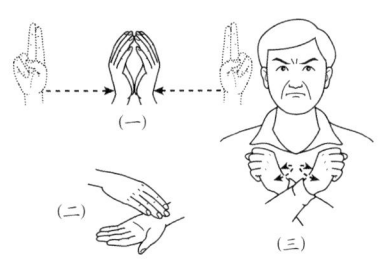

宏病毒　hóngbìngdú
（一）双手打手指字母"H"的指式，然后五指微曲，掌心左右相对，从两侧向中间移动。
（二）左手平伸，掌心向上；右手五指并拢，食、中、无名指指尖按于左手腕的脉门处。
（三）双手握拳屈肘，手腕交叉相搭，置于身前，前后微转两下。

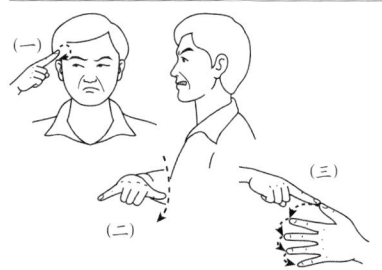

恶意程序　èyì chéngxù
（一）一手伸食指，在太阳穴前后转动一圈，面带坏相。
（二）一手伸拇、小指，拇指尖抵于胸部，用力向下一划，面露凶恶的表情。
（三）左手横立，掌心向内，五指张开；右手伸食指，从左手拇指依次向下点至小指。

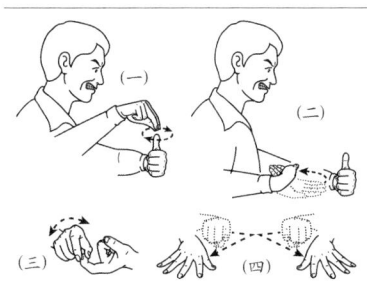

勒索软件　lèsuǒ ruǎnjiàn
（一）左手伸拇指，手背向外；右手拇、食、中指相捏，在左手拇指上转动两圈，面露威胁的表情。
（二）左手伸拇指，手背向外；右手平伸，掌心向上，指尖对着左手，然后向内转腕，面露威胁的表情，表示向别人索要东西。
（三）右手拇、食指捏住左手食指尖，随意晃动几下，左手食指随之弯曲。
（四）双手食指指尖朝前，手背向上，先互碰一下，再分开并张开五指。

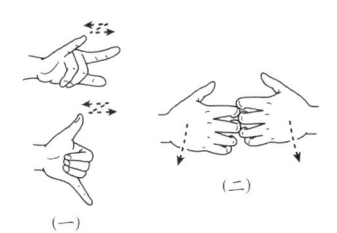

僵尸机　jiāngshījī
（一）左手伸拇、小指，手背向左；右手伸拇、食、小指，手背向上，置于左手上方，然后双手同时前后晃动几下。
（二）双手五指弯曲，食、中、无名、小指关节交错相触，向下转动一下。

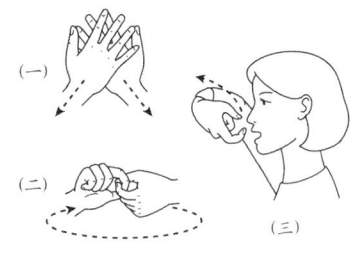

网络钓鱼①　wǎngluò diàoyú ①
（一）双手五指张开，手背向外，交叉相搭，向两侧斜下方移动。
（二）双手拇、食指套环，顺时针平行转动一圈。
（三）口张开，一手食指弯曲如钩，指尖朝上，置于嘴前，然后向前上方拉动。

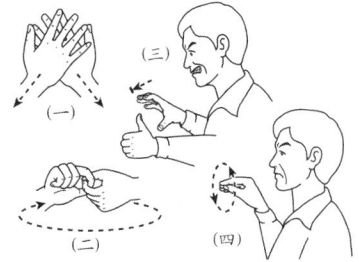

网络诈骗（网络钓鱼②）
wǎngluò zhàpiàn（wǎngluò diàoyú ②）
（一）双手五指张开，手背向外，交叉相搭，向两侧斜下方移动。
（二）双手拇、食指套环，顺时针平行转动一圈。
（三）左手伸拇指；右手五指弯曲，指尖朝下，移向左手拇指并一顿，面露威胁的表情。
（四）一手五指撮合，指尖朝前，手腕转动两下，面露阴险的表情。

四、计算机网络 191

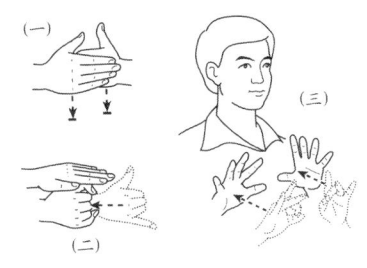

保护隐私 bǎohù yǐnsī

（一）左手伸拇指；右手横立，掌心向内，五指微曲，置于左手前，然后双手同时向下一顿。

（二）左手平伸；右手拇、小指伸出，手背向右，边向左手掌心下移动边蜷曲。

（三）双手拇、中指相捏，虎口朝内，边碰向同侧胸部边张开。

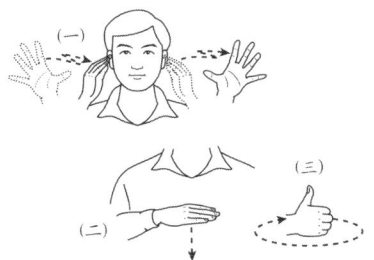

信息安全 xìnxī ānquán

（一）左手五指撮合，指尖抵于左耳，右手五指张开，掌心向外，然后左手向左移动并张开，掌心向外，右手同时向右耳移动并撮合，指尖抵于右耳，双手重复一次。

（二）一手横伸，掌心向下，自胸部向下一按。

（三）一手伸拇指，顺时针平行转动一圈。

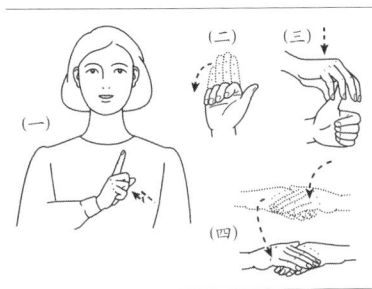

自主可控技术 zìzhǔ kěkòng jìshù

（一）右手食指直立，虎口朝内，碰两下左胸部。

（二）一手直立，掌心向外，然后食、中、无名、小指弯动一下。

（三）左手伸拇指；右手五指微曲，掌心向下，罩向左手拇指。

（四）双手横伸，掌心向下，互拍手背。

五、人工智能

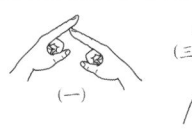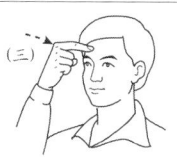

人工智能①　réngōng zhìnéng ①
（一）双手食指搭成"人"字形。
（二）左手食、中指与右手食指搭成"工"字形。
（三）一手伸食指，点一下前额。
（四）一手直立，掌心向外，然后食、中、无名、小指弯动一下。

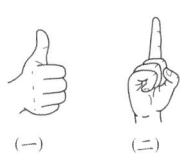

人工智能②（AI）　réngōng zhìnéng ②
（一）一手打手指字母"A"的指式。
（二）一手打手指字母"I"的指式。

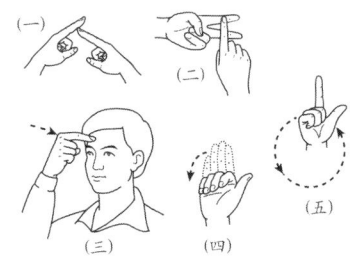

人工智能伦理　réngōng zhìnéng lúnlǐ
（一）双手食指搭成"人"字形。
（二）左手食、中指与右手食指搭成"工"字形。
（三）一手伸食指，点一下前额。
（四）一手直立，掌心向外，然后食、中、无名、小指弯动一下。
（五）一手打手指字母"L"的指式，上下转动两圈。

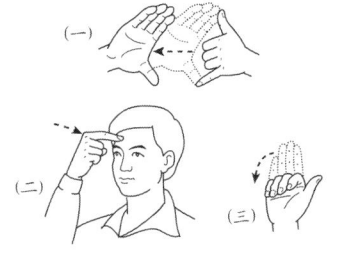

具身智能　jùshēn zhìnéng
（一）左手伸拇、小指，手背向外；右手五指微曲，指尖朝前，从左手处向右移动。
（二）一手伸食指，点一下前额。
（三）一手直立，掌心向外，然后食、中、无名、小指弯动一下。

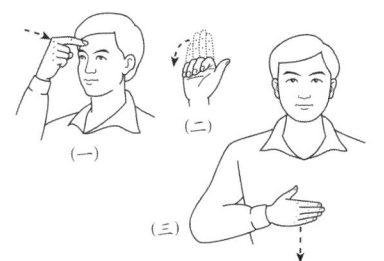

智能体　zhìnéngtǐ
（一）一手伸食指，点一下前额。
（二）一手直立，掌心向外，然后食、中、无名、小指弯动一下。
（三）一手掌心贴于胸部，向下移动一下。

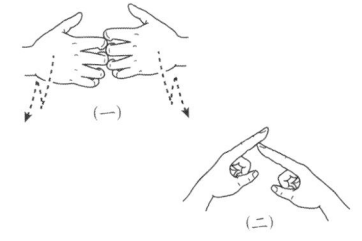

机器人 jīqìrén

（一）双手五指弯曲，食、中、无名、小指关节交错相触，向下转动两下。

（二）双手食指搭成"人"字形。

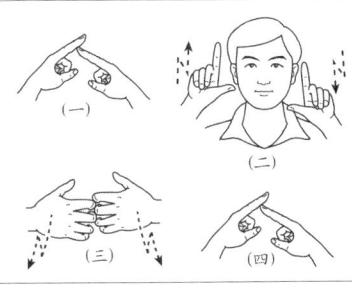

人形机器人 rénxíng jīqìrén

（一）双手食指搭成"人"字形。

（二）双手拇、食指成"⌊ ⌋"形，置于脸颊两侧，上下交替动两下。

（三）双手五指弯曲，食、中、无名、小指关节交错相触，向下转动两下。

（四）双手食指搭成"人"字形。

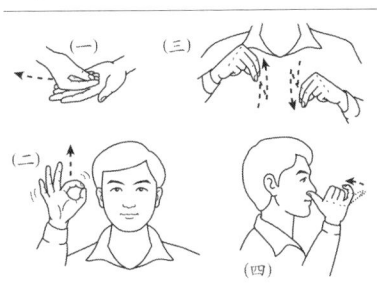

图灵测试 túlíng cèshì

（一）左手横伸；右手五指撮合，指背在左手掌心上抹一下。

（二）一手拇、食指捏成圆形，其他三指直立分开，虎口朝内，边晃动边向上移动。

（三）双手拇、食、中指相捏，指尖朝下，上下交替动两下。

（四）一手伸拇、小指，指尖朝上，拇指置于鼻翼一侧，小指弯动一下。

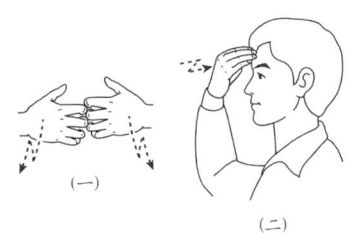

机器学习 jīqì xuéxí

（一）双手五指弯曲，食、中、无名、小指关节交错相触，向下转动两下。

（二）一手五指撮合，指尖朝内，朝前额按动两下。

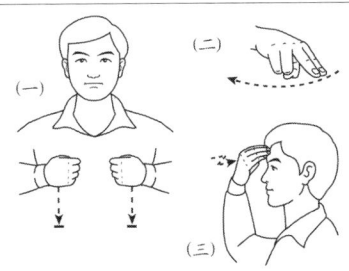

强化学习 qiánghuà xuéxí

（一）双手握拳屈肘，同时用力向下一顿。

（二）一手打手指字母"H"的指式，指尖朝前斜下方，平行划动一下。

（三）一手五指撮合，指尖朝内，朝前额按动两下。

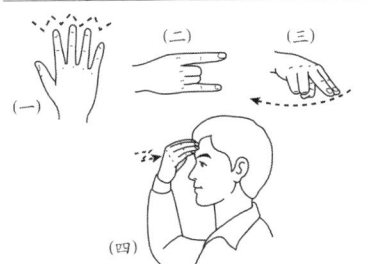

数字化学习 shùzìhuà xuéxí

（一）一手直立，掌心向内，五指张开，交替点动几下。

（二）一手打手指字母"Z"的指式。

（三）一手打手指字母"H"的指式，指尖朝前斜下方，平行划动一下。

（四）一手五指撮合，指尖朝内，朝前额按动两下。

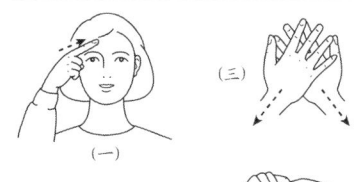
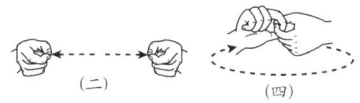

神经网络 shénjīng wǎngluò

（一）一手伸食指，指尖朝内，在前额斜向移动一下。
（二）双手拇、食指相捏，虎口朝上，从中间向两侧拉开。
（三）双手五指张开，手背向外，交叉相搭，向两侧斜下方移动。
（四）双手拇、食指套环，顺时针平行转动一圈。

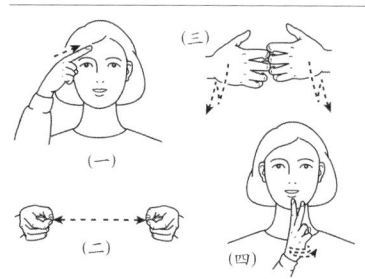

神经机器翻译 shénjīng jīqì fānyì

（一）一手伸食指，指尖朝内，在前额斜向移动一下。
（二）双手拇、食指相捏，虎口朝上，从中间向两侧拉开。
（三）双手五指弯曲，食、中、无名、小指关节交错相触，向下转动两下。
（四）右手食、中指直立分开，食指尖外侧贴于下唇，然后向左转动90度，手背向外，重复一次。

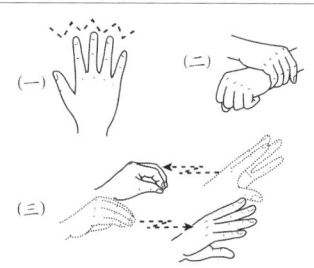

数据采集 shùjù cǎijí

（一）一手直立，掌心向内，五指张开，交替点动几下。
（二）左手握拳，手背向上；右手握住左手腕。
（三）双手五指张开，掌心向外，在不同位置边交替做开合的动作边向内移动。

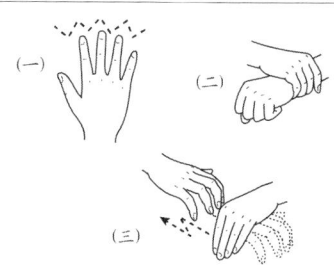

数据挖掘 shùjù wājué

（一）一手直立，掌心向内，五指张开，交替点动几下。
（二）左手握拳，手背向上；右手握住左手腕。
（三）左手横伸，手背拱起；右手五指微曲，掌心向下，在左手掌心下向后刨动两下。

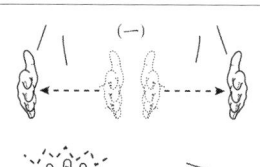
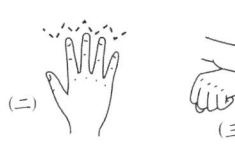

大数据 dàshùjù

（一）双手侧立，掌心相对，同时向两侧移动，幅度要大些。
（二）一手直立，掌心向内，五指张开，交替点动几下。
（三）左手握拳，手背向上；右手握住左手腕。

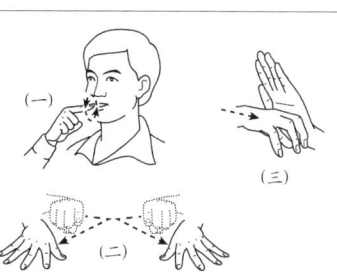

语料库 yǔliàokù

（一）一手食指横伸，在嘴前前后转动两下。
（二）双手食指指尖朝前，手背向上，先互碰一下，再分开并张开五指。
（三）左手斜伸，掌心向右下方；右手五指弯曲，指尖朝下，从后向前移入左手内。

五、人工智能

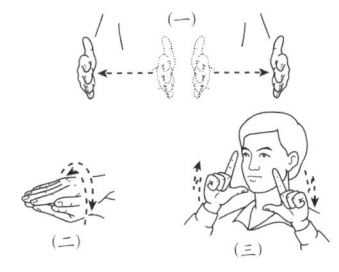

大模型 dàmóxíng
（一）双手侧立，掌心相对，同时向两侧移动，幅度要大些。
（二）双手平伸，掌心相合，手背拱起，左右翻转两下。
（三）双手拇、食指成"⌐⌐"形，置于脸颊两侧，上下交替动两下。

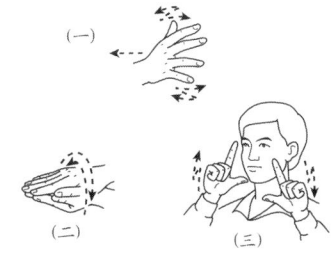

多模态 duōmótài
（一）一手侧立，五指张开，边抖动边向一侧移动，表示多。
（二）双手平伸，掌心相合，手背拱起，左右翻转两下。
（三）双手拇、食指成"⌐⌐"形，置于脸颊两侧，上下交替动两下。

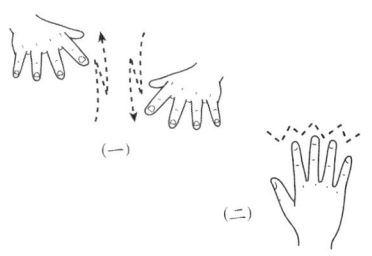

海量 hǎiliàng
（一）双手平伸，掌心向下，五指张开，上下交替移动，表示起伏的波浪。
（二）一手直立，掌心向内，五指张开，交替点动几下。

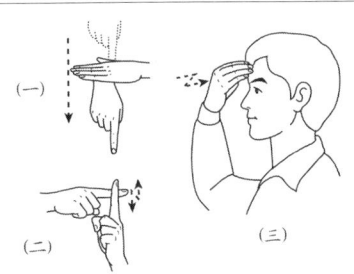

深度学习 shēndù xuéxí
（一）左手横伸，掌心向下；右手伸食指，指尖朝下，从左手内侧向下移动较长距离。
（二）左手食指直立；右手食指横贴在左手食指上，然后上下微动几下。
（三）一手五指撮合，指尖朝内，朝前额按动两下。

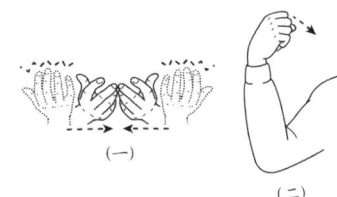

算力 suànlì
（一）双手五指微曲，掌心向上，边交替点动边互碰。
（二）一手握拳屈肘，用力向内弯动一下。

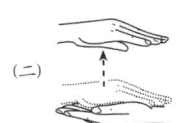

卷积 juǎnjī
（一）双手五指弯曲，虎口左右相对，同时向前做卷动的动作。
（二）双手横伸，掌心相贴，左手在下不动，右手向上移动，表示积累的意思。

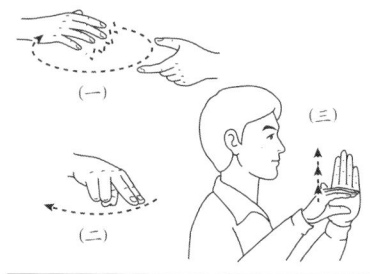

池化层　chíhuàcéng
　　（一）左手拇、食指成半圆形，虎口朝上；右手横伸，掌心向下，五指张开，边交替点动边在左手旁顺时针转动一圈。
　　（二）一手打手指字母"H"的指式，指尖朝前斜下方，平行划动一下。
　　（三）左手直立，掌心向右；右手五指成"⊐"形，指尖朝前，虎口贴于左手掌心，向上一顿一顿移动几下。

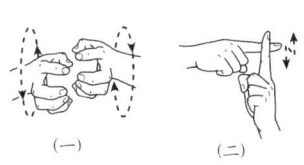

复杂度　fùzádù
　　（一）双手五指弯曲，指尖左右相对，前后交替转动几下。
　　（二）左手食指直立；右手食指横贴在左手食指上，然后上下微动几下。

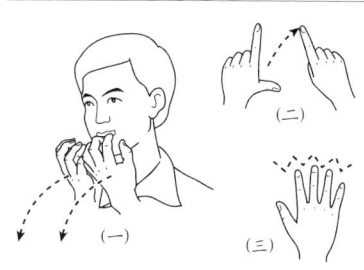

损失函数　sǔnshī hánshù
　　（一）双手五指弯曲，指尖朝内，从嘴部向前下方移动。
　　（二）左手拇、食指成"⌞"形，手背向内；右手伸食指，从左手虎口旁向右上方做弧形移动。
　　（三）一手直立，掌心向内，五指张开，交替点动几下。

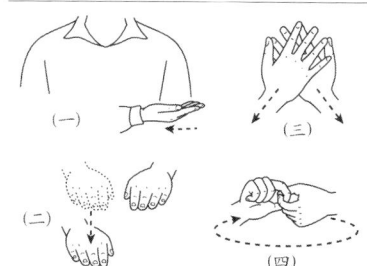

残差网络　cánchā wǎngluò
　　（一）右手横伸，掌心向上，在左上臂划一下。
　　（二）双手平伸，掌心向下，左手不动，右手向下一沉。
　　（三）双手五指张开，手背向外，交叉相搭，向两侧斜下方移动。
　　（四）双手拇、食指套环，顺时针平行转动一圈。

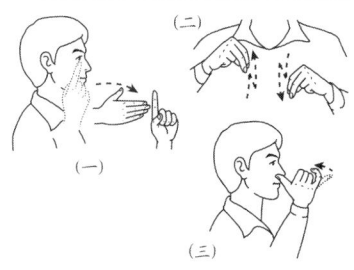

目标检测　mùbiāo jiǎncè
　　（一）左手食指直立；右手伸食指，指一下右眼，然后手侧立，指向左手食指。
　　（二）双手拇、食、中指相捏，指尖朝下，上下交替动两下。
　　（三）一手伸拇、小指，指尖朝上，拇指置于鼻翼一侧，小指弯动一下。

目标跟踪　mùbiāo gēnzōng
　　（一）左手食指直立；右手伸食指，指一下右眼，然后手侧立，指向左手食指。
　　（二）双手伸拇、小指，一前一后，同时向前做曲线形移动。

五、人工智能 197

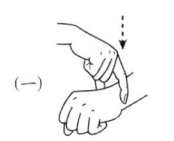 

基准 jīzhǔn
（一）左手握拳，手背向上；右手拇、食指张开，指尖朝下，插向左手腕两侧。
（二）左手食指直立；右手侧立，指向左手食指。

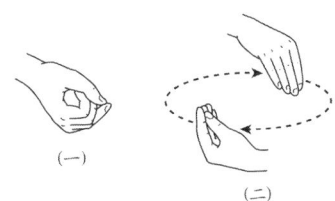

微调 wēitiáo
（一）一手拇、小指相捏，指尖朝上。
（二）双手五指撮合，指尖上下相对，交替平行转动两下。

计算机视觉 jìsuànjī shìjué
（一）双手五指弯曲，指尖朝下，交替点动几下，如敲击计算机键盘状。
（二）一手食、中指分开，指尖朝前，手背向上，从眼部向前一指。
（三）一手食指抵于太阳穴，头同时微抬。

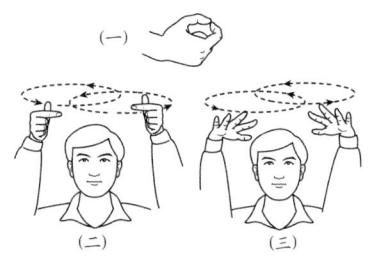

元宇宙 yuányǔzhòu
（一）一手拇、食指捏成圆形，虎口朝上。
（二）双手拇、食指搭成"十"字形，在头前上方交替平行转动两下，表示茫茫星海。
（三）双手平伸，掌心向下，五指张开，在头前上方交替平行转动两下。

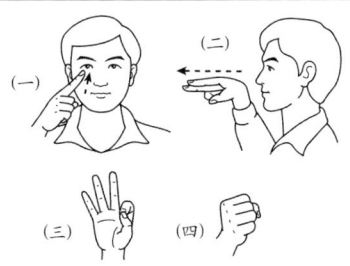

裸眼 3D luǒyǎn 3D
（一）一手伸食指，指一下眼睛。
（二）一手食、中指分开，指尖朝前，手背向上，从眼部向前一指。
（三）一手中、无名、小指直立分开，掌心向外。
（四）一手打手指字母"D"的指式。

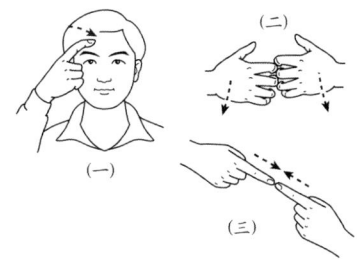

脑机接口 nǎojī jiēkǒu
（一）一手伸食指，指一下头部。
（二）双手五指弯曲，食、中、无名、小指关节交错相触，向下转动一下。
（三）双手伸食指，指尖斜向相对，然后互碰一下。

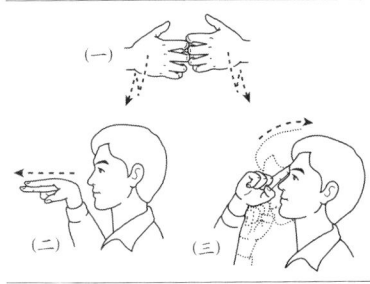

机器视觉 jīqì shìjué
（一）双手五指弯曲，食、中、无名、小指关节交错相触，向下转动两下。
（二）一手食、中指分开，指尖朝前，手背向上，从眼部向前一指。
（三）一手食指抵于太阳穴，头同时微抬。

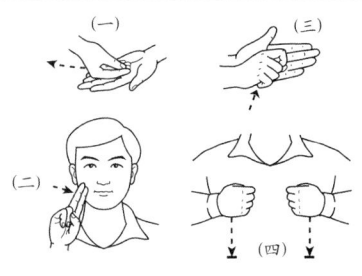

图像增强 túxiàng zēngqiáng
（一）左手横伸；右手五指撮合，指背在左手掌心上抹一下。
（二）一手食、中指直立并拢，掌心向斜前方，朝脸颊碰一下。
（三）左手侧立；右手拇、食指捏成圆形，虎口朝左，贴向左手掌心。
（四）双手握拳屈肘，同时用力向下一顿。

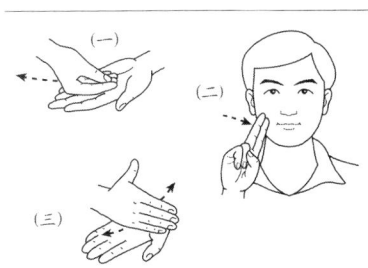

图像分析 túxiàng fēnxī
（一）左手横伸；右手五指撮合，指背在左手掌心上抹一下。
（二）一手食、中指直立并拢，掌心向斜前方，朝脸颊碰一下。
（三）左手横伸；右手侧立，置于左手掌心上，并左右拨动两下。

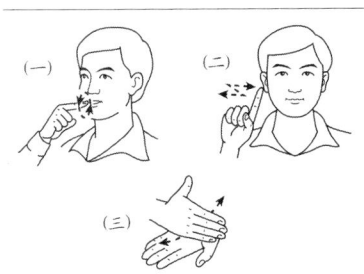

语音分析 yǔyīn fēnxī
（一）一手食指横伸，在嘴前前后转动两下。
（二）一手食指直立，掌心向外，在耳边左右晃动两下。
（三）左手横伸；右手侧立，置于左手掌心上，并左右拨动两下。

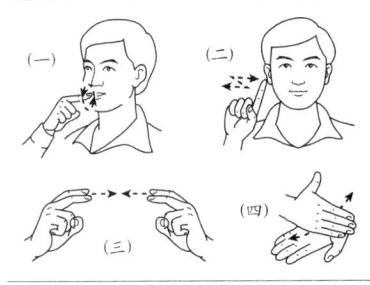

语音识别 yǔyīn shíbié
（一）一手食指横伸，在嘴前前后转动两下。
（二）一手食指直立，掌心向外，在耳边左右晃动两下。
（三）双手食、中指微曲，指尖左右相对，从两侧向中间移动。
（四）左手横伸；右手侧立，置于左手掌心上，并左右拨动两下。

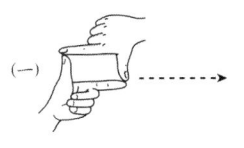
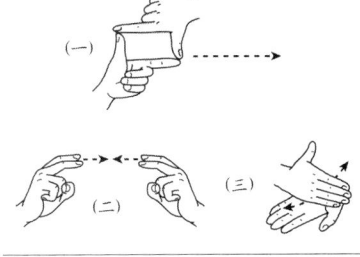

模式识别 móshì shíbié
（一）双手拇、食指搭成"□"形，同时向一侧移动一下。
（二）双手食、中指微曲，指尖左右相对，从两侧向中间移动。
（三）左手横伸；右手侧立，置于左手掌心上，并左右拨动两下。

人脸识别① rénliǎn shíbié ①

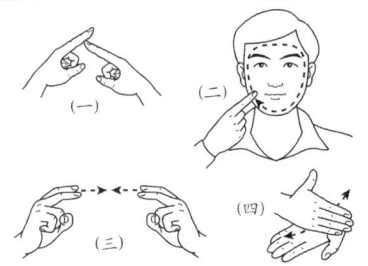

（一）双手食指搭成"人"字形。
（二）一手伸食指，绕脸部转动一圈。
（三）双手食、中指微曲，指尖左右相对，从两侧向中间移动。
（四）左手横伸；右手侧立，置于左手掌心上，并左右拨动两下。

人脸识别② rénliǎn shíbié ②

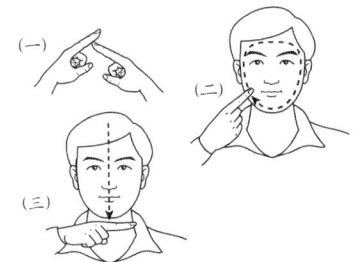

（一）双手食指搭成"人"字形。
（二）一手伸食指，绕脸部转动一圈。
（三）一手食指横伸，手背向上，在面前从上向下移动一下。

指纹识别 zhǐwén shíbié

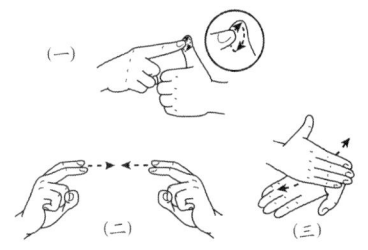

（一）左手伸拇指；右手伸食指，在左手拇指指腹处转动几下。
（二）双手食、中指微曲，指尖左右相对，从两侧向中间移动。
（三）左手横伸；右手侧立，置于左手掌心上，并左右拨动两下。

指纹开机 zhǐwén kāijī

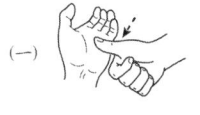

（一）左手五指微曲，掌心向上，如持手机状；右手伸拇指，按一下左手掌心下部。
（二）双手食、中指分开，掌心向外，交叉搭成"开"字形，置于身前，然后向两侧打开，掌心向斜上方。
（可根据实际表示指纹开机）

自然语言处理 zìrán yǔyán chǔlǐ

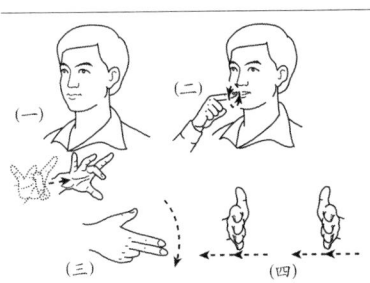

（一）右手拇、中指相捏，边碰向左胸部边张开。
（二）一手食指横伸，在嘴前前后转动两下。
（三）一手伸拇、食、中指，食、中指并拢，向下一挥。
（四）双手侧立，掌心相对，向一侧一顿一顿移动几下。

知识图谱 zhī·shi túpǔ

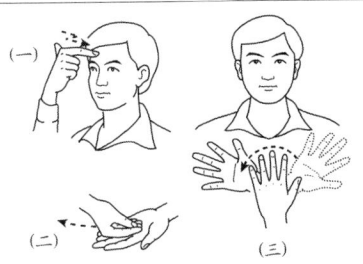

（一）一手伸拇、食指，食指点两下前额。
（二）左手横伸；右手五指撮合，指背在左手掌心上抹一下。
（三）左手直立，掌心向内，五指张开；右手五指张开，掌心向外，沿左手转动半圈。

六、其他

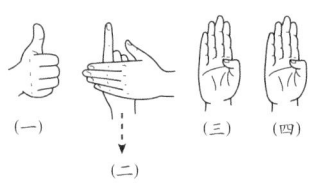

阿里巴巴　Ālǐbābā
（一）一手打手指字母"A"的指式。
（二）左手横立；右手食指直立，在左手掌心内从上向下移动。
（三）一手打手指字母"B"的指式。
（四）一手打手指字母"B"的指式。

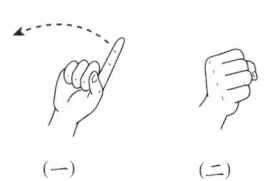

百度　Bǎidù
（一）右手伸食指，从左向右挥动一下。
（二）一手打手指字母"D"的指式。

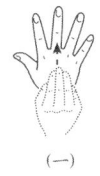 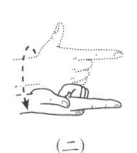

华为　Huáwéi
（一）一手五指撮合，指尖朝上，边向上微移边张开。
（二）一手伸拇、食指，食指尖朝前，然后转腕，手背向下。

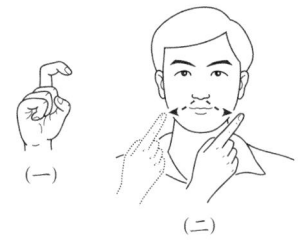

京东　Jīngdōng
（一）一手打手指字母"J"的指式。
（二）一手伸食指，在嘴两侧书写"八"，仿"东"字的部分字形。

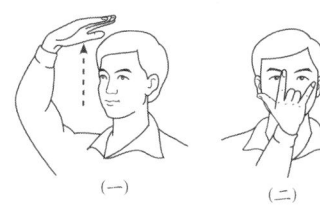

高德　Gāodé
（一）一手横伸，掌心向下，向上移过头顶。
（二）一手拇、食、小指直立，手背向外，置于鼻前。

六、其他　201

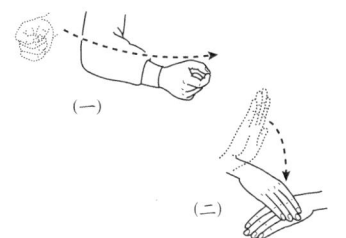

快手　kuàishǒu
（一）一手拇、食指捏成圆形，向一侧快速划动。
（二）左手横伸，掌心向下；右手拍一下左手背。

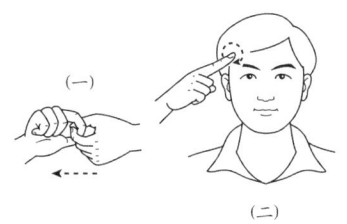

联想　Liánxiǎng
（一）双手拇、食指套环，向一侧移动。
（二）一手伸食指，在太阳穴前后转动一圈。

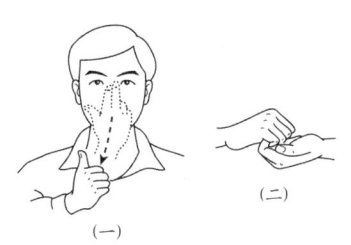

美团　Měituán
（一）一手伸拇、食、中指，食、中指并拢，先置于鼻部，然后边向外移动边缩回食、中指。
（二）双手五指弯曲，相互握住。

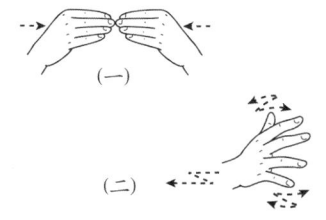

拼多多　pīnduōduō
（一）双手五指撮合，手背向外，指尖互碰一下。
（二）一手侧立，五指张开，边抖动边向一侧移动，重复一次。

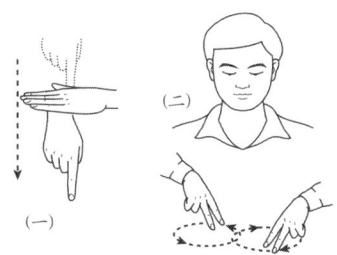

深度求索（DeepSeek）　shēndù qiúsuǒ
（一）左手横伸，掌心向下；右手伸食指，指尖朝下，从左手内侧向下移动较长距离。
（二）双手食、中指分开，指尖朝下，左右交替转动两下，头微低，眼睛注视手的动作。

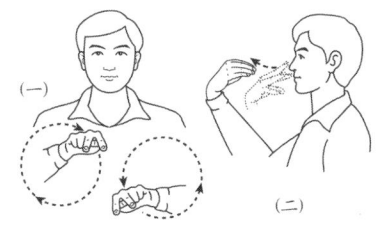

搜狐　Sōuhú
（一）双手食、中指分开，指尖朝前，手背向上，左右交替转动两下。
（二）一手五指张开，指尖对着嘴部，边向外移动边向上一翘，五指撮合。

腾讯（QQ） Téngxùn

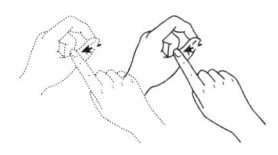

左手拇、食指捏成圆形，虎口朝内；右手食指斜伸，碰一下左手拇指背，然后双手向一侧移动，右手食指再碰一下左手拇指背，仿"QQ"的形状。

微信 wēixìn

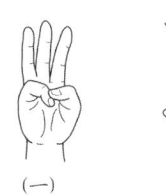 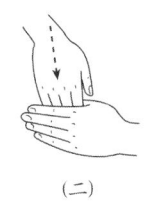
（一） （二）

（一）一手打手指字母"W"的指式。
（二）左手五指成"匚"形，虎口朝上；右手五指并拢，指尖朝下，插入左手虎口内。

网易 Wǎngyì

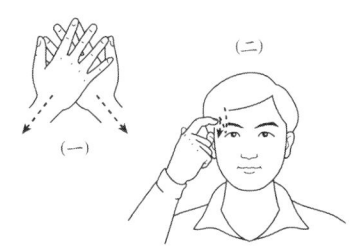

（一）双手五指张开，手背向外，交叉相搭，向两侧斜下方移动。
（二）一手伸拇、食指，食指尖在太阳穴向下弯动两下。

小米 Xiǎomǐ

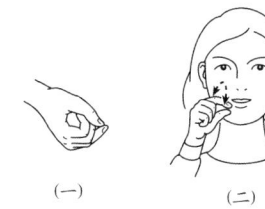
（一） （二）

（一）一手拇、小指相捏，指尖朝上。
（二）一手拇、食指微张，在嘴角处前后微转几下。

新浪（微博、博客） Xīnlàng (wēibó、bókè)

一手拇、食指相捏，虎口朝内，置于眼部一侧，其他三指直立分开，然后弯动两下，仿新浪微博的标志。

讯飞 Xùnfēi

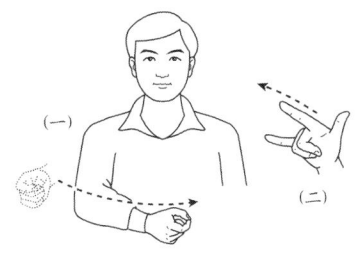
（一） （二）

（一）一手拇、食指捏成圆形，向一侧快速划动。
（二）一手伸拇、食、小指，手背向上，从低向高移动，如飞机起飞状。

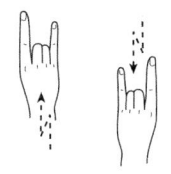

字节跳动 Zìjié Tiàodòng

双手食、小指直立,手背向外,上下交替动几下。

抖音 dǒuyīn

一手食指直立,其他四指相捏,虎口朝内,在耳边左右晃动两下。

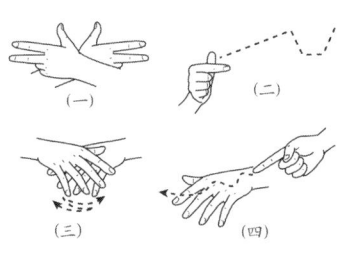

北斗导航 Běidǒu Dǎoháng

(一)双手伸拇、食、中指,手背向外,手腕交叉相搭,仿"北"字形。
(二)一手拇、食指搭成"十"字形,在头前上方做勺形移动,仿北斗七星的形状,眼睛注视手的动作。
(三)双手五指张开,手背向上,交叉相搭,然后手腕左右平行转动几下,表示电子导航地图。
(四)左手平伸,五指张开;右手伸食指,在左手背上向前做曲线形移动,表示沿导航路线行进。

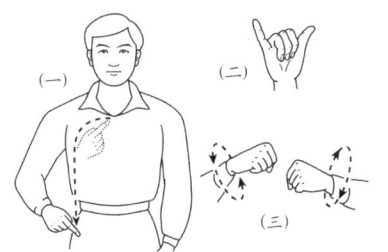

中国移动 Zhōngguó Yídòng

(一)一手伸食指,自咽喉部顺肩胸部划至右腰部。
(二)一手打手指字母"Y"的指式。
(三)双手握拳屈肘,前后交替转动两下。

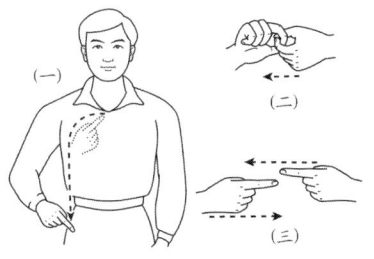

中国联通 Zhōngguó Liántōng

(一)一手伸食指,自咽喉部顺肩胸部划至右腰部。
(二)双手拇、食指套环,向一侧移动。
(三)双手食指横伸,指尖相对,手背向外,从两侧向中间交错移动。

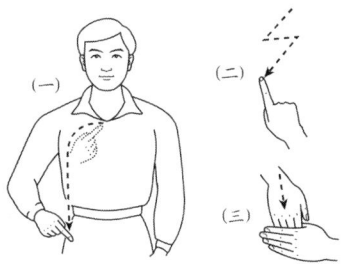

中国电信 Zhōngguó Diànxìn

(一)一手伸食指,自咽喉部顺肩胸部划至右腰部。
(二)一手食指书空"ㄣ"形。
(三)左手五指成"匚"形,虎口朝上;右手五指并拢,指尖朝下,插入左手虎口内。

汉语拼音索引

A

Ālǐbābā 阿里巴巴	200	
ānquán 安全	1	
ānzhuāng 安装	1	
ānzhuó xìtǒng 安卓系统	87	
ànjiàn 按键	96	
ànniǔ 按钮	1	

B

báihé cèshì 白盒测试	151
Bǎidù 百度	200
bǎifēnhào 百分号	1
bǎnběn 版本	1
bǎnshì 版式	111
bàngōng zìdònghuà 办公自动化	101
bànjiǎo 半角	97
bǎngdìng 绑定	182
bāo 包	167
bǎocún 保存	2
bǎohù yǐnsī 保护隐私	191
bǎoliúzì 保留字	133
bàobiǎo 报表	164
bàocuò 报错	144
Běidǒu Dǎoháng 北斗导航	203
bèifèn 备份	2
bèijǐngsè 背景色	119
bèizēng 倍增	160
běndì 本地	165
bījìn 逼近	160
bǐlì 比例	2
bǐjìběn diànnǎo 笔记本电脑	42
bìhé 闭合	2
biānchéng 编程	130
biānjí 编辑	2
biānmǎ 编码	57
biānyì 编译	146
biānzhǐ 编址	77
biàngēng 变更	2
biànliàng 变量	133
biànyuán 变元	141
biànzhǐ 变址	69
biànlì 遍历	158
biāoji 标记	79
biāoshífú 标识符	133
biāotílán 标题栏	101
biāozhù 标注	108
biǎodáshì 表达式	138
biǎodān 表单	123
biǎogé 表格	108
bìngjí 并集	144
bìngxíng 并行	74
bìngdú 病毒	189
bōhào 拨号	174
bōtè 波特	174
bōtèlǜ 波特率	174
bōxíng 波形	65
bōfàngqì 播放器	126
bókè 博客	202
bǔ·dīng 补丁	88
bǔmǎ 补码	57
bǔzhuō 捕捉	113
bùduìchènxìng 不对称性	183
bù'ěr yùnsuàn 布尔运算	63
bùjú 布局	121
bùxiàn 布线	179
bùcháng 步长	139
bùzhòu 步骤	4
bùjiàn 部件	124

C

cāchú 擦除	113
cáiqiē 裁切	16
cǎijí 采集	3
càidān 菜单	101
càidānlán 菜单栏	101
cānkǎodiǎn 参考点	122
cānshù 参数	141
cānshùhuà 参数化	141
cánchā wǎngluò 残差网络	196
cāozuò xìtǒng 操作系统	86
cèliáng 测量	3
cèshì 测试	151
chācuòlǜ 差错率	175
chājí 差集	144
chājiàn 插件	124
chārù 插入	3
chákànqì 查看器	118
cháxún 查询	3
cházhèng 查证	3
chāifēn 拆分	160
chángguī 常规	3
chángliàng 常量	133
chǎngjǐng 场景	128
chāosòng 抄送	4
chāodǎo 超导	72
chāoliànjiē 超链接	122
chāoméitǐ 超媒体	123
chāoshí 超时	180
chāowénběn 超文本	123
chèxiāo 撤销	23
chéngyùwǎng 城域网	169
chéngxù 程序	4
chéngxùháng 程序行	130
chéngxù shèjì 程序设计	129
chéngxùyuán 程序员	4
chíhuàcéng 池化层	196
chíxù shíjiān 持续时间	83
chōngtū 冲突	178
chóngdìngwèi 重定位	77
chóngdìngxiàng 重定向	181
chónggòu 重构	137
chónghé 重合	4
chóngmǎ 重码	60
chóngqǐ 重启	4
chóngshì 重试	4
chóngzǎi 重载	136
chóngzhì 重置	66
chóngzhuāng 重装	5
chūshǐhuà 初始化	137
chūshǐzhí 初始值	137
chǔlǐ 处理	5
chùfā 触发	63
chùfāqì 触发器	64
chùmōpíng 触摸屏	45
chuángǎnqì 传感器	45
chuánshū 传输	165
chuánsòng 传送	165

chuànxíng	串行	74	diǎnguāngyuán	点光源	119	èrfēnfǎ	二分法	159
chuāngkǒu	窗口	108	diànlǎn	电缆	175	èrjíguǎn	二极管	65
chuāngtǐ	窗体	109	diànnǎo	电脑	43	èrwéi	二维	127
chuàngjiàn	创建	5	diànyuán	电源	7	èrwéimǎ	二维码	8
chuízhí	垂直	5	diànzǐbǎn	电子版	7			
cífǎ fēnxī	词法分析	146	diànzǐguǎn	电子管	71	**F**		
cíkù	词库	60	diànzǐ qiānmíng	电子签名	187	fāshēngqì	发生器	65
cídào	磁道	50	diànzǐ shāngwù	电子商务	184	fāsòng	发送	9
cípán	磁盘	50	diànzǐ yóujiàn	电子邮件	7	fātiě	发帖	9
cítóu	磁头	50	diànzǐ yóuxiāng	电子邮箱	8	fānzhuǎn	翻转	115
cíxīntǐ	磁心体	50	diàodù	调度	89	fántǐzì	繁体字	9
cúnchǔ	存储	2	diàorù	调入	89	fǎnbìngdú chéngxù		
cúnchǔ fēnpèi	存储分配	79	diàoyòng	调用	142	反病毒程序		189
cúnchǔqì	存储器	75	diédài	迭代	157	fǎnlì	反例	152
cúnchǔqū	存储区	74	dìngyuè	订阅	8	fǎnmǎ	反码	57
cúnchǔtǐ	存储体	75	dìngdiǎn	定点	56	fǎnxiàng	反向	9
cúnqǔ	存取	5	dìngshí	定时	66	fǎnxiàng liànjiē	反向链接	188
cuòshī	措施	5	dìngwèi	定位	121	fǎnhuí	返回	9
			dìngyì	定义	8	fànhuà	泛化	150
D			dìngzhì	定制	8	fànshì	范式	162
dājiàn	搭建	6	dònghuà	动画	125	fánghuǒqiáng	防火墙	188
dǎkāi	打开	6	dònghuà zhìzuò	动画制作	125	fǎngzhēnqì	仿真器	71
dǎyìn①	打印①	6	dòngtài	动态	121	fǎngzhì	仿制	113
dǎyìn②	打印②	6	dòngjié	冻结	110	fǎngwèn	访问	9
dǎyìnjī	打印机	46	dǒuyīn	抖音	203	fàngyìng	放映	111
dǎzì	打字	6	dúrù	读入	8	fēnbiànlǜ	分辨率	45
dàmóxíng	大模型	195	dùliàngzhí	度量值	181	fēnbùshì	分布式	90
dàshùjù	大数据	194	duāndiǎn	端点	171	fēncéng	分层	170
dàxiě	大写	6	duānjiédiǎn	端节点	171	fēngéfú	分隔符	106
dàilǐ	代理	182	duānkǒu	端口	182	fēnjiě	分解	149
dàilǐ fúwùqì	代理服务器	183	duǎnlù	短路	67	fēnlán	分栏	106
dàimǎ	代码	130	duàn①	段①	70	fēnlèi	分类	10
dāndiào hánshù	单调函数	145	duàn②	段②	164	fēnpèi	分配	10
dānjī	单击	96	duànluò	段落	104	fēnqū	分区	51
dānpiànjī	单片机	72	duànmíng	段名	71	fēnshí	分时	90
dānxiàng	单向	84	duàndiǎn	断点	85	fēnzhī	分支	138
dānxuǎn ànniǔ	单选按钮	123	duīdié	堆叠	178	fēnzǔ	分组	10
dānyuán	单元	77	duīzhàn	堆栈	156	fēngzhuāng❶	封装❶	132
dānyuángé	单元格	110	duìliè	队列	156	fēngzhuāng❷	封装❷	170
dāngqián zhǐshìfú			duìbǐdù	对比度	116	Féng·Nuòyīmànjī		
当前指示符		95	duìchènxìng	对称性	183	冯·诺依曼机		43
dǎochū	导出	102	duìhuàkuàng	对话框	109	fúwùqì	服务器	182
dǎoháng	导航	122	duìqí	对齐	105	fúdiǎn	浮点	56
dǎoháng gōngjù	导航工具	122	duìxiàng	对象	136	fúdòng	浮动	122
dǎorù	导入	102	duōbō	多播	181	fúhào	符号	10
dàobǎn	盗版	7	duōméitǐ	多媒体	72	fúdù	幅度	173
dēnglù	登录	7	duōmótài	多模态	195	fǔzhù	辅助	10
děngjí	等级	7	duōshìtú	多视图	126	fǔzhù cúnchǔqì	辅助存储器	81
děngjià	等价	152	duōyìxìng	多义性	137	fùzài	负载	180
děngxiào	等效	66				fùjiā	附加	10
dǐwén	底纹	105	**E**			fùjiàn	附件	10
dìzhǐliú	地址流	80	èyì chéngxù	恶意程序	190	fùhé	复合	138
dìguī	递归	157	èrchāshù	二叉树	156	fùwèi	复位	73

fùwèi qǐdòng 复位启动	73	
fùxuǎn 复选	123	
fùxuǎnkuàng 复选框	123	
fùyuán 复原	14	
fùzádù 复杂度	196	
fùzhì 复制	11	
fùzhí 赋值	138	
fùgài 覆盖	152	

G

Gāodé 高德	200
gāosù huǎncún 高速缓存	81
géshì 格式	11
géshìfú 格式符	138
géshìhuà 格式化	52
gélí 隔离	179
gèrén qūyùwǎng 个人区域网	169
gèxìnghuà 个性化	11
gēnmùlù 根目录	87
gēntiě 跟帖	11
gēnzōng 跟踪	143
gēngxīn 更新	11
gōngjù 工具	11
gōngjùlán 工具栏	102
gōngjùxiāng 工具箱	112
gōngyì 工艺	12
gōngzuòbiǎo 工作表	109
gōngzuòbù 工作簿	109
gōngzuò kōngjiān 工作空间	131
gōngzuòzhàn 工作站	182
gōngchā 公差	145
gōnggòng 公共	12
gōngshì 公式	12
gōngyòngkuài 公用块	79
gōngyòngwǎng 公用网	168
gōngyǒu·de 公有的	135
gōngnéngjiàn 功能键	98
gòngxiǎng 共享	12
gòujiàn 构件	132
gòuzào 构造	140
gùdìng 固定	12
gùjiàn 固件	82
gùtài yìngpán 固态硬盘	49
gùzhàng 故障	68
guàjī 挂机	18
guānbì 关闭	2
guānjī 关机	12
guānjiàncí 关键词	133
guānjiànzhēn 关键帧	126
guānjiànzì 关键字	133
guānliáncí 关联词	164
guānlǐ 管理	13

guāngbiāo 光标	95
guāngdiàn shǔbiāo 光电鼠标	46
guānglǎn 光缆	175
guāngpán 光盘	53
guāngshān 光栅	120
guāngyùn 光晕	119
guǎngbō 广播	178
guǎngyùwǎng 广域网	169
guīgé 规格	13
guǐjì 轨迹	126
gǔndòng 滚动	13
gǔndòngtiáo 滚动条	109
guòchéng 过程	158
guòdù 过渡	114
guòlǜqì 过滤器	117

H

hǎiliàng 海量	195
hánshù 函数	140
hànhuà 汉化	59
hànzìkù 汉字库	60
háng 行	163
hángjù 行距	106
hàocái 耗材	55
héxīn 核心	13
hēihé cèshì 黑盒测试	151
hēikè 黑客	187
héngjiémiàn 横截面	124
hóng 宏	142
hóngbìngdú 宏病毒	190
hóngméng xìtǒng 鸿蒙系统	87
hòuduān 后端	131
hòutái 后台	89
hòutái yùnxíng 后台运行	89
hòutuìjiàn 后退键	98
hòuzhuì 后缀	94
hūjiào 呼叫	166
hùchì 互斥	90
hùliánxìng 互连性	179
hùliánwǎng 互联网	13
hùliánwǎng jiā 互联网+	13
Huáwéi 华为	200
huàbù 画布	116
huàtú 画图	110
huányuán 还原	14
huánlù 环路	179
huánrào fāngshì 环绕方式	106
huánwǎng 环网	177
huánxíng 环形	177
huǎncún 缓存	80
huǎncúnqū 缓存区	80
huàndēngpiàn 幻灯片	111

huànháng 换行	99
huīdùzhí 灰度值	116
huīfù 恢复	14
huíchē 回车	99
huíchējiàn 回车键	99
huíguī 回归	9
huílù 回路	158
huíshōuzhàn 回收站	14
huítiě 回帖	14
huìbiān 汇编	68
huìbiān chéngxù 汇编程序	68
huìbiān yǔyán 汇编语言	69
huìtú 绘图	110
huìtúqū 绘图区	110
huìtúyí 绘图仪	48
huódòng chuāngkǒu 活动窗口	108
huòmén 或门	62
huòyùnsuàn 或运算	62

J

jījiàn 击键	96
jīfáng 机房	44
jīguì 机柜	44
jījià 机架	44
jīqìrén 机器人	193
jīqì shìjué 机器视觉	198
jīqì xuéxí 机器学习	193
jīshēn 机身	43
jīxiāng 机箱	43
jīxiè yìngpán 机械硬盘	49
jī'ǒu jiàoyàn 奇偶校验	59
jīběnlèi 基本类	150
jīdài 基带	173
jīdìzhǐ 基地址	69
jīxiàn 基线	150
jīzhǔn 基准	197
jīguāng dǎyìnjī 激光打印机	46
jīhuó 激活	186
jílián 级联	178
jíchā-jíyòng 即插即用	54
jíshí tōngxìn 即时通信	184
jíchéng 集成	72
jíhé 集合	155
jíxiànqì 集线器	175
jìliàng dānwèi 计量单位	14
jìshù 计数	14
jìsuàn 计算	61
jìsuànjī 计算机	43
jìsuànjī jíqún 计算机集群	43
jìsuànjī shìjué 计算机视觉	197
jìsuànqì 计算器	14
jìsuàn sīwéi 计算思维	15

拼音	词	页码
jìlù	记录	163
jìchéng	继承	136
jìcúnqì	寄存器	70
jiācū	加粗	103
jiāgōng	加工	15
jiāmì	加密	188
jiāquán	加权	158
jiāzài	加载	74
jiàgòu	架构	73
jiānjù	间距	106
jiānkòng	监控	15
jiānshì	监视	15
jiānshìqì	监视器	45
jiānróngxìng	兼容性	15
jiǎnbō	检波	172
jiǎncè	检测	151
jiǎnchá	检查	15
jiǎnsuǒ	检索	15
jiǎnyàn	检验	16
jiǎnliàng	减量	139
jiǎnjí	剪辑	126
jiǎnqiē	剪切	16
jiǎnqǔ	剪取	17
jiǎntiēbǎn	剪贴板	16
jiǎnmǎbiǎo	简码表	60
jiǎntǐzì	简体字	16
jiànjiē dìzhǐ	间接地址	69
jiànmó	建模	147
jiànbiàn	渐变	114
jiàn❶	键❶	16
jiàn❷	键❷	96
jiànpán	键盘	45
jiànrù	键入	19
jiànwèi	键位	46
jiàntóu	箭头	95
jiāngshījī	僵尸机	190
jiàngxù	降序	159
jiāohù	交互	90
jiāohùshì	交互式	91
jiāohuànjī	交换机	178
jiāojí	交集	144
jiǎodù	角度	16
jiǎoběn	脚本	131
jiǎoběn yǔyán	脚本语言	131
jiēchéng	阶乘	145
jiēmǎ	阶码	56
jiēchābǎn	接插板	55
jiēchāxiàn	接插线	54
jiēkǒu biāozhǔn	接口标准	54
jiēxiànbǎn	接线板	55
jiédiǎn	节点	156
jiédiǎn	结点	156
jiédiǎndù	结点度	156
jiégòu	结构	147
jiégòutú	结构图	148
jiémiàn	截面	124
jiépíng	截屏	95
jiéqǔ	截取	17
jiěfēngzhuāng	解封装	171
jiěmǎ	解码	61
jiěmì	解密	188
jiěsuǒ	解锁	91
jiětiáoqì	解调器	173
jiěxī	解析	184
jiěyāsuō	解压缩	17
jièzhì	介质	55
jièmiàn	界面	95
jièwèi	借位	58
jǐnmì ǒuhé	紧密耦合	149
jìnchéng	进程	91
jìnwèishù	进位数	56
jìnzhì	进制	56
Jīngdōng	京东	200
jīngpiàn	晶片	71
jīngtǐguǎn	晶体管	72
jīngdù	精度	57
jīngquè	精确	17
jǐnggào	警告	143
jìngdiàn	静电	68
jìngtài	静态	121
jìngtài fēnxī	静态分析	152
jìngtóu	镜头	54
jìngxiàng	镜像	51
jiūcuò	纠错	176
jiùxù zhuàngtài	就绪状态	91
jūzhōng①	居中①	105
jūzhōng②	居中②	105
júbù	局部	17
júyùwǎng	局域网	169
jǔzhèn	矩阵	144
jùfǎ fēnxī	句法分析	146
jùjué fúwù	拒绝服务	187
jùshēn zhìnéng	具身智能	192
jùjí	聚集	150
juǎnjī	卷积	195
juànbiāo	卷标	51
juànmíng	卷名	51
juésè	角色	150
juéduì dìzhǐ	绝对地址	69

K

拼音	词	页码
kāiguān	开关	1
kāijī	开机	73
kāishǐ	开始	17
kāishǐ ànniǔ	开始按钮	96
kāiyuán	开源	130
kěkào jìsuàn	可靠计算	86
kěkàoxìng	可靠性	86
kěkòngxìng	可控性	185
kěkuòchōngxìng	可扩充性	86
kěshìhuà	可视化	17
kěxìndù	可信度	181
kěxíngxìng	可行性	147
kěyízhíxìng	可移植性	86
kěyòngxìng	可用性	147
kèlù	刻录	53
kèhùduān	客户端	183
kèjiàn①	课件①	18
kèjiàn②	课件②	111
kòngcāozuò	空操作	69
kònggé	空格	98
kònggéjiàn	空格键	98
kòngháng	空行	99
kòngzhǐlìng	空指令	70
kòngjiàn	控件	132
kòngzhì miànbǎn	控制面板	87
kòngzhìqì	控制器	84
kǒulìng	口令	18
kù	库	132
kuài	块	79
kuàijié fāngshì	快捷方式	18
kuàishǒu	快手	201
kuāndài	宽带	173
kuàngjià	框架	121
kuòzhǎn	扩展	18
kuòzhǎncáo	扩展槽	82
kuòzhǎn xúnzhǐ	扩展寻址	70

L

拼音	词	页码
lājīxiāng	垃圾箱	14
lājī yóujiàn	垃圾邮件	18
lāshēn	拉伸	115
lèsuǒ ruǎnjiàn	勒索软件	190
lěijiāqì	累加器	70
lèixíng	类型	134
lěngqǐdòng①	冷启动①	73
lěngqǐdòng②	冷启动②	73
líkāi	离开	18
líxiàn①	离线①	31
líxiàn②	离线②	31
lìchéng	例程	132
lìzǐ xìtǒng	粒子系统	129
liánjiēfú	连接符	108
liánwǎng	连网	166
liánxù yùnsuàn	连续运算	94
Liánxiǎng	联想	201
liànbiǎo	链表	156
liànjiē	链接	122
liànlù	链路	176

liàngdù 亮度		116
liàngzǐ jìsuànjī 量子计算机		43
liè 列		163
lièbiǎo 列表		163
lièjiānjù 列间距		107
línjièqū 临界区		82
língjiàn 零件		124
lìngcúnwéi 另存为		101
liúlǎn 浏览		19
liúlǎnqì 浏览器		19
liúchéngtú 流程图		158
liúliàng 流量		165
liúméitǐ 流媒体		125
lòudòng 漏洞		88
lùrù 录入		19
lùrùfǎ 录入法		60
lùyīn 录音		19
lùyīnbǐ 录音笔		53
lùjìng 路径		88
lùjìngmíng 路径名		88
lùyóu 路由		180
lǜjìng 滤镜		117
lúnkuòxiàn 轮廓线		114
lùntán 论坛		19
luó·jí 逻辑		19
luǒyǎn 3D 裸眼 3D		197

M

màikèfēng 麦克风		53
màichōng 脉冲		64
màichōngchuàn 脉冲串		64
mànfǎnshè 漫反射		120
māo 猫		174
màopào 冒泡		159
méijǔ 枚举		155
méijǔ lèixíng 枚举类型		155
Měituán 美团		201
méngbǎn 蒙版		117
mìmǎ 密码		20
mìyào 密钥		188
miànbǎn 面板		118
miáobiān 描边		114
mìnglìng 命令		20
mìngmíng 命名		20
mókuài 模块		148
mókuàihuà 模块化		149
mónǐ 模拟		68
móshì 模式		68
móshì shíbié 模式识别		198
móshù zhuǎnhuàn 模数转换		67
móxíng 模型		20
móshùbàng 魔术棒		113

mòhé 墨盒		47
mòrènzhí 默认值		137
múbǎn 模板		112
mǔbǎn 母版		112
mùbiāo gēnzōng 目标跟踪		196
mùbiāo jiǎncè 目标检测		196
mùlù 目录		20

N

nǎojī jiēkǒu 脑机接口		197
nèibù dìzhǐ 内部地址		77
nèicún 内存		75
nèijùxìng 内聚性		149
nèimǎ 内码		60
nèimóshì 内模式		80
nèixúnhuán 内循环		140
nèizhì zìtǐ 内置字体		61
niǔqū 扭曲		114

O

ǒuhé 耦合		149

P

páqǔ 爬取		186
páibǎn 排版		20
páiliè 排列		21
páixù 排序		158
pànbiéshì 判别式		138
pàndìng 判定		139
pèizhì 配置		21
pēnmò dǎyìnjī 喷墨打印机		46
pēnqiāng 喷枪		47
pīchǔlǐ 批处理		146
pīhào① 批号①		21
pīhào② 批号②		21
pīliàng 批量		21
pǐpèi 匹配		142
piānyí 偏移		21
pīnduōduō 拼多多		201
pīnjiē 拼接		117
pīnyīn 拼音		22
píndài 频带		64
pínlǜ① 频率①		64
pínlǜ② 频率②		64
pínyí 频移		65
píngbǎn diànnǎo 平板电脑		42
pínghuá 平滑		118
píngmiàn zhíjiǎo zuòbiāoxì 平面直角坐标系		100
píngtái 平台		22
píngyí 平移		113
pínggū 评估		153

píngjià 评价		153
píngguǒ xìtǒng 苹果系统		87
píngbǎo 屏保		22
píngbì 屏蔽		85
píngmù 屏幕		26
píngmù bǎohù 屏幕保护		22
píngjǐng wèntí 瓶颈问题		170
pòjiě 破解		22

Q

qǐdòng 启动		22
qǐdiǎn 起点		22
qǐshǐyè 起始页		107
qiānzhàowèi 千兆位		61
qiánduān 前端		121
qiánjǐngsè 前景色		119
qiántái 前台		89
qiántái yùnxíng 前台运行		89
qiánzhuì 前缀		94
qiánfúqī 潜伏期		189
qiànrùshì 嵌入式		90
qiàntào 嵌套		139
qiánghuà xuéxí 强化学习		193
qiēhuàn 切换		97
qiètīng 窃听		187
qīngchú 清除		23
qīngdān 清单		131
qīnglíng 清零		66
qǐngqiú 请求		91
qūyù 区域		23
qūdòng chéngxù 驱动程序		52
qūdòngqì 驱动器		52
qǔxiāo 取消		23
quánxiàn 权限		186
quánjiāqì 全加器		70
quánjiǎo 全角		97
quánjú biànliàng 全局变量		136
quánpíng 全屏		23
quánshuānggōng 全双工		172
quánxī 全息		128
quēshěngzhí 缺省值		137
quèdìngxìng 确定性		154
quèrèn 确认		23
qún 群		23

R

rèchābá 热插拔		54
rèjiàn 热键		98
rèqǐdòng① 热启动①		73
rèqǐdòng② 热启动②		74
réngōng hūjiào 人工呼叫		166
réngōng zhìnéng① 人工智能①		192

réngōng zhìnéng ② 人工智能②	192
réngōng zhìnéng lúnlǐ 人工智能伦理	192
rénliǎn shíbié ① 人脸识别①	199
rénliǎn shíbié ② 人脸识别②	199
rénxíng jīqìrén 人形机器人	193
rènzhèng 认证	186
rènwùlán 任务栏	97
rìzhì 日志	91
róngcuò 容错	92
róngliàng 容量	75
rónghé 融合	167
rǒngyú 冗余	163
rúchóng bìngdú 蠕虫病毒	189
ruǎnhuíchē 软回车	99
ruǎnjiàn 软件	24
ruìhuà 锐化	118
rùnsè 润色	118

S

sānwéi ① 三维①	127
sānwéi ② 三维②	127
sānwéi chéngxiàng ① 三维成像①	127
sānwéi chéngxiàng ② 三维成像②	128
sānwéi dǎyìn 三维打印	128
sānwéi zhènliè 三维阵列	125
sǎnliè hánshù 散列函数	159
sǎomiáoyí 扫描仪	48
sèdài 色带	47
sèdù 色度	116
sèfěn 色粉	47
shāhé yóuxì 沙盒游戏	24
shāixuǎn 筛选	110
shānchú 删除	24
shànqū 扇区	49
shàngbiāo 上标	104
shàngchuán 上传	24
shàngxiàn 上限	24
shàngxiàn ① 上线①	24
shàngxiàn ② 上线②	25
shàngyì 上溢	58
shèbèi 设备	25
shèdìng 设定	25
shèzhì 设置	25
shēnfèn jiàndìng 身份鉴定	187
shēndù qiúsuǒ 深度求索	201
shēndù xuéxí 深度学习	195
shénjīng jīqì fānyì 神经机器翻译	194
shénjīng wǎngluò 神经网络	194
shēngjí 升级	25
shēngxù 升序	159
shēngkǎ 声卡	54
shēngmíng 声明	134
shēngpín 声频	55
shěnglüè 省略	25
shīxiàolǜ 失效率	86
shīzhēn 失真	66
shíjiānpiàn 时间片	92
shíjiānzhóu 时间轴	92
shíxù 时序	83
shízhōng 时钟	83
shídìzhǐ 实地址	78
shílì 实例	141
shíshí 实时	90
shítǐ 实体	161
shítǐ móxíng 实体模型	124
shíxíng 实型	135
shíyòng chéngxù 实用程序	92
shízài cānshù 实在参数	141
shìbōqì 示波器	65
shìjiàn ① 事件①	150
shìjiàn ② 事件②	151
shìwù chǔlǐ 事务处理	151
shìyùnxíng 试运行	152
shìchuāng 视窗	108
shìjué xiàoguǒ 视觉效果	26
shìpín 视频	26
shìpíng 视屏	26
shìtú 视图	161
shìpèiqì 适配器	48
shìyìngxìng 适应性	153
shōucángjiā 收藏夹	26
shǒubù 首部	179
shǒuyè 首页	107
shǒuzìjié 首字节	76
shòuquán 授权	186
shūqiān 书签	26
shūchū 输出	42
shūrù 输入	42
shūrùfǎ 输入法	60
shūrù/shūchū shèbèi 输入/输出设备	44
shǔxìng 属性	26
shǔbiāo 鼠标	46
shùjù 数据	27
shùjù bǎohù 数据保护	161
shùjù cǎijí 数据采集	194
shùjù jiāohuàn 数据交换	176
shùjù jiégòu 数据结构	154
shùjùkù 数据库	160
shùjùkù yǔyán 数据库语言	160
shùjù lèixíng 数据类型	134
shùjùliú 数据流	148
shùjùliútú 数据流图	148
shùjù móxíng 数据模型	161
shùjùqū 数据区	79
shùjù tòushìtú 数据透视图	161
shùjù wājué 数据挖掘	194
shùjùyuán 数据源	161
shùjùzhí 数据值	137
shùjù zhuǎnhuàn 数据转换	162
shùjù zǔzhī 数据组织	162
shùlǐ luó·jí 数理逻辑	154
shùmǎ 数码	27
shùmó zhuǎnhuànqì 数模转换器	173
shùxué móxíng 数学模型	147
shùzhí fànwéi 数值范围	57
shùzhì 数制	56
shùzìhuà xuéxí 数字化学习	193
shùzì méitǐ 数字媒体	61
shùzì qiānmíng 数字签名	187
shùzì sùyǎng 数字素养	27
shùzǔ 数组	140
shuāxīn 刷新	82
shuāijiǎn 衰减	66
shuāngjī 双击	96
shuāngjíxìng 双极性	65
shuāngjiǎoxiàn 双绞线	175
shuāngxiàng 双向	85
shuāngzì 双字	76
shuāngzìjié 双字节	76
shuǐpíng 水平	27
shùnxù 顺序	4
shùnxù fǎngwèn 顺序访问	82
shuōmíng 说明	134
sīyǒu·de 私有的	135
sǐsuǒ 死锁	92
sǐsuǒ bìmiǎn 死锁避免	92
sǐxúnhuán 死循环	140
sōngsǎn ǒuhé 松散耦合	149
Sōuhú 搜狐	201
sōusuǒ 搜索	27
sōusuǒ yǐnqíng 搜索引擎	27
sùlǜ 速率	174
suànfǎ 算法	154
suànfǎ yǔyán 算法语言	154
suànlì 算力	195
suíjī 随机	143
suíjīxìng 随机性	143
suìpiàn 碎片	51

sǔnshī hánshù	损失函数	196
suōfàng	缩放	99
suōjìn	缩进	104
suōxiě	缩写	28
suǒyǐn	索引	164
suǒdìng	锁定	93

T

táishì jìsuànjī	台式计算机	42
tānxīn suànfǎ	贪心算法	159
tánchū❶	弹出❶	53
tánchū❷	弹出❷	101
tànxún	探询	180
Tèluòyī mùmǎ①	特洛伊木马①	189
Tèluòyī mùmǎ②	特洛伊木马②	189
tèxiào	特效	128
tèxiě①	特写①	129
tèxiě②	特写②	129
Téngxùn	腾讯	202
tīdùfǎ	梯度法	145
tíqǔ	提取	28
tíshì❶	提示❶	28
tíshì❷	提示❷	28
tìhuàn	替换	107
tiánchōng	填充	110
tiáomǎ yuèdúqì	条码阅读器	28
tiáoxíngmǎ	条形码	28
tiáosèbǎn	调色板	119
tiáoshì	调试	152
tiáozhěng	调整	29
tiáozhì jiětiáoqì①	调制解调器①	173
tiáozhì jiětiáoqì②	调制解调器②	174
tiáozhì sùlǜ	调制速率	174
tíngjī	停机	94
tíngzhǐ	停止	29
tōngdào	通道	85
tōngxìnkǒu	通信口	171
tōngxìn liànlù	通信链路	176
tōngxìnliàng	通信量	172
tōngxìn wǎngluò	通信网络	167
tōngxìn xiànlù	通信线路	176
tōngxìn xiéyì	通信协议	170
tōngxìn zǐwǎng	通信子网	168
tóngbù	同步	172
tóuyǐng	投影	128
tòumíngdù	透明度	117
tūfā fāngshì	突发方式	82
túbiāo	图标	103
túbiǎo	图表	111

túcéng	图层	116
túlíng cèshì	图灵测试	193
túlùn	图论	157
túpiàn	图片	29
túxiàng fēnxī	图像分析	198
túxiàng zēngqiáng	图像增强	198
túxíng	图形	29
túyuán	图元	124
tuìchū	退出	29
tuìgé	退格	98
tūntǔliàng	吞吐量	169
tuōdòng	拖动	112
tuōjī	脱机	93
tuòpū	拓扑	170

W

wàibùmíng	外部名	136
wàiguān	外观	29
wàimóshì	外模式	80
wàipín	外频	84
wàixúnhuán	外循环	140
wánzhěngxìng	完整性	162
wǎngguān	网关	188
wǎngjiān	网监	185
wǎngluò diàoyú①	网络钓鱼①	190
wǎngluò diàoyú②	网络钓鱼②	190
wǎngluò duānkǒu	网络端口	182
wǎngluò guǎnlǐyuán	网络管理员	185
wǎngluò guīhuà	网络规划	185
wǎngluò kōngjiān zhìxù	网络空间秩序	185
wǎngluò zhàpiàn	网络诈骗	190
wǎngqiáo	网桥	178
wǎngshàng línjū	网上邻居	167
wǎngyè	网页	120
Wǎngyì	网易	202
wǎngzhàn	网站	120
wǎngzhǐ	网址	183
wēibó	微博	202
wēitiáo	微调	197
wēixìn	微信	202
wéidù	维度	127
wéihù	维护	30
wěicāozuò	伪操作	78
wěizhǐlìng	伪指令	78
wèi	位	75
wèitú	位图	115
wèiyí	位移	118

wénběn	文本	100
wénběnkuàng	文本框	100
wéndàng	文档	30
wénjiàn①	文件①	30
wénjiàn②	文件②	30
wénjiànjiā①	文件夹①	30
wénjiànjiā②	文件夹②	30
wénjiàntóu	文件头	88
wénzì chǔlǐ	文字处理	100
wúsǔn liánjiē	无损连接	163
wúxiàn lùyóuqì	无线路由器	181
wúxiàn tōngxìn jìshù	无线通信技术	181
wǔbǐ	五笔	97
wùliánwǎng	物联网	169
wùchā	误差	31
wùmǎlǜ	误码率	176

X

xìshù	系数	144
xìtǒng jiàoyàn	系统校验	93
xìtǒng sǐsuǒ	系统死锁	93
xiàbiāo	下标	104
xiàhuàxiàn	下划线	103
xiàlā-càidān	下拉菜单	101
xiàxiàn	下限	31
xiàxiàn①	下线①	31
xiàxiàn②	下线②	31
xiàyì	下溢	58
xiàzài	下载	31
xiānxíng jìnwèi	先行进位	58
xiǎnshì	显示	31
xiǎnshìqì①	显示器①	44
xiǎnshìqì②	显示器②	44
xiànzhì	限制	162
xiànxíng	线型	104
xiāngduì dìzhǐ	相对地址	78
xiāngduì wùchā	相对误差	58
xiàngdǎo	向导	101
xiàngsù	像素	45
xiāochú	消除	32
xiāocí	消磁	51
xiāoqùfǎ	消去法	145
xiāo·xi chuándì	消息传递	93
xiāoyǐn	消隐	126
Xiǎomǐ	小米	202
xiǎoxiě	小写	32
xiàoyuánwǎng	校园网	168
xiàoguǒ	效果	32
xiàolǜ	效率	32
xiàoyìng	效应	32
xiétóng	协同	162

拼音	词	页码
xiéyì	协议	170
xiétǐ	斜体	103
xiěbǎohù	写保护	52
xièzài	卸载	32
xīnpiàn	芯片	72
xīnjiàn	新建	32
Xīnlàng	新浪	202
xìndào	信道	171
xìntóu	信头	177
xìnxī	信息	33
xìnxī ānquán	信息安全	191
xìnxī shèhuì zérèn 信息社会责任		33
xìnxī yì·shí	信息意识	33
xìnyuán	信源	171
xíngshì cānshù	形式参数	141
xìngnéng	性能	33
xiūfù	修复	113
xiūjiǎn	修剪	33
xiūshì	修饰	119
xūnǐ	虚拟	80
xūnǐ xiànshí①	虚拟现实①	33
xūnǐ xiànshí②	虚拟现实②	34
xūqiú fēnxī	需求分析	147
xǔkě	许可	186
xùliè	序列	155
xuánniǔ	旋钮	34
xuánzhuǎn❶	旋转❶	114
xuánzhuǎn❷	旋转❷	115
xuǎndìng	选定	112
xuǎnqū	选区	112
xuǎnxiàng	选项	102
xuǎnxiàngkǎ	选项卡	102
xuǎnzé	选择	34
xuànrǎn	渲染	129
xúndào	寻道	50
xúnzhǐ	寻址	78
xúnwèn	询问	9
xúnhuán	循环	139
xúnhuán jìnwèi	循环进位	58
Xùnfēi	讯飞	202

Y

yāsuō	压缩	34
yánchí	延迟	180
yánfā	研发	153
yǎnbiàn	演变	34
yǎnshì	演示	34
yànzhèng①	验证①	3
yànzhèng②	验证②	35
yàngtiáo qūxiàn	样条曲线	125
yáokòng	遥控	35
yáokòngqì	遥控器	35
yèbiānjù	页边距	107
yèjiǎo	页脚	107
yèméi	页眉	107
yèmiàn	页面	120
yīzhìxìng	一致性	153
yídòng	移动	35
yídòng yìngpán	移动硬盘	49
yǐtàiwǎng	以太网	168
yìbù·de	异步的	172
yìgòuxìng	异构性	179
yìhuò yùnsuàn	异或运算	62
yìmén	异门	62
yìmǎ	译码	63
yìdúxìng	易读性	153
yìchū	溢出	57
yīntèwǎng	因特网	168
yīnyǐng	阴影	104
yīnliàng	音量	55
yīnpín	音频	55
yǐndǎo	引导	52
yǐnjiǎo	引脚	63
yǐnqíng	引擎	35
yǐnxiàn	引线	63
yǐnyòng	引用	143
yǐnshì shuōmíng	隐式说明	134
yǐnxiàn xiāochú	隐线消除	125
yīngwén	英文	35
yǐngpiàn	影片	35
yǐngyīn	影音	36
yìngdá	应答	167
yìngyòng	应用	36
yìngyòng chéngxù	应用程序	71
yìngshè	映射	81
yìngxiàng	映像	81
yìnghuíchē	硬回车	99
yìngjiàn	硬件	71
yìngpán	硬盘	48
yònghù	用户	36
yònglì	用例	151
yōuhuà	优化	158
yōupán①	优盘①	49
yōupán②	优盘②	49
yōuxiānjí	优先级	85
yóuxì	游戏	36
yǒuhǎoxìng	友好性	153
yǒuxiàn diànshì	有线电视	167
yòuduìqí	右对齐	105
yòujī	右击	96
yòujiàn	右键	96
yǔfēimén	与非门	62
yǔyùnsuàn	与运算	62
yǔfǎ	语法	146
yǔjù	语句	132
yǔliàokù	语料库	194
yǔyì	语义	146
yǔyīn fēnxī	语音分析	198
yǔyīn shíbié	语音识别	198
yùlǎn	预览	102
yùshè	预设	115
yùzhì	预置	115
yùmíng	域名	183
yùmíng xìtǒng	域名系统	184
yuánjiàn	元件	67
yuányǔzhòu	元宇宙	197
yuánxíng	原型	127
yuánchéngxù	源程序	130
yuándàimǎ	源代码	130
yuǎnchéng	远程	165
yuǎnchéng kòngzhì 远程控制		165
yuēdìng	约定	36
yuēshù	约束	162
yúnjìsuàn	云计算	185
yúnpán	云盘	184
yùnsuàn	运算	61
yùnsuànfú	运算符	61
yùnxíng	运行	36
yùnxíng huánjìng	运行环境	37

Z

zàixiàn	在线	37
zàibō	载波	172
zàitǐ	载体	55
zēngjiā	增加	37
zēngliàng	增量	139
zēngqiáng xiànshí① 增强现实①		37
zēngqiáng xiànshí② 增强现实②		37
zēngtiān	增添	37
zhāntiē	粘贴	37
zhànghào	账号	38
zhēzhào	遮罩	117
zhébànfǎ	折半法	159
zhēnshì dǎyìnjī	针式打印机	46
zhēn	帧	48
zhēnpín	帧频	48
zhēnzhōngjì	帧中继	177
zhēnzhíbiǎo	真值表	63
zhēnzǐjí	真子集	155
zhènliè	阵列	81
zhěngtǐ	整体	38
zhěngxíng	整型	134
zhèngxiàng	正向	38
zhèngzé biǎodáshì 正则表达式		142

zhī·shi túpǔ	知识图谱	199	zhuǎnyí	转移	39	zǔhào	组号	77
zhíxíng	执行	38	zhuǎnyì	转义	135	zǔjiàn	组件	132
zhíbō	直播	38	zhuànsù	转速	52	zǔzhuāng	组装	41
zhífāngtú	直方图	111	zhuāngzhì	装置	39	zuìdàhuà	最大化	41
zhídiàoyòng	值调用	142	zhuàngtài	状态	40	zuìxiǎohuà	最小化	41
zhǐdú	只读	81	zhuàngtàilán	状态栏	100	zuìxiǎoxiàng	最小项	145
zhǐdú guāngpán	只读光盘	53	zhuījiā	追加	40	zuǒduìqí	左对齐	105
zhǐdài	纸带	47	zhuīzōng	追踪	143	zuǒjiàn	左键	96
zhǐdìng	指定	38	zhuōmiàn	桌面	95	zuòyòngyù	作用域	136
zhǐfǎ	指法	97	zīyuán fēnpèi	资源分配	87	zuòbiāo	坐标	100
zhǐlìng	指令	78	zǐchéngxù	子程序	79			
zhǐshìdēng①	指示灯①	67	zǐchuàn	子串	157	**其他**		
zhǐshìdēng②	指示灯②	67	zǐjí	子集	155	3D		127
zhǐwén kāijī	指纹开机	199	zìbiànliàng	自变量	141	3D dǎyìn	3D 打印	128
zhǐwén shíbié	指纹识别	199	zìdǐxiàngshàng	自底向上	148	AI		192
zhǐxiàng	指向	39	zìdǐngxiàngxià	自顶向下	148	AR		37
zhǐzhēn	指针	142	zìdìngyì	自定义	40	DeepSeek		201
zhìbiǎo	制表	109	zìdòng	自动	40	I/O shèbèi	I/O 设备	44
zhìmìng cuòwù	致命错误	88	zìjǔ	自举	74	PPT		111
zhìnéngkǎ	智能卡	39	zìqǐdòng	自启动	74	QQ		202
zhìnéngtǐ	智能体	192	zìrán yǔyán chǔlǐ			U pán①	U 盘①	49
zhìhuàn	置换	107		自然语言处理	199	U pán②	U 盘②	49
zhōngduàn	中断	85	zìshìyìng	自适应	176	VR		34
Zhōngguó Diànxìn			zìxuán	自旋	115	Wi-Fi		181
	中国电信	203	zìzhǔ kěkòng jìshù					
Zhōngguó Liántōng				自主可控技术	191			
	中国联通	203	zì	字	75			
Zhōngguó Yídòng			zìcháng	字长	76			
	中国移动	203	zìduàn	字段	164			
zhōngjì	中继	175	zìfú	字符	135			
zhōngzhuìshì	中缀式	157	zìfúchuàn	字符串	157			
zhōngduān	终端	166	zìfújí	字符集	59			
zhōngzhǐ	终止	39	zìfúxíng	字符型	135			
zhōng	钟	83	zìhào	字号	103			
zhōuqī	周期	83	zìjiānjù	字间距	106			
zhúzhēn	逐帧	48	zìjié	字节	76			
zhǔbǎn	主板	84	Zìjié Tiàodòng	字节跳动	203			
zhǔgànwǎng	主干网	168	zìkuài	字块	76			
zhǔjī	主机	43	zìmǔ	字母	40			
zhǔjiào	主叫	166	zìmù	字幕	40			
zhǔkòng	主控	177	zìpín	字频	59			
zhǔpín	主频	84	zìtǐ	字体	103			
zhǔtí	主题	39	zìxíng	字型	59			
zhǔyè	主页	120	zìxíng diǎnzhèn	字型点阵	59			
zhǔzhàn	主站	177	zìyàng	字样	59			
zhùcè	注册	184	zǒngjì	总计	41			
zhùshì	注释	131	zǒngxiàn	总线	84			
zhùxiāo	注销	93	zòngjiémiàn	纵截面	124			
zhùmiàn	柱面	50	zǒuzhǐjiàn	走纸键	47			
zhùzhuàngtú	柱状图	111	zǔkàng	阻抗	67			
zhuānxiàn	专线	166	zǔsè	阻塞	180			
zhuǎncún	转存	83	zǔ	组	77			
zhuǎnjiēqì	转接器	83	zǔbō	组播	181			

笔画索引

一画
一致性	153

二画
二叉树	156
二分法	159
二极管	65
二维	127
二维码	8
人工呼叫	166
人工智能①	192
人工智能②	192
人工智能伦理	192
人形机器人	193
人脸识别①	199
人脸识别②	199

三画
三维①	127
三维②	127
三维打印	128
三维成像①	127
三维成像②	128
三维阵列	125
工艺	12
工作表	109
工作空间	131
工作站	182
工作簿	109
工具	11
工具栏	102
工具箱	112
下划线	103
下拉菜单	101
下限	31
下线①	31
下线②	31
下标	104
下载	31
下溢	58
大写	6
大数据	194
大模型	195
与运算	62
与非门	62
上传	24
上限	24
上线①	24
上线②	25
上标	104
上溢	58
小写	32
小米	202
口令	18
千兆位	61
个人区域网	169
个性化	11
广域网	169
广播	178
子串	157
子程序	79
子集	155

四画
开机	73
开关	1
开始	17
开始按钮	96
开源	130
元件	67
元宇宙	197
无线通信技术	181
无线路由器	181
无损连接	163
云计算	185
云盘	184
专线	166
五笔	97
不对称性	183
区域	23
友好性	153
匹配	142
比例	2
互斥	90
互连性	179
互联网	13
互联网+	13
切换	97
日志	91
中国电信	203
中国移动	203
中国联通	203
中继	175
中断	85
中缀式	157
内存	75
内码	60
内部地址	77
内循环	140
内置字体	61
内聚性	149
内模式	80
水平	27
升级	25
升序	159
反向	9
反向链接	188
反码	57
反例	152
反病毒程序	189
介质	55
分支	138
分区	51
分布式	90
分时	90
分层	170
分组	10
分栏	106
分类	10
分配	10
分隔符	106
分解	149
分辨率	45
公用网	168
公用块	79
公式	12
公共	12
公有的	135

公差	145	可行性	147	主叫	166
文本	100	可视化	17	主机	43
文本框	100	可信度	181	主页	120
文件①	30	可控性	185	主板	84
文件②	30	可移植性	86	主站	177
文件头	88	可靠计算	86	主控	177
文件夹①	30	可靠性	86	主频	84
文件夹②	30	左对齐	105	主题	39
文字处理	100	左键	96	冯·诺依曼机	43
文档	30	右击	96	半角	97
计量单位	14	右对齐	105	汇编	68
计数	14	右键	96	汇编语言	69
计算	61	布尔运算	63	汇编程序	68
计算机	43	布局	121	汉化	59
计算机视觉	197	布线	179	汉字库	60
计算机集群	43	平台	22	写保护	52
计算思维	15	平板电脑	42	讯飞	202
计算器	14	平面直角坐标系	100	记录	163
订阅	8	平移	113	加工	15
认证	186	平滑	118	加权	158
冗余	163	北斗导航	203	加载	74
引用	143	目录	20	加粗	103
引导	52	目标检测	196	加密	188
引线	63	目标跟踪	196	发生器	65
引脚	63	电子邮件	7	发帖	9
引擎	35	电子邮箱	8	发送	9
队列	156	电子版	7	对比度	116
办公自动化	101	电子商务	184	对齐	105
以太网	168	电子签名	187	对话框	109
双击	96	电子管	71	对称性	183
双向	85	电脑	43	对象	136
双字	76	电缆	175	台式计算机	42
双字节	76	电源	7	纠错	176
双极性	65	只读	81	母版	112
双绞线	175	只读光盘	53		
书签	26	另存为	101	**六画**	
幻灯片	111	失真	66	动画	125
		失效率	86	动画制作	125
五画		代码	130	动态	121
示波器	65	代理	182	执行	38
击键	96	代理服务器	183	扩展	18
打开	6	白盒测试	151	扩展寻址	70
打印①	6	用户	36	扩展槽	82
打印②	6	用例	151	扫描仪	48
打印机	46	句法分析	146	地址流	80
打字	6	外观	29	场景	128
正则表达式	142	外部名	136	共享	12
正向	38	外循环	140	机身	43
功能键	98	外频	84	机柜	44
节点	156	外模式	80	机房	44
本地	165	处理	5	机架	44
可用性	147	包	167	机械硬盘	49
可扩充性	86	主干网	168	机箱	43

词条	页码	词条	页码	词条	页码
机器人	193	网络规划	185	多媒体	72
机器学习	193	网络钓鱼①	190	多模态	195
机器视觉	198	网络钓鱼②	190	多播	181
权限	186	网络空间秩序	185	色带	47
过程	158	网络管理员	185	色度	116
过渡	114	网络端口	182	色粉	47
过滤器	117	网桥	178	冲突	178
协议	170	网监	185	交互	90
协同	162	网站	120	交互式	91
压缩	34	先行进位	58	交换机	178
在线	37	传送	165	交集	144
百分号	1	传感器	45	闭合	2
百度	200	传输	165	并行	74
有线电视	167	优化	158	并集	144
存取	5	优先级	85	关机	12
存储	2	优盘①	49	关闭	2
存储区	74	优盘②	49	关联词	164
存储分配	79	延迟	180	关键字	133
存储体	75	任务栏	97	关键词	133
存储器	75	华为	200	关键帧	126
页边距	107	仿制	113	池化层	196
页面	120	仿真器	71	字	75
页眉	107	伪指令	78	字长	76
页脚	107	伪操作	78	字节	76
灰度值	116	自主可控技术	191	字节跳动	203
列	163	自动	40	字号	103
列间距	107	自启动	74	字母	40
列表	163	自顶向下	148	字块	76
死锁	92	自变量	141	字体	103
死锁避免	92	自底向上	148	字间距	106
死循环	140	自定义	40	字型	59
轨迹	126	自适应	176	字型点阵	59
光电鼠标	46	自举	74	字段	164
光标	95	自旋	115	字样	59
光栅	120	自然语言处理	199	字符	135
光晕	119	向导	101	字符串	157
光盘	53	后台	89	字符型	135
光缆	175	后台运行	89	字符集	59
当前指示符	95	后退键	98	字幕	40
同步	172	后缀	94	字频	59
因特网	168	后端	131	安全	1
回车	99	行	163	安卓系统	87
回车键	99	行距	106	安装	1
回归	9	全双工	172	许可	186
回收站	14	全加器	70	论坛	19
回帖	14	全角	97	设备	25
回路	158	全局变量	136	设定	25
网上邻居	167	全屏	23	设置	25
网页	120	全息	128	访问	9
网关	188	创建	5	寻址	78
网址	183	负载	180	寻道	50
网易	202	多义性	137	导入	102
网络诈骗	190	多视图	126	导出	102

导航	122	步骤	4	译码	63		
导航工具	122	时序	83	即时通信	184		
异门	62	时间片	92	即插即用	54		
异步的	172	时间轴	92	局部	17		
异构性	179	时钟	83	局域网	169		
异或运算	62	串行	74	阿里巴巴	200		
阵列	81	针式打印机	46	阻抗	67		
收藏夹	26	私有的	135	阻塞	180		
阶码	56	作用域	136	附加	10		
阶乘	145	位	75	附件	10		
阴影	104	位图	115	驱动程序	52		
防火墙	188	位移	118	驱动器	52		
约束	162	身份鉴定	187	纵截面	124		
约定	36	返回	9	纸带	47		
级联	178	坐标	100				
		角色	150	**八画**			
七画		角度	16	环网	177		
麦克风	53	删除	24	环形	177		
形式参数	141	条形码	28	环绕方式	106		
进位数	56	条码阅读器	28	环路	179		
进制	56	系统死锁	93	表达式	138		
进程	91	系统校验	93	表单	123		
吞吐量	169	系数	144	表格	108		
远程	165	冻结	110	规格	13		
远程控制	165	状态	40	拓扑	170		
运行	36	状态栏	100	拖动	112		
运行环境	37	库	132	拆分	160		
运算	61	应用	36	垃圾邮件	18		
运算符	61	应用程序	71	垃圾箱	14		
拒绝服务	187	应答	167	拉伸	115		
批号①	21	冷启动①	73	拨号	174		
批号②	21	冷启动②	73	取消	23		
批处理	146	序列	155	苹果系统	87		
批量	21	间接地址	69	英文	35		
走纸键	47	间距	106	范式	162		
抄送	4	判别式	138	直方图	111		
折半法	159	判定	139	直播	38		
投影	128	沙盒游戏	24	枚举	155		
抖音	203	泛化	150	枚举类型	155		
块	79	快手	201	松散耦合	149		
扭曲	114	快捷方式	18	构件	132		
声卡	54	完整性	162	构造	140		
声明	134	宏	142	或门	62		
声频	55	宏病毒	190	或运算	62		
报表	164	启动	22	画布	116		
报错	144	评价	153	画图	110		
芯片	72	评估	153	事务处理	151		
更新	11	补丁	88	事件①	150		
还原	14	补码	57	事件②	151		
连网	166	初始化	137	奇偶校验	59		
连接符	108	初始值	137	转义	135		
连续运算	94	词库	60	转存	83		
步长	139	词法分析	146	转速	52		

转接器	83	单向	84	组装	41
转移	39	单选按钮	123	组播	181
轮廓线	114	单调函数	145	终止	39
软回车	99	注册	184	终端	166
软件	24	注销	93		
具身智能	192	注释	131	**九画**	
易读性	153	波形	65	挂机	18
固件	82	波特	174	封装❶	132
固态硬盘	49	波特率	174	封装❷	170
固定	12	性能	33	持续时间	83
呼叫	166	定义	8	城域网	169
账号	38	定时	66	指示灯①	67
图元	124	定位	121	指示灯②	67
图片	29	定制	8	指令	78
图论	157	定点	56	指向	39
图形	29	空行	99	指针	142
图灵测试	193	空指令	70	指纹开机	199
图层	116	空格	98	指纹识别	199
图表	111	空格键	98	指法	97
图标	103	空操作	69	指定	38
图像分析	198	实用程序	92	拼多多	201
图像增强	198	实地址	78	拼音	22
制表	109	实在参数	141	拼接	117
知识图谱	199	实时	90	按钮	1
迭代	157	实体	161	按键	96
垂直	5	实体模型	124	故障	68
物联网	169	实例	141	标记	79
例程	132	实型	135	标识符	133
版本	1	试运行	152	标注	108
版式	111	视图	161	标题栏	101
爬取	186	视觉效果	26	相对地址	78
命令	20	视屏	26	相对误差	58
命名	20	视窗	108	查证	3
采集	3	视频	26	查询	3
贪心算法	159	询问	9	查看器	118
服务器	182	建模	147	柱状图	111
周期	83	录入	19	柱面	50
备份	2	录入法	60	研发	153
变元	141	录音	19	面板	118
变址	69	录音笔	53	残差网络	196
变更	2	居中①	105	背景色	119
变量	133	居中②	105	点光源	119
京东	200	刷新	82	临界区	82
底纹	105	降序	159	省略	25
放映	111	函数	140	显示	31
刻录	53	限制	162	显示器①	44
卷名	51	参考点	122	显示器②	44
卷标	51	参数	141	冒泡	159
卷积	195	参数化	141	映射	81
单元	77	线型	104	映像	81
单元格	110	组	77	界面	95
单片机	72	组号	77	帧	48
单击	96	组件	132	帧中继	177

帧频	48	度量值	181			**十画**	
钟	83	音量	55				
卸载	32	音频	55	耗材	55		
矩阵	144	差集	144	捕捉	113		
选区	112	差错率	175	载体	55		
选择	34	美团	201	载波	172		
选定	112	类型	134	起始页	107		
选项	102	前台	89	起点	22		
选项卡	102	前台运行	89	损失函数	196		
适应性	153	前缀	94	换行	99		
适配器	48	前景色	119	热启动①	73		
重合	4	前端	121	热启动②	74		
重启	4	首页	107	热插拔	54		
重构	137	首字节	76	热键	98		
重码	60	首部	179	恶意程序	190		
重定向	181	总计	41	真子集	155		
重定位	77	总线	84	真值表	63		
重试	4	测试	151	框架	121		
重载	136	测量	3	格式	11		
重装	5	活动窗口	108	格式化	52		
重置	66	浏览	19	格式符	138		
复合	138	浏览器	19	校园网	168		
复杂度	196	恢复	14	核心	13		
复位	73	突发方式	82	样条曲线	125		
复位启动	73	窃听	187	根目录	87		
复制	11	客户端	183	索引	164		
复选	123	语义	146	速率	174		
复选框	123	语句	132	配置	21		
复原	14	语法	146	破解	22		
段①	70	语音分析	198	原型	127		
段②	164	语音识别	198	逐帧	48		
段名	71	语料库	194	致命错误	88		
段落	104	神经机器翻译	194	桌面	95		
顺序	4	神经网络	194	监视	15		
顺序访问	82	误码率	176	监视器	45		
修饰	119	误差	31	监控	15		
修复	113	说明	134	紧密耦合	149		
修剪	33	退出	29	缺省值	137		
保存	2	退格	98	特写①	129		
保护隐私	191	屏保	22	特写②	129		
保留字	133	屏幕	26	特洛伊木马①	189		
信头	177	屏幕保护	22	特洛伊木马②	189		
信息	33	屏蔽	85	特效	128		
信息安全	191	架构	73	透明度	117		
信息社会责任	33	绑定	182	笔记本电脑	42		
信息意识	33	结构	147	借位	58		
信道	171	结构图	148	值调用	142		
信源	171	结点	156	倍增	160		
追加	40	结点度	156	脑机接口	197		
追踪	143	绘图	110	衰减	66		
脉冲	64	绘图区	110	高速缓存	81		
脉冲串	64	绘图仪	48	高德	200		
亮度	116	绝对地址	69	病毒	189		

效应	32	预览	102	偏移	21
效果	32	预置	115	斜体	103
效率	32	验证①	3	脚本	131
离开	18	验证②	35	脚本语言	131
离线①	31	继承	136	脱机	93
离线②	31			猫	174
资源分配	87	**十一画**		减量	139
部件	124	措施	5	盗版	7
瓶颈问题	170	描边	114	旋转❶	114
兼容性	15	域名	183	旋转❷	115
递归	157	域名系统	184	旋钮	34
消去法	145	排列	21	粘贴	37
消除	32	排序	158	粒子系统	129
消息传递	93	排版	20	断点	85
消隐	126	堆栈	156	剪切	16
消磁	51	堆叠	178	剪取	17
海量	195	授权	186	剪贴板	16
浮动	122	接口标准	54	剪辑	126
浮点	56	接线板	55	清单	131
流量	165	接插板	55	清除	23
流程图	158	接插线	54	清零	66
流媒体	125	控件	132	鸿蒙系统	87
润色	118	控制面板	87	渐变	114
宽带	173	控制器	84	深度求索	201
容量	75	探询	180	深度学习	195
容错	92	基本类	150	寄存器	70
请求	91	基地址	69	密码	20
读入	8	基线	150	密钥	188
扇区	49	基带	173	弹出❶	53
课件①	18	基准	197	弹出❷	101
课件②	111	勒索软件	190	随机	143
调入	89	菜单	101	随机性	143
调用	142	菜单栏	101	隐式说明	134
调色板	119	检波	172	隐线消除	125
调制速率	174	检查	15	维护	30
调制解调器①	173	检测	151	维度	127
调制解调器②	174	检索	15		
调试	152	检验	16	**十二画**	
调度	89	梯度法	145	替换	107
调整	29	辅助	10	搭建	6
通信口	171	辅助存储器	81	超文本	123
通信子网	168	虚拟	80	超导	72
通信协议	170	虚拟现实①	33	超时	180
通信网络	167	虚拟现实②	34	超链接	122
通信线路	176	常规	3	超媒体	123
通信量	172	常量	133	提示❶	28
通信链路	176	累加器	70	提示❷	28
通道	85	逻辑	19	提取	28
预设	115	移动	35	博客	202
		移动硬盘	49	插入	3
		符号	10	插件	124
		停止	29	搜狐	201
		停机	94	搜索	27

搜索引擎	27	强化学习	193	解密	188
裁切	16	隔离	179	解锁	91
联想	201	登录	7	新建	32
散列函数	159	缓存	80	新浪	202
逼近	160	缓存区	80	数字化学习	193
硬回车	99	编址	77	数字素养	27
硬件	71	编译	146	数字媒体	61
硬盘	48	编码	57	数字签名	187
确认	23	编程	130	数码	27
确定性	154	编辑	2	数制	56
最大化	41			数学模型	147
最小化	41	十三画		数组	140
最小项	145	填充	110	数值范围	57
量子计算机	43	蒙版	117	数理逻辑	154
喷枪	47	碎片	51	数据	27
喷墨打印机	46	零件	124	数据区	79
晶片	71	输入	42	数据交换	176
晶体管	72	输入/输出设备	44	数据库	160
嵌入式	90	输入法	60	数据库语言	160
嵌套	139	输出	42	数据转换	162
幅度	173	频带	64	数据采集	194
赋值	138	频移	65	数据组织	162
黑客	187	频率①	64	数据挖掘	194
黑盒测试	151	频率②	64	数据保护	161
链表	156	路由	180	数据类型	134
链接	122	路径	88	数据结构	154
链路	176	路径名	88	数据透视图	161
锁定	93	跟帖	11	数据值	137
锐化	118	跟踪	143	数据流	148
短路	67	置换	107	数据流图	148
智能卡	39	键❶	16	数据源	161
智能体	192	键❷	96	数据模型	161
程序	4	键入	19	数模转换器	173
程序行	130	键位	46	源代码	130
程序设计	129	键盘	45	源程序	130
程序员	4	简体字	16	滤镜	117
等价	152	简码表	60	滚动	13
等级	7	鼠标	46	滚动条	109
等效	66	像素	45	溢出	57
筛选	110	微信	202	裸眼3D	197
集成	72	微调	197	群	23
集合	155	微博	202		
集线器	175	遥控	35	十四画	
循环	139	遥控器	35	静电	68
循环进位	58	腾讯	202	静态	121
装置	39	触发	63	静态分析	152
就绪状态	91	触发器	64	截取	17
游戏	36	触摸屏	45	截面	124
渲染	129	解压缩	17	截屏	95
窗口	108	解析	184	聚集	150
窗体	109	解码	61	模式	68
遍历	158	解封装	171	模式识别	198
属性	26	解调器	173	模块	148

模块化	149
模拟	68
模板	112
模型	20
模数转换	67
磁心体	50
磁头	50
磁盘	50
磁道	50
需求分析	147
算力	195
算法	154
算法语言	154
管理	13
遮罩	117
端口	182
端节点	171
端点	171
精度	57
精确	17
漫反射	120
演示	34
演变	34
漏洞	88
缩写	28
缩进	104
缩放	99

十五画

耦合	149
播放器	126
撤销	23
增加	37
增添	37
增量	139
增强现实①	37
增强现实②	37
横截面	124
影片	35
影音	36
墨盒	47
箭头	95
僵尸机	190
潜伏期	189

十六画

操作系统	86
整体	38
整型	134
融合	167
默认值	137
镜头	54
镜像	51

激光打印机	46
激活	186

十七画

擦除	113
繁体字	9

十八画

覆盖	152
翻转	115

十九画

警告	143

二十画

蠕虫病毒	189
魔术棒	113

其他

3D	127
3D 打印	128
AI	192
AR	37
DeepSeek	201
I/O 设备	44
PPT	111
QQ	202
U 盘①	49
U 盘②	49
VR	34
Wi-Fi	181

图书在版编目（CIP）数据

信息技术常用词通用手语 / 中国残疾人联合会组编；中国聋人协会, 国家手语和盲文研究中心编 . -- 北京：华夏出版社有限公司, 2025. -- (国家通用手语系列).
ISBN 978-7-5222-0855-8

Ⅰ . H126.3

中国国家版本馆 CIP 数据核字第 2025RF1562 号

© 华夏出版社有限公司　未经许可，不得以任何方式使用本书全部及任何部分内容，违者必究。

信息技术常用词通用手语

组 编 者	中国残疾人联合会
编　　者	中国聋人协会　国家手语和盲文研究中心
项目统筹	曾令真
责任编辑	王一博
美术编辑	徐　聪
装帧设计	王　颖
责任印制	顾瑞清
出版发行	华夏出版社有限公司
经　　销	新华书店
印　　装	三河市少明印务有限公司
版　　次	2025 年 10 月北京第 1 版 2025 年 10 月北京第 1 次印刷
开　　本	787×1092　1/16 开
印　　张	15.75
字　　数	349 千字
定　　价	49.00 元

华夏出版社有限公司　地址：北京市东直门外香河园北里 4 号　邮编：100028
网址：www.hxph.com.cn　电话：（010）64663331（转）

若发现本版图书有印装质量问题，请与我社营销中心联系调换。